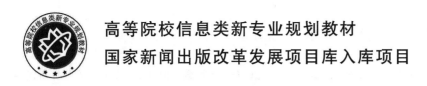

高等院校信息类新专业规划教材
国家新闻出版改革发展项目库入库项目

网络经济学与博弈论

许长桥　杨树杰　关建峰　编著

北京邮电大学出版社
www.buptpress.com

内 容 简 介

本书面向计算机网络与经济学交叉领域的初学者,系统地介绍了博弈论的基本理论及其在计算机网络与经济学中的应用案例,使读者在简单了解博弈论的基础上,可以借助多样化的案例分析深刻地认识到如何利用博弈论解决实际遇到的问题,由点到面,由易到难,可为读者踏入计算机网络与经济学交叉领域打好基础。

本书首先讲解了网络经济学的发展历程并介绍了相关概念,其次对非合作博弈论、合作博弈论与其他较为经典的博弈方法进行了重点讲解,使读者能够在多样化的案例中对博弈论具有深刻的理解。

本书可以作为计算机相关专业研究生、本科生、高职生的入门计算机网络与经济学交叉方面的教学教材,还可为对博弈论有兴趣的初学者提供一个学习的参考资料,也可供相关领域的研究学者参阅。

图书在版编目(CIP)数据

网络经济学与博弈论 / 许长桥,杨树杰,关建峰编著. -- 北京:北京邮电大学出版社,2022.8
ISBN 978-7-5635-6708-9

Ⅰ. ①网… Ⅱ. ①许… ②杨… ③关… Ⅲ. ①网络经济②博弈论 Ⅳ. ①F49②O225

中国版本图书馆 CIP 数据核字(2022)第 140184 号

策划编辑:姚 顺 刘纳新　责任编辑:孙宏颖　责任校对:张会良　封面设计:七星博纳

出版发行:北京邮电大学出版社
社　　址:北京市海淀区西土城路 10 号
邮政编码:100876
发 行 部:电话:010-62282185 传真:010-62283578
E-mail:publish@bupt.edu.cn
经　　销:各地新华书店
印　　刷:唐山玺诚印务有限公司
开　　本:787 mm×1 092 mm 1/16
印　　张:11
字　　数:287 千字
版　　次:2022 年 8 月第 1 版
印　　次:2022 年 8 月第 1 次印刷

ISBN 978-7-5635-6708-9　　　　　　　　　　　　　　定价:36.00 元

· 如有印装质量问题,请与北京邮电大学出版社发行部联系 ·

前 言

网络经济学是20世纪90年代中后期伴随着网络技术的进步和信息产业的发展而产生的,它是专门研究各种网络经济运行方式的科学,而博弈论是其中重要的理论研究方法。

一方面,传统博弈论方面的教材侧重于博弈论的基本理论介绍,入门门槛高,非相关专业领域的初学者较难理解;另一方面,传统博弈论方面的教材覆盖面较为单一,仅列举了博弈论在经济学相关领域的具体应用案例,缺乏与其他专业领域的交叉举例。本书作为一本计算机与经济学交叉领域入门的基础理论教材,将在简略介绍网络经济学发展历程和相关知识概念的基础上,重点讲解博弈论的基本理论,并辅以多样化交叉性的具体案例,能够快速帮助计算机等专业的读者理解并掌握。本书传授读者知识,调动读者兴趣,加深读者理解,可作为北京邮电大学计算机专业交叉学科方向必修课程"网络经济学理论及应用"的教学教材,同时也能为各类研究生、本科生、高职生等初学者涉足计算机与经济学交叉领域提供理论帮助。

当前国内外博弈论方面的书籍众多,其中有注重理论介绍的,也有以案例分析为主的,但大多是针对经济学专业的学生的。作者作为计算机学科的教师,在实际教学过程中发现,理工专业的学生对于理论以及繁琐数学公式的理解并不费力,但是其缺少经济学以及博弈论运用方面的认知,而若尝试让一名理工专业的学生花大量时间专门去读一些经济学专业的书,也是难以实现的。因此,本书从网络经济学的概念入手,讲解网络经济学的一些经典内容,能够让理工专业的学生无须翻阅其他书籍便可以对经济学科有个初步的认识,也能激发其对经济学科的兴趣,这些对于理解和运用博弈论至关重要。

在本书章节的划分构思中,作者阅读了大量博弈论及经济学相关书籍,结合作者实际教学情况,认为从非合作博弈论及合作博弈论理论角度进行区分,将更加有利于理工专业的学生对该门学科的理解及掌握。在每章中加入大量博弈论相关经典案例及其在经济学、计算机学科中的应用案例,既能够培养理工科学生严谨的逻辑思维,又能够激发他们的创新和思考能力。在章节的划分过程中,北京科技大学马忠贵老师所著的《博弈论及其在无信通信网络中的应用》一书起到了很大的参考作用,在此由衷感谢!

本书主要分为3篇8章,第1篇为网络经济学基础,主要包括网络经济学的一些基本概念以及博弈论的一些基本概念,可为后面章节的学习奠定一定的知识基础。第2篇为非合作博弈及其应用,分为4章,介绍了非合作博弈的4种典型博弈以及其求解方法。第3篇为合作博弈及演化博弈,属于扩展篇章,供有精力以及对博弈论准备进行深入研究的学生学习。这里并没有将博弈论的所有理论全部放进来,还有更为复杂、更为前沿的内容。本书作为一本偏基础的教材,希望能够让读者认识博弈论,了解博弈论,进而能够在生活中运用。本书具体章节内容如下。第1章介绍了网络经济学的发展历史,以及基础概念,对与博弈论相关的一些主要概念都进行了介绍,包括完全竞争、垄断竞争、完全垄断、寡头垄断、网络经济、信息经济学等易混淆的概念,进而对微观经济学和宏观经济学进行了引申的介绍,希望能够激发读者对经济学的兴趣,为了能够更方便地讲解接下来的博弈论知识,又对与其息息相关的一些经济学中的行为概念进行了详细介绍。本章的撰写受到中国人民大学出版社出版的高鸿业主编的经典书籍《西方经济学》(第7版)的极大启发,在此由衷感谢!第2章是对博弈论的整体介绍,首先给出了博弈论的基本要素,然后通过介绍囚徒困境、赌胜博弈等经典的博弈模型让读者初步理解博弈进行的过程,接着给出了博弈的分类,主要根据4种典型的分类方式将博弈分为4个类别,最后梳理了从我国春秋时期《孙子兵法》中的博弈思想到现在逐渐成熟的理论框架中博弈论的发展历程。第2篇的第3、4、5、6章分别介绍了非合作博弈论的4种典型博弈。在博弈论中,完全信息静态博弈是出现较早,对人类影响较大的问题建模方案。在第3章中,我们围绕占优策略均衡、迭代剔除劣势策略均衡两种常见的完全信息静态博弈模型展开,通过介绍定义加举例的方式,帮助读者理解完全信息静态博弈的概念。而当遇到单纯应用迭代剔除劣势策略所不能解决的问题时,纳什均衡给出了一种更一般的选择。进一步地,在博弈中加入不确定性事件,最终一般化为混合策略纳什均衡。而现实中大多数博弈既不是同时进行的,也不是完全连续的,它们介于两者之间。面对这类博弈建模问题,第4章介绍了完全信息动态博弈。在完全信息动态博弈中,博弈的拓展形式描述可以适用于任何类型的博弈,而树或有向图很好地描述了博弈的拓展形式。因此在第4章中首先给出了博弈树的构建方法以及信息集的概念,进而给出了求解完全信息动态博弈的一般方法(逆向归纳法)以及子博弈的概念,在本章的最后对重复博弈进行了讨论,其本质也可以看作一种动态博弈。生活中的博弈不仅是完全信息或者静态那么简单,而是充满了不完全的信息。第5章介绍了不完全信息静态博弈与贝叶斯纳什均衡。这里使用了伊索进城的故事引出了不完全信息静态博弈的概念;接下来为找到合适的方法求解不完全信息静态博弈提出了海萨尼转换;在求解过程中给出了名为"贝叶斯博弈"的不完全信息博弈建模方式,从而进一步介绍了不完全信息静态博弈的核心概念——贝叶斯纳什均衡;最后,介绍了不完全信息静态博弈范畴中几种典型的拍卖机制和其他方面的应用。第6章介绍了不完全信息动态博弈与完美贝叶斯纳什均衡。不完全信息动态博弈在完全信息动态博弈的基础上不断发展,如今已经成了一个非常成熟的理论,应用在我们日常生活中的方方面面。不完全信息动态博弈已经成为应用最广泛的博弈类型之一。在不完全信息动态博弈中,参与人的行动有先后顺序,而且后行者能够观察到先行者所选择的行动。但是后行者并不了解先行者的类型,这就是信息的不完全。后行者需要根据先行者的行动计算出先行者属于各种类型的概率。在不完全信息动态博弈的开始,每个参与者都对其余参与者属于哪一个类型有一个初始的概率判断。一旦其余参与者开始行动,那么这个参与者会不断修正自己的概率判断,以获得最优解。在第7章我们开始介绍合作博弈——研究人们达成合作时如何分配合作得到的收益,即收益分配问题。不同于非合作场景中的博弈问题,合作博弈中博弈双方的利益有所增加,因此也被称为正和博弈。其中有两个经典的模型,即讨价还价博弈与联盟博弈。讨价还价博弈作为博弈论最早研究的问题之一,与我们的日常联系尤其紧密,我们也对它有着最为朴素的情感和直观的理解,如商家与买家、拍卖与竞拍、利益的权衡与分配,甚至MOBA游戏(多人在线战术竞技游戏)对战时的资源共用等都是双方讨价还价的案例。同时,联盟博弈中由于某些约定的存在,联盟行为可能会构成在非合作博弈中不可能达成的均衡,实现从个体理性转变为群体理性,进而获得更高的利益。联盟博弈主要研究多个参与者之间形成联盟、合理分配收益等问题。经典博弈论存在局限性,它假设博弈参与者完全理性。而随着博弈论在经济学应用中地位的日益提高,博弈论的体系架构也日益完善,在传统博弈论的基础上,相继出现了很多精妙的博弈方法,第8章介绍的演化博弈论便是其中的代表。演化博弈从生物学的进化和进化动力学中找到了对理性的可能替代方法,可帮助参与者找到最优策略。为了拓展经典博弈论,发展经济学,国内外学者在该领域开展了大量的研究。以上8章内容共同组成了本书的全部学习内容,通过理论与实例相结合,本书能够让读者由浅入深地充分学习和掌握网络经济学与博弈论这门学科。

由衷感谢参与本书编辑的(按姓氏笔画排序)丁中医、丁仁杰、冯梓晨、刘朝阳、纪伟潇、李卓远、邹平、张丙驰、胡嘉路、黄毅婷、彭帅、魏士桐硕士研究生。同时感谢北京邮电大学教材科以及计算机学院教学科老师们的大力支持与帮助。

本书得到了国家自然科学基金的资助,特此致谢!感谢北京邮电大学出版社姚顺编辑的支持与帮助。本书在编写过程中,参考了大量国内外相关技术资料,在此向相关作者表示感谢。由于作者水平有限,书中难免有不妥之处,欢迎各位专家及广大读者批评指正。

许长桥

北京邮电大学

目 录

第1篇 网络经济学基础

第1章 总论 ... 3
- 1.1 网络经济学发展历程 ... 3
- 1.2 网络经济学概念介绍 ... 4
  - 1.2.1 完全竞争 ... 4
  - 1.2.2 垄断竞争 ... 6
  - 1.2.3 完全垄断 ... 7
  - 1.2.4 寡头垄断 ... 9
  - 1.2.5 网络经济 ... 10
  - 1.2.6 信息经济学 ... 11
  - 1.2.7 微观经济学 ... 12
  - 1.2.8 宏观经济学 ... 12
- 1.3 网络经济学中的行为分析 ... 13
  - 1.3.1 消费者行为 ... 13
  - 1.3.2 生产者行为 ... 14
  - 1.3.3 市场均衡 ... 14
  - 1.3.4 企业组织行为 ... 15
- 本章参考文献 ... 15

第2章 博弈论的基本概念 ... 16
- 2.1 引言 ... 16
- 2.2 博弈论的定义 ... 17
- 2.3 经典的博弈模型 ... 18

2.3.1 囚徒困境 …………………………………………………………… 18
　　　2.3.2 赌胜博弈 …………………………………………………………… 19
　　　2.3.3 产量决策的古诺模型 ……………………………………………… 21
　2.4 博弈的分类 ……………………………………………………………………… 24
　　　2.4.1 静态博弈和动态博弈 ……………………………………………… 25
　　　2.4.2 合作博弈和非合作博弈 …………………………………………… 25
　　　2.4.3 完全信息博弈和不完全信息博弈 ………………………………… 27
　　　2.4.4 零和博弈和非零和博弈 …………………………………………… 27
　2.5 博弈论的发展 …………………………………………………………………… 28
　思考题及参考答案 ……………………………………………………………………… 30
　本章参考文献 …………………………………………………………………………… 30

第 2 篇　非合作博弈及其应用

第 3 章　完全信息静态博弈与纳什均衡 …………………………………………… 35
　3.1 策略型博弈 ……………………………………………………………………… 35
　3.2 占优策略均衡 …………………………………………………………………… 38
　3.3 重复剔除的占优策略均衡 ……………………………………………………… 40
　3.4 纳什均衡 ………………………………………………………………………… 46
　3.5 混合策略纳什均衡 ……………………………………………………………… 49
　3.6 完全信息静态博弈举例 ………………………………………………………… 53
　思考题及参考答案 ……………………………………………………………………… 55
　本章参考文献 …………………………………………………………………………… 57

第 4 章　完全信息动态博弈与子博弈完美纳什均衡 ……………………………… 58
　4.1 博弈树 …………………………………………………………………………… 59
　4.2 信息集 …………………………………………………………………………… 62
　4.3 逆向归纳法 ……………………………………………………………………… 65
　4.4 子博弈 …………………………………………………………………………… 67
　　　4.4.1 子博弈的基本概念 ………………………………………………… 67
　　　4.4.2 子博弈完美纳什均衡 ……………………………………………… 68
　4.5 重复博弈 ………………………………………………………………………… 72
　　　4.5.1 重复博弈的基本概念 ……………………………………………… 72
　　　4.5.2 有限次重复博弈 …………………………………………………… 73

4.5.3　无限次重复博弈 ··· 77
　　4.5.4　无限次重复古诺模型 ··· 78
　　4.5.5　重复博弈的经济学应用 ·· 81
　　4.5.6　重复博弈背后的意义与启示 ··· 83
　4.6　完全信息动态博弈举例 ··· 85
　思考题及参考答案 ·· 87
　本章参考文献 ·· 89

第 5 章　不完全信息静态博弈与贝叶斯纳什均衡 ·· 90
　5.1　不完全信息静态博弈简介 ··· 90
　5.2　海萨尼转换 ··· 92
　　5.2.1　基本概念 ··· 92
　　5.2.2　海萨尼转换的实现过程 ··· 93
　5.3　贝叶斯纳什均衡 ··· 94
　5.4　拍卖与机制设计 ··· 95
　　5.4.1　密封价格拍卖 ·· 96
　　5.4.2　公开价格拍卖 ·· 99
　　5.4.3　几种拍卖之间的比较 ··· 101
　5.5　不完全信息静态博弈应用示例 ··· 102
　思考题及参考答案 ·· 104
　本章参考文献 ·· 105

第 6 章　不完全信息动态博弈与完美贝叶斯纳什均衡 ···································· 108
　6.1　不完全信息动态博弈的概念 ·· 108
　6.2　信号传递博弈 ·· 112
　6.3　基于信号传递博弈的网络攻防 ·· 114
　思考题及参考答案 ·· 116
　本章参考文献 ·· 117

第 3 篇　合作博弈及演化博弈

第 7 章　合作博弈 ·· 121
　7.1　合作博弈引例 ·· 121
　7.2　讨价还价博弈 ·· 123

    7.2.1 讨价还价博弈简介 123
    7.2.2 二人讨价还价博弈模型 124
    7.2.3 二人讨价还价纳什解 129
  7.3 联盟博弈 135
    7.3.1 联盟博弈模型 135
    7.3.2 价值分配 136
    7.3.3 核与稳定集 138
    7.3.4 沙普利值 140
  7.4 实例分析 143
    7.4.1 3个小镇供水问题 143
    7.4.2 联合国安全理事会决议 144
    7.4.3 连续问答问题 145
    7.4.4 联盟博弈在网络中的应用——边缘缓存 147
  思考题及参考答案 147
  本章参考文献 152

第8章 演化博弈 154

  8.1 演化博弈论 154
    8.1.1 演化博弈简介 154
    8.1.2 演化博弈的发展历程 156
    8.1.3 演化博弈的基础理论 159
  8.2 演化博弈论 161
    8.2.1 囚徒困境与演化博弈论 161
    8.2.2 基本模型——鹰鸽博弈 162
  思考题及参考答案 165
  本章参考文献 165

第1篇 网络经济学基础

第1章 总论

1.1 网络经济学发展历程

在网络经济学概念出现之前,网络研究和网络分析就已经有一定的基础了。1934年,通过社会计量学的方法,美国社会心理学家对小群体进行了实证研究,自此奠定了网络研究的基础。从1950年开始,在研究不同社会群体之间跨界关系的过程中,网络的概念得到了系统发展,在之后的20年中,网络分析得到迅速发展。网络分析的研究内容主要是社会结构本身以及探讨其如何制约人们的社会行为。20世纪末期,网络分析的关注点转为网络构成者的特征,社会结构与个人行为的相互影响逐渐成为网络分析的着重研究内容[1]。例如,在20世纪80年代,第三产业中的商业、运输业、金融业等得以发展,这些行业都有着相应的网络,一些日本学者发现了这一特点,并把服务经济称为网络经济。之后,由于电信、电力、交通运输等经济行业具备网络式而非垂直式的结构特征,因此一些学者将网络经济归纳为这类行业的经济活动[2]。

通信经济学领域的"网络(产业)经济学"为今日"网络经济"学科的前身,人们在它的基础上对基础设施行业进行了经济学研究,讨论了如何分配有限资源、制定接入政策等问题,具体来说,研究方向集中在确定接入定价和讨论规制竞争两方面。随着现代经济理论的不断发展和市场结构的变更,"网络(产业)经济学"研究的重点和目标也有所转变,即讨论市场竞争和激励规制等课题。在上述学科的基础上,西方经济学界分析并探讨了网络外部性问题,这类研究的基础是网络的物理特性所引发的形态和特征,他们着重研究了基于这类经济系统的经济学问题。需注意,虽然上述两者均在"网络经济学"范畴内,读者应当知晓两者的研究方向存在一定的区别。网络经济学的发展主要经历了如下几个阶段。

(1) Internet经济学

随着计算机网络和Internet的进一步发展,与之相关的经济学问题得到了社会的广泛关注,在20世纪90年代出现的Internet经济学概念逐渐成为"网络(产业)经济学"的一部分。1995年人们在美国麻省理工学院举办的Internet经济学研讨会上指出了这一概念的定义,即研究Internet服务市场的经济学,由于Internet在通信网络中具有普遍性和特殊性,因此这类研究在极大程度上带动了"网络经济学"的发展。

（2）信息基础结构经济学

虽然 Internet 经济学已具备了一定的代表性，但它却不能完全反映网络时代的经济现实，当有线网络和无线网络都转变为数字网络并且成为可互相操作的网络系统之后，现有有线连接的 Internet 将仅是信息网络结构的一小部分，针对这一问题经济学界采取了将 Internet 的本质抽象化的方法，即引入了更为通用的信息基础结构经济学概念，这一概念作为 Internet 经济学的扩展，将被应用于研究如何建立一个包含不同类型网络相互竞争的基础结构市场的课题。

（3）电子商务经济学

随着网络系统的转变与发展，Internet 不再被认为有着信息基础结构的地位，因此原处于 Internet 经济学概念内的电子商务经济学也逐渐独立出来，成为一门单独的学科。电子商务经济学是指对一个买卖双方、产品和交易过程都发生了本质性改变的市场进行的微观经济分析，目的是为一个全新商业模式的发展奠定良好的经济学基础，并对电子商务发展的战略前景作出预测[3]。

（4）网络经济学发展现状

21 世纪以来，一些关键的硬件、软件难题逐步被攻克，计算机信息网络得到迅猛发展，人类社会进入了一个计算机信息网络时代。作为一种新的社会生产力，计算机信息网络在社会上的地位越发重要，给社会经济逐步带来了一系列重大的变革，人们开始考虑如何更高效地利用资源，如何发挥网络的最大价值等问题，因此一种新的经济形态应运而生[2]。

目前，网络经济是通过不断涌现的、相互作用的、收益递增的产业组合而形成的，其包含高强度、技术驱动的竞赛，动态的创业精神，以及通过社会和机构支持的（开放）风险资本市场内生的集中风险承担。我们可以观察到，随着朝这个方向的重大转变，许多大型工业地区将看到全球经济中网络经济的好处[4]。

1.2 网络经济学概念介绍

1.2.1 完全竞争

在介绍"完全竞争"的概念之前，我们有必要先引入"市场"这一经济学概念。在经济分析中，一般认为有 4 个决定市场类型划分的因素：市场上厂商的数目、厂商所生产产品的差别程度、单个厂商对市场价格的控制程度以及厂商进入或退出一个行业的难易程度。考虑以上几个因素的影响，按照不同市场结构的特征，经济学界将市场划分为完全竞争市场、垄断竞争市场、寡头市场和垄断市场，表 1-1 详细地介绍了 4 种市场类型的划分和特征。

表 1-1 4 种市场类型的划分和特征

市场类型	厂商数量	产品差别程度	对价格控制的程度	进出一个行业的难易程度	实例
完全竞争市场	很多	完全无差别	无	容易	农产品
垄断竞争市场	很多	有差别	有一些	较容易	零售业
寡头市场	几个	有差别或无差别	相当程度	较困难	石油、钢
垄断市场	唯一	唯一产品且无替代品	很大程度，会受管制	极困难	水、电

完全竞争市场和垄断市场对形成条件的要求非常苛刻,基本只存在于理论分析中,而另外两个市场模型在现实经济生活中更为普遍。在读者简要了解了 4 种市场的概念后,我们将从形成条件、厂商需求曲线、厂商收益曲线等方面学习完全竞争的相关内容。

我们并不能在现实生活中找到完全竞争市场模型的实例,对这类模型的分析可有助于人们理解纯粹的市场机制以及配置资源的基本原理,同时可为其他类型市场的评估提供参照。

1. 形成条件

完全竞争市场具有下述 4 个充分必要条件。第一,市场上有大量的买者和卖者,这意味着单独的买卖行为相对于整个市场而言是微不足道的,即不再会对市场价格水平产生影响,这时消费者和厂商都成了价格接受者,他们没有意愿也没有必要去改变市场价格。第二,市场上所有的厂商都提供完全同质的商品,即质量、规格、商标、购物体验等方面都完全相同的商品,这也就意味着消费者无法通过产品特征来猜测或区分其背后的厂商,在这个条件下,不存在消费者的货比三家行为,也不会出现单个厂商提价或降价的现象。第三,所有的资源都具有完全的流动性,即每个厂商都可以自由地进出市场,资源可以自由地流动于厂商、行业之间,因此通过高效的运转,所有资源都可以被投入最大利润的生产中。第四,具有完全的信息,在不存在信息差、信息盲区等障碍的情况下,任何消费者或厂商都可作出最优经济决策,并获得最大经济利益。

从苛刻的形成条件中不难看出,严格的完全竞争市场并不存在于现实经济生活中,由于它非个性化的特性,消费者之间、生产者之间都意识不到竞争,因此我们说在完全竞争市场中不存在真正意义上的竞争。

2. 厂商需求曲线

厂商需求曲线用来描述该厂商所生产产品的需求状况,由于完全竞争市场的特性,厂商是既定市场价格的接受者,其只能被动地接受给定的市场价格,且不会去改变这一价格,因此完全竞争厂商的需求曲线是一条垂直于价格坐标轴的直线,垂足为既定市场价格。在图 1-1(a) 中,D 代表市场的需求曲线,S 代表供给曲线,它们相交的均衡点 E 决定了市场的均衡价格 P_e,即图 1-1(b)中厂商需求曲线 d 的出发点。

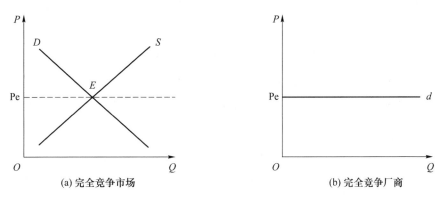

图 1-1 完全竞争厂商的需求曲线

需注意,在完全竞争市场中,一些外在因素的变动是可能影响价格的,本质上是由于供求曲线的位置发生变化,产生了新的均衡价格,虽然厂商的需求曲线出自不同市场的均衡价格水平,但它们总是呈现水平的趋势。

3. 厂商收益曲线

一般性的厂商收益就是指厂商的销售收入,取决于市场对该产品的需求情况,厂商需求曲线也可以反映收益水平。厂商收益分为总收益 TR、平均收益 AR 和边际收益 MR,下面我们先简要学习一下它们的定义与公式(用 P 表示既定的市场价格,用 Q 表示销售总量)。

在价格、销售总量确定的条件下,厂商出售这些产品所得到的全部收入就是总收益,公式为

$$\mathrm{TR}(Q) = P \cdot Q$$

厂商在一单位产品销售上获得的收入就是平均收益,公式为

$$\mathrm{AR}(Q) = \frac{\mathrm{TR}(Q)}{Q}$$

当增加一单位产品时,厂商在总收入上的增量就是边际收益,即相应总收益 TR 曲线的斜率,公式为

$$\mathrm{MR}(Q) = \frac{\Delta \mathrm{TR}(Q)}{\Delta Q}$$

假定厂商的销售量等于其面临的需求量,在完全竞争市场中,当销售量确定时,厂商的销售价格 P 是固定不变的,因此有 $\mathrm{AR} = \mathrm{MR} = P$,见图 1-2(a)。由于产品价格是既定不变的,随着销售量的增加,总收益会按照固定的速率增加,在收益曲线图上呈现正比例射线的形状,见图 1-2(b)。

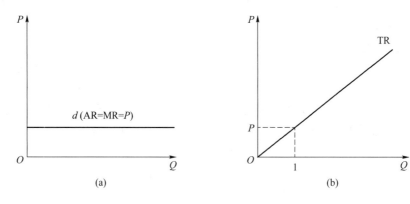

图 1-2 厂商收益曲线示意图

当边际收益 MR 等于边际成本 MC 时,厂商可以实现利润的最大化,这就是完全竞争市场中利润最大化的均衡条件,此处只提供结论,不再赘述证明过程[5]。

1.2.2 垄断竞争

在垄断竞争市场中,很多厂商生产和销售有差别的同种产品,而产品差别就成了垄断竞争市场的一个重要特点,经济学界将市场上大量的生产非常接近的同种产品的厂商的总和称作生产集团。

1. 形成条件

形成垄断竞争市场需具有下述 3 个充分必要条件。第一,在生产集团中存在大量企业生产有差别,但彼此又是替代品的产品。由于产品之间差别的存在,我们认为每个产品都具有独特性,因此各个厂商对所生产产品的价格都具有一定的垄断力量,这就给市场增加了垄断的因

素;由于产品互为替代品,每个产品都会处于大量相似产品的竞争之中,这就给市场增加了竞争的因素。第二,一个生产集团中有数量众多的企业,每个厂商都认为自身的行为影响极小,不会让竞争对手采取措施。第三,厂商的生产规模较小,这意味着厂商可以比较轻易地进出生产集团。

2. 需求曲线

垄断竞争厂商面临两种需求曲线,分别为 d 需求曲线和 D 需求曲线,如图 1-3 所示。当垄断竞争生产集团中某个厂商改变产品价格,而其他厂商价格不变时,该厂商的产品价格和销售量的关系用 d 需求曲线表示,由于前文"形成条件"的第二点,该厂商认为其他厂商不会对它的价格变动行为作出反应,因此 d 需求曲线也被称作主观需求曲线或预期需求曲线;当垄断竞争生产集团中某个厂商改变产品价格,而生产集团内其他厂商都使其产品价格发生相同变化时,该厂商的产品价格和销售量的关系用 D 需求曲线表示,这种现象描述了实际中垄断竞争厂商面对价格变动的行为,因此 D 需求曲线表示单个厂商在一定市场价格水平下的实际销售份额,故 D 需求曲线也被称作实际需求曲线或份额需求曲线。

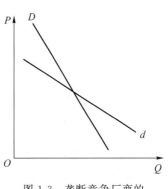

图 1-3 垄断竞争厂商的需求曲线示意图

3. 短期均衡与长期均衡

对于短期的均衡产量而言,短期平均成本(SAC)及短期边际成本(SMC)表示代表性企业的现有生产规模,垄断竞争厂商实现均衡的条件是 MR=SMC,在现有的生产规模下厂商可通过调整产量与价格达到这一条件。对于长期的均衡产量而言,长期平均成本(LAC)及长期边际成本(LMC)表示代表性企业的现有生产规模,垄断竞争厂商在调整生产规模之外还可以自由地进出生产集团,因此它的利润必定为零,当满足 MR=LMC=SMC 且 AR=LAC=SAC 时,垄断竞争厂商达到长期均衡[5]。

1.2.3 完全垄断

完全垄断市场即垄断市场,是指在整个行业中只存在唯一厂商的市场模型,这个厂商为广泛消费者提供无法被替代的产品,因此形成了对这类产品的垄断,该模型描述了一个具有强大权力的厂商的"市场结构"对市场和整体福利的影响。

1. 形成条件

形成垄断市场需具有下述 3 个充分必要条件:第一,市场上有且仅有唯一的一个厂商生产和销售商品;第二,该厂商所生产和销售的商品没有替代品;第三,其他厂商进入该行业的可能性接近于零。上述 3 个条件为垄断市场排除了竞争因素,这就意味着唯一的厂商对该行业进行了垄断,即垄断厂商控制了整个行业的生产和市场的销售,进而能够控制和操纵市场价格。

2. 形成原因

垄断的产生可能由多种因素引起。当某一厂商对某商品的生产资源进行独占时,其他厂商就失去了生产同种产品的可能性,进而形成了独家厂商垄断的现象。此外,垄断的产生还可能是因为某一个厂商对它所生产的商品具有专利权,因此其他厂商就不能去生产这类商品。另外,政府在某些行业下达的垄断政策也是形成垄断的一大原因,一些通信厂商、水电部门就是经典的例子。除了以上提到的因素,还有一类垄断行为,叫作自然垄断,当企业所需的生产规模要求很高,整个行业只能有一个企业投入生产才可满足时,只要提高这个企业的生产能力,以达到规模的要求,全市场对该产品的需求就可以得到满足。在这样的前提下,行业内总会有一家厂商脱颖而出,率先达到要求的生产规模,从而垄断该商品的生产和销售。

3. 需求曲线

垄断市场意味着只有一个厂商,因此市场的需求曲线就是垄断厂商所面临的需求曲线,如图1-4所示,从图中可以看出垄断厂商的销售量与市场价格有着反向的关系,当垄断厂商增加销售量时,市场价格会有所下降,当垄断厂商减少销售量时,市场价格会有所上升,这证实了垄断厂商可以通过改变销售量的方式来控制商品的销售情况。

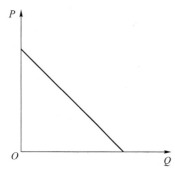

图1-4 垄断市场的需求曲线

4. 收益曲线

在垄断市场中,垄断厂商的需求曲线特征决定了收益曲线特征,如图1-5(a)所示,因为平均收益AR等于商品的价格P,在垄断市场中价格由独家厂商的需求决定,即价格P等于需求d,因此AR曲线与需求曲线重合,MR曲线位于AR曲线的左下方,由于总收益TR的斜率就是MR的值,可以绘制出图1-5(b)所示的TR曲线,当MR=0时,TR达到最大值。

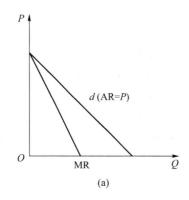
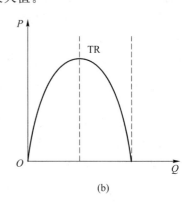

图1-5 垄断市场的收益曲线

5. 短期均衡与长期均衡

当满足MR=MC时,垄断厂商可获得最大利润。在短期内,生产规模是确定的,垄断厂商通过调整产量与价格来达到MR=SMC的目标,在短期均衡点上,垄断厂商获得的最大利润可能是零,也可能是最小亏损。在长期内,垄断厂商可以改变固定要素投入量,也就是生产规模SMC,在这一过程中,市场对新加入厂商是完全关闭的,因此垄断厂商在长期内能够获得更大的利润。垄断厂商长期均衡的条件为MR=LMC=SMC,相关证明不在此处赘述。

需要注意的是,由于垄断厂商是整个行业的独家厂商,所以它的短期和长期均衡价格、均衡产量的情况直接反映了垄断市场短期和长期均衡价格、均衡产量的情况。

6. 价格歧视

价格歧视指以不同的价格销售同一种产品。在垄断市场中,垄断厂商可通过实行价格歧视来达到增加自身利润的目的。当满足市场中的消费者具有不同的偏好,且不同消费者群体或不同销售市场是互相隔离的条件时,垄断厂商就可实行价格歧视。

价格歧视分为3个等级:一级价格歧视(完全价格歧视)指厂商按照消费者所愿支付的最

高价格出售每单位的商品,在一级价格歧视下,垄断厂商占有全部消费者剩余;二级价格歧视指在消费者购入不同数量的产品时,产品的单价不同,我们在日常生活中可以轻易地找到这类价格歧视,比如缴纳停车费时,不同的停车时长在单价上往往有所差异(例如,前两个小时收取 8 元/小时,之后 10 元/小时),垄断厂商通过实行二级价格歧视可以提高自身的收益,并占有部分消费者剩余;三级价格歧视是指对于同一种产品,垄断厂商对不同的市场或不同的消费群收取不同的价格,例如,飞机票价在节假日比非节假日贵,某些商品在国外比国内便宜等,实行三级价格歧视时,对于需求的价格弹性大的市场,厂商会制定相对低的产品价格,对于需求的价格弹性小的市场,厂商会制定相对高的产品价格,这有利于垄断厂商获得更多的利润[5]。

1.2.4 寡头垄断

寡头垄断市场也称为寡头市场,在这种市场模式下,产品的生产和销售由少数几家厂商控制。寡头垄断市场广泛存在于现实经济中,它的形成原因与完全垄断市场比较相似,但垄断的程度更轻。

由于寡头市场中每个厂商都具备一定的产量,因此在我们对寡头市场进行分析时,考虑厂商间相互作用的因素极为重要。每个寡头厂商为获得更大的利益,都需要事先预测其他厂商对自身所采取的行动的反应,即猜测或掌握竞争对手的反应方式,在这一前提下寡头厂商进一步采取最有利于自身的行动。实际上,竞争对手相互之间的反应方式不是一成不变的,我们不能对寡头市场的价格和产量总结出一般性的理论模型,但通过学习下述几个有代表性的模型,能加深我们对寡头市场的领悟。

1. 古诺模型

古诺模型由经济学家安东尼·奥古斯丁·古诺提出,在模型中只有两个寡头厂商,因此也被称作"双头模型",在 3 个及以上寡头厂商的情况中,古诺模型的结论也可以被推广运用。

古诺模型描述的问题是,假定市场上只有 A、B 两个厂商,他们生产和销售相同的产品,且生产成本为零,A、B 两个厂商都准确了解市场的线性需求曲线并已知对方产量,每个厂商的决策变量都是产量。为了获得自身的最大利润,他们各自都是根据对方的产量改变自己的产量,也就是消极地去适应。古诺模型的价格和产量的关系可见图 1-6,其中 Q_m 为市场总容量。

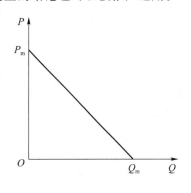

图 1-6 古诺模型

在 A、B 两个厂商的产量相等的均衡状态下,二者的均衡产量均为市场总容量的 1/3,即 $Q_m/3$,此时行业的均衡总产量为 $2Q_m/3$。

当市场内不止两个厂商时,上述结论也可以推广成立,得到具有一般性的结论。假设市场中有 m 个寡头厂商,则有

$$单个寡头厂商的均衡产量 = 市场总容量 \times \frac{1}{m+1}$$

$$行业的均衡总产量 = 市场总容量 \times \frac{m}{m+1}$$

此处只提供结论,不再赘述相关证明过程,在随后的章节中将有更详细的分析。

2. 斯塔克尔伯格模型

斯塔克尔伯格模型由学者 H. 斯塔克尔伯格提出,该模型将寡头厂商分为两类角色——领导者与追随者,以这样的思维看待古诺模型时,我们可以把模型中的两个厂商理解成互为追随者的角色,而在斯塔克尔伯格模型中,两个寡头厂商不再势均力敌,而是一方具备相对雄厚的实力且处于主导地位,另一方相对较弱,该模型将前者称为领导者,将后者称为追随者,也就形成了寡头市场的"领导者-追随者"模型。

在形成市场均衡的过程中,领导型厂商具有先动优势,在已经充分分析追随型厂商反应函数的基础上,领导型厂商通过改变自身的产量来达到利润最大化的目标。而追随型厂商只能追随其后,他根据领导型厂商已作出的产量选择来制定自己的产量决策。不难看出,在斯塔克尔伯格模型中,只有追随型厂商具有反应函数,这是因为领导型厂商的支配地位决定了他无须对另外的厂商作出消极适应性反应,而追随型厂商的行为一定是消极地去适应领导型厂商的产量条件的。

关于斯塔克尔伯格模型的均衡解,可以根据追随型厂商的成本函数得到他的利润等式和最大化条件,从而得到反应函数,结合领导型厂商的成本函数和利润等式,即可得到该寡头市场的均衡产量解。

在斯塔克尔伯格模型中,领导型厂商是通过先行确定产量的方式进行主导的,如果这一阶段决定的不是"产量"而是"价格",经济学界会用另外的模型——价格领导模型——来描述这一行为模式[5]。

1.2.5 网络经济

网络经济是结合了网络信息和经济的一门学科,它是以信息与网络产业为主导产业,以信息与知识为主导资源的经济形态,是以计算机信息网络技术为基础,以计算机网络为平台所进行的各种经济活动及在此基础上所形成的各种经济关系的总和。

通过上述定义,我们可以从中总结出网络经济具有以计算机网络为基础,以网络信息为媒介来反映经济问题、构建经济模型、开展经济活动的科学内涵。网络经济作为经济学研究的新领域,在经典经济学基本原理的基础上具备信息网络所赋予的新特征。接下来我们通过网络经济的产生原因、基本范畴与本质内涵、研究内容、重要意义几个方面来介绍这一概念。

1. 产生原因

简要地来说,网络经济学概念的产生主要有 3 个原因:第一,全球贸易发展是网络经济得以形成的基础,在通信、运输效率提高且成本降低的背景下,公司和企业对时效的追求不断升级,网络经济的概念也随之萌芽;第二,Internet 和万维网技术的成熟与广泛应用为网络经济的发展提供了条件,网络业务逐渐在各大公司、企业占据重要席位;第三,电子支付手段为网络经济开拓了空间,随着电子货币广泛应用于市场,交易行为得以网络化,全球的资本融通得到深入贯彻,为网络经济开辟了更大的发展空间。

2. 基本范畴与本质内涵

国内外对于网络经济的基本范畴有着不同的见解,本书主要介绍乌家培教授的阐释:网络经济的概念有狭义和广义两种解读,狭义的网络经济是从产业层面界定的,特指 Internet 经济,即基于 Internet 的经济活动,这种理解将网络经济限定为以计算机网络为核心的信息产业群,研究信息和网络产业中的经济活动和经济问题;广义的网络经济囊括整个社会层面的网络经济,它是基于信息网络(Internet、内联网、外联网等)开展的有关信息技术、信息资源等内容的经济活动,因此广义的网络经济涵盖了以 Internet 经济为代表的新兴产业范畴的内容,在这之外它也囊括那些被信息化和网络化的传统产业,研究生产、流通和消费等过程中的经济问题。

本书讨论的网络经济指广义上的网络经济概念,不局限于某些新型的产业或产业群,它是以信息与知识为主导,以经济网络为基础,覆盖所有产业和过程的经济,作为一种具有全社会意义的新兴社会形态,网络经济的研究价值不言而喻。

3. 研究内容

网络经济主要研究四方面的内容。第一,首要解决的是对自身概念的界定以及对本质特征的认知。第二,在此基础上网络经济学描述它范畴内出现的各种新兴现象,并分析其出现的原因和内在的经济学意义。第三,网络经济中经济主体的行为以及深层规律也是这门学科的重点研究内容之一,网络经济学从微观经济学角度对上述内容进行分析,阐释经济主体的行为法则。第四,由于网络经济学的范畴是整个社会,因此探讨宏观环境下经济运行过程和政策等问题是非常必要的,这方面的分析与讨论可以为政府制定新的经济政策提供理论依据。

4. 重要意义

网络经济在社会经济发展中发挥的作用主要有 4 个方面:首先,网络经济通过更加高效全面地为企业提供信息,可以提高决策水平,实现生产要素的优化合理配置;其次,网络经济用知识资源代替了现有的劳动力,降低了产品的成本,提高了生产率和经济效益;再次,在网络经济范畴内,知识与技术作为重要生产要素,大幅度地节约了物质资源的使用和消耗,符合时代的核心需求;最后,网络经济采用的电子货币模式加快了资金的周转,提高了资金利用率,节省了大量时间成本。

1.2.6 信息经济学

从字面就可看出,信息经济学的研究对象是信息,它是伴随信息时代到来的一门经济学范畴内的新学科。在网络经济体系中信息与知识是主导资源,因此对信息经济的运用在一定程度上是研究网络经济问题时不可或缺的环节。接下来我们将从信息经济学的理论模型、内容体系、主要应用方面介绍这一学科。

1. 理论模型

乔治·斯蒂格勒(George J. Stigler)于 1961 年提出的信息经济理论描述了消费者的信息获取行为模型,这一理论要求市场需是完美市场,即资源以均衡价格被分配,消费者不会被告知市场中的替代品,因此,消费者对搜索行为的预期获益和附加搜索的实际成本间的差额将指导消费者的信息搜索行为。信息经济理论指出,在达到边际成本大于等于边际收入这一水平之前,消费者会持续信息获取行为。

2. 内容体系

信息经济学研究内容的核心包括"委托-代理"关系、激励机制与市场安排、道德风险、不利选择和市场信号。从整体角度来看,信息经济学有着广义和狭义之分,狭义信息经济学包含理论信息经济学和应用信息经济学、微观信息经济学和宏观信息经济学这两个方面的内容,而广义信息经济学除涵盖上述内容之外,还包含相关交叉学科中的相应内容体系。

3. 主要应用

在微观信息经济学方面,金融、管理、医疗、教育等多个行业可通过引入不对称信息经济的理论和方法,来达到提高市场运行效率的目的;在宏观信息经济学方面,信息经济学的理论可应用于信息产业与信息市场、信息经济规律研究等多个领域,以促进国民经济的发展。在交叉学科方面,信息经济学的研究内容广泛应用于图书情报学、电子商务、生物医药等学科领域,为众多学科的相关研究提供了一定的理论基础。

1.2.7 微观经济学

微观经济学通过研究个体经济单位的经济行为,阐述经济社会市场机制的运行和作用,在此基础上提供改善这种运行的途径。微观经济学分析的重点就是对价格的分析,任何商品的价格都由商品的需求和供给两个因素决定。

1. 基本假设条件

微观经济学规定,经济社会中从事经济活动的所有人都是绝对理性的,称作"合乎理性的人"或"理性人",理性在此处是指以自身最小经济代价获取最大经济利益。这一假设就是微观经济学所有分析的基本前提,所有理论模型都需天然隐含这一前提条件。

2. 研究对象与内容

微观经济学的研究对象是个体经济单位,因此涉及的经济变量均为经济个量及其相互关系,这一特征直观地体现在"微观"这个描述上。通过分析单个消费者或生产者的经济行为、单个市场均衡价格的确定、所有单个市场均衡价格的同时确定,微观经济学由浅入深地对个体经济单位的行为进行讨论研究,在不同的层次上解决研究对象的最大利润需求或相关价格的决定问题。

微观经济学的理论体系主要包括价格理论(市场需求与供给、市场均衡价格)、消费者行为理论、生产者行为理论、市场理论、生产要素市场理论等[5]。

1.2.8 宏观经济学

与微观经济学不同,宏观经济学研究社会总体的经济行为及其后果,通俗来说,这一学科的研究对象是国民收入,主要研究让国民收入以稳定的合适速率增长的方法。

1. 宏观经济指标

宏观经济学以国民收入为中心,也被称为收入理论,测度其运行情况的指标包括国民收入及其增长率、失业率、物价水平及其变动。国民收入用于衡量社会经济活动的成就,具体包含国内生产总值、国内生产净值、国民生产总值、国民生产净值、狭义的国民收入、个人收入和个人可支配收入。此外,政府预算赤字、贸易赤字和盈余的变动、利率和汇率的变动等因素也是相对重要的宏观经济指标。

2. 基本理论框架

宏观经济学将经济部门划分为家庭、企业和政府 3 个,将市场归结为产品市场、货币市场和劳动市场,对这三个经济部门和三类市场的交互作用的研究,构成了宏观经济学的基本理论框架。

3. 宏观经济学与微观经济学

在经济理论和经济政策两方面,宏观经济学和微观经济学既有相同之处,也有不同之处。在经济理论方面,二者都是通过需求曲线和供给曲线来确定价格和产量的,并且它们具有相同的供求曲线形状,曲线的交点决定价格和产量,但不同的是,微观经济学中供求曲线的描述对象是个体经济,决定的是个体商品的价格和成交量,宏观经济学中供求曲线描述整个社会的总体情况,决定的是整个社会的价格水平和产出总值;在经济政策方面,二者都受到政府的引导和调控,不同之处在于微观经济政策的目标是解决资源优化配置问题,而宏观调控的目的是解决资源利用问题,二者解决问题的目标有所差异。

当我们从整体的角度研究经济问题时,经济个体的决策必定会被纳入考量范围,因此宏观经济理论一定是建立在微观经济理论基础之上的,个体经济单位的最优化行为常常作为背景,隐性地存在于宏观经济现象之中。

1.3 网络经济学中的行为分析

1.3.1 消费者行为

消费者行为是指消费个体为获取、使用、处置产品或服务所采取的行动以及决策。消费者行为主要研究不同消费者的消费心理和消费行为,并在此基础上阐释其蕴含的规律。消费者行为由两部分内容构成:一部分是消费者的购买决策过程,即消费者在使用和处置产品或服务之前的心理活动和行为倾向;另一部分是消费者的行动过程,即购买决策的实践过程。二者在实际消费中相互影响,共同构成消费者行为的完整过程。

1. 影响因素

影响消费者行为的因素分为个体心理因素和环境因素,前者与消费者自身情况密切相关,对外部环境、营销刺激也会产生一定影响;环境因素主要考虑文化、社会阶层、家庭等方面的影响。

2. 消费者决策过程

典型的决策过程有以下 5 个步骤。

第一,认识需求。当消费者意识到自身需求与实际情况有一定差距并计划解决这一问题时,便开始了购买的决策。需求的产生可能是消费者自身引发的,也可能是受到外部条件刺激所诱生的,还可能是内、外原因共同作用产生的。

第二,收集信息。消费者的信息可能来源于个人、商业、公共信息或者自身经验,当购买需求不能立刻得到满足时,消费者会收集与需求相关的信息,了解所需产品的各方面情况,以便进行决策。

第三,选择判断。消费者在已获取有关信息的基础上,对可供选择的产品进行分析比较,作出多个方面的评价,一般通过分析产品属性、建立属性等级、确定品牌信念、形成理想产品和作出最终评价等步骤完成选择判断。

第四,购买决定。在进入本阶段之前,消费者可能只是对产品产生好感和购买意向,此时他人的态度和突发的意外情况可能促进或减弱消费者的购买意图,只有消费者真正进行购买行动时,才算完成这一阶段。

第五,购后行动。即使消费者已经完成了购买行为,但市场营销人员仍有售后工作需要完成,应当通过加强售后服务、保持与顾客联系等措施减少购买者购入产品后可能不满意的程度[6]。

1.3.2 生产者行为

与消费者行为是对需求的研究这一观点相对应,生产者行为就是对供给的研究,它的直接目的就是获取利润。在微观经济学中,生产者也称作企业或者厂商,是指能够做出统一的生产决策的单个经济单位。生产者行为理论与生产函数、成本函数、收益函数以及利润函数密不可分。

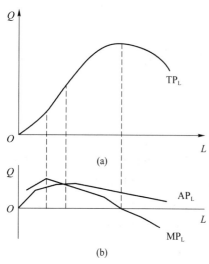

图 1-7 短期生产函数产量曲线

厂商的生产可以分为短期生产与长期生产,分别用短期生产函数和长期生产函数描述二者的基本特征。短期生产的基本规律是边际报酬递减规律,该规律指出保持其他条件不变,在任何一种产品的短期生产中,任意一种可变要素的边际产量一定会由递增阶段发展至递减阶段,因此短期边际产量曲线呈现"倒 U 形"特征,如图 1-7 中 MP_L 曲线所示。对于长期生产函数,我们可以在此基础上得到等产量曲线。

在经济学分析中,成本通常与机会成本、显成本和隐成本的概念结合出现。机会成本指生产者所放弃的使用相同的生产要素在其他生产用途中所能获得的最高收入,其概念与稀缺经济资源的有效配置紧密联系,当我们考虑企业的生产成本时,应当从机会成本的角度进行分析。企业的生产成本还可以划分为显成本和隐成本两部分,前者指厂商在生产要素市场上购买或租用他人所拥有的生产要素的实际支出,后者指厂商自己所拥有的且被用于自己企业生产过程的生产要素的总价格。

1.3.3 市场均衡

均衡的一般意义是指经济事务中有关的变量在一定条件的相互作用下所达到的一种相对静止的状态,在这一状态下,有关经济事务的各参与者力量相互制约、相互抵消,此时各方面经济行为者的愿望也得到满足。在某种程度上,经济学的研究目标就是找寻这种均衡状态及其到达条件。

在微观经济学中,市场均衡分为局部均衡和一般均衡,前者的作用对象是单个市场或部分市场,而后者面向一个经济社会中的所有市场。

1. 均衡价格的确定

商品的均衡价格是指该种商品的市场需求量等于市场供给量时的价格,均衡状态下的供求数量被称为均衡数量,供求曲线的交点被称为均衡点,如图 1-8 所示,需求曲线 D 与供给曲线 S 相交于点 E,点 E 就是均衡点,它所对应的价格就是均衡价格,对应的供求数量就是均衡数量。

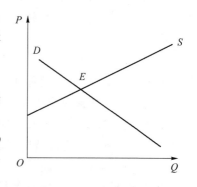

图 1-8 均衡价格的决定

2. 均衡价格的变动

当需求和/或供给发生变动时,均衡价格会随之变动。供求定理描述了这一规律:在其他条件不变的情况下,需求变动引起均衡价格和均衡数量的同方向变动;供给变动引起均衡价格的反方向变动,引起均衡数量的同方向变动。当需求和供给同时变动时,通过对变动进行具体的分析,可以确定商品均衡价格、均衡数量的变化[5]。

1.3.4 企业组织行为

企业组织行为学是一个致力于理解、解释并最终改善组织中个人和群体的态度和行为的学科,在网络经济的规则下,企业组织行为主要包含以下几种典型类别。

第一类,歧视价格行为。信息产品作为网络经济中的重要产品,由于其特殊的成本形态和销售方式,信息企业可以更轻易地采用价格歧视方法进行个性化定价。

第二类,管理知识产权行为。与以往的商品不同,信息作为一种生产要素,在个别企业的生产经营活动乃至整个社会经济生产、再生产和流通过程中起重要作用,因此对知识产权的保护与管理越发重要。

第三类,赢家通吃市场行为。在极端的形式中,正反馈可以导致赢家通吃的市场,即单个公司或技术击败了所有的竞争对手,这种情况只有在网络经济中才能出现。

第四类,合作与兼并的行为。网络经济的基本特征是网络市场的形成,网络市场中的标准和规模导致新型的合作与激烈的兼并。

第五类,发起标准战争的行为。当新的不兼容的技术相互斗争,都想成为行业标准时,企业就会进行标准战争。标准战争最能反映企业的行为,不管企业在标准战争中采取什么基本战略,都需要采用先发制人和预期管理这两种基本的市场策略。

| 本章参考文献 |

[1] 杨瑞龙,朱春燕.网络经济学的发展与展望[J].经济学动态,2004(9):19-23.
[2] 韩耀,刘宁.经济网络、网络经济与网络经济学[J].南京财经大学学报,2007(3):73-76.
[3] 陈蓉,郭晓武.网络经济学发展概述[J].经济学家,2001(5):114-118.
[4] Gottinger H-W. Firm Competitiveness, Growth and Digitalisation—A Special Review on Network Economics[J]. iBusiness,2020,12(4):203-221.
[5] 高鸿业.西方经济学[M].5版.北京:中国人民大学出版社,2011.
[6] Lake L A. Consumer Behavior for Dummies[M]. Hoboken,NJ:Wiley Publishing,Inc.,2009.

第2章 博弈论的基本概念

2.1 引　言

博弈论(game theory)又称为对策论和赛局理论,是经济学的一个学科分支,也是运筹学的一个重要学科分支。博弈论主要用于研究具体激励结构之间的相互作用,考虑博弈中个体的预测和实际行为并加以优化,以此来理解博弈行为的竞争本质并预测进化论的某些结果。

早在我国的春秋时期,就诞生过博弈论的思想,具体代表著作有《孙子兵法》。孙武在书中提到的战略运筹、作战指挥、特殊战法等策略都是在作战双方相互制约环境中的一种最优的战术,毛泽东曾评价道:"孙子的规律,'知彼知己,百战不殆'乃至今天仍是科学真理。"另外西汉时期著名的史学家司马迁在《史记》中提到过一个田忌赛马的故事:孙膑给田忌提议用下等马对战对手的上等马,用中等马对战对手的下等马,用上等马对战对手的中等马,这样自然就可以三局两胜的局势拿下比赛。这是一个善用自己的长处去对战对手短处,从而在竞技中获胜的事例。除此之外,博弈论的典型案例还包括囚徒困境、赌胜博弈等。完整的博弈论是1944年由冯·诺依曼和奥斯卡·摩根斯特恩在著作《博弈论与经济行为》中提出的,"博弈是指在一定的游戏规则约束下,基于直接相互作用的环境条件,各参与人依据所掌握的信息,选择各自的策略行动,以实现利益最大化的过程。"冯·诺依曼和奥斯卡·摩根斯特恩被称为"博弈论之父"[1]。

博弈的案例中一般会涉及规则、结果和回报、结果的不确定性、决策制定等概念。首先博弈双方或者多方在博弈之前都需要有一套规则(即游戏规则),规定什么行为是允许的,什么行为是不允许的,并且在游戏期间不能违反该规则(在本章中游戏和博弈可以理解成一个概念)。在游戏过程中,博弈方做出某一个决策之后会得到相应的回报,这个回报可能是金钱上的,也可能是表示满意的。游戏过程是充满不确定性的,甚至可以说是"刺激"的,因为对于游戏的结果不能预先做出判断。由于游戏规则是确定的,所以在游戏过程中应该包含一些随机元素或者有一个以上的游戏玩家。想要赢得游戏,就应该有一个完美的策略,因此博弈行为和决策制定是分不开的,玩家一般都会制定有利于自己博弈行为的策略。

本章的主要内容包括博弈论的定义、经典的博弈模型、博弈的分类、博弈论的发展。本章的核心是博弈论相关定义,需要了解5个要素,其次需要掌握博弈的分类以及经典的博弈模型。

2.2 博弈论的定义

博弈论的定义

博弈论主要研究决策主体的行为在直接相互作用时,人们如何进行决策以及这种决策如何达到均衡。一般来说博弈需要满足以下 5 个要素[2]。

- 博弈方:又称为局中人、参与者或者游戏玩家,在本书中一般使用博弈方表示。在一场博弈中,每个具有决策权的参与者都会成为博弈方。一般来说,需要两位或者两位以上的参与者来完成博弈过程。只有两个博弈方的博弈称为"两人博弈",而超过两个博弈方的博弈称为"多人博弈"。在博弈论中,$\Gamma=\{1,2,3,i,\cdots,n\}$ 表示一个 n 人博弈所有博弈方的集合,其中 $i\in\Gamma$ 代表博弈中的任一博弈方,另外使用 $-i$ 表示"博弈方 i 的对手",即除了博弈方 i 之外的所有其他博弈方。

- 策略:在一场博弈中,每个博弈方都会选择实际可行的完整决策方案,即方案不是某阶段的行动方案,而是指导整个博弈过程的一个决策方案,博弈方的一个可行的自始至终全局筹划的一个决策方案,称为该博弈方的一个策略。在前面提到的博弈方概念中,我们使用 $-i$ 表示第 i 个博弈方以外的其他博弈方,同样地,这里我们使用 $s_{-i}=(s_1,\cdots,s_{i-1},s_{i+1},\cdots,s_n)$ 表示除第 i 个博弈方所选特定策略 $s_i\in S_i$ 之外的其他所有博弈方所选择的策略组合,其中 S_i 表示第 i 个博弈方可选策略的策略空间或策略集合,进而用 $s=(s_i,s_{-i})$ 表示所有博弈方在某场博弈中做出的策略组合。

- 效益:又称为得失、利益、效用、回报、支付或者反馈。一场博弈结束时的结果往往会给不同的博弈方不同的反馈,有的博弈方会获利,有的博弈方则会受到损失。一场博弈结束时每个博弈方的"得与失"是全体博弈玩家所取定的一组策略的函数,通常称为效益函数(payoff function),是策略组合 $s=(s_i,s_{-i})$ 的函数。每个博弈方在一场博弈结束时的得失,不仅与该博弈方自身所选择的策略有关,而且与全部博弈玩家所取定的一组策略有关。在一场 n 人博弈中,一般使用 $u_i(s_1,s_2,\cdots,s_i,\cdots,s_n)$ 表示第 i 个博弈方的效益,相应地,$u=(u_1,u_2,u_3,\cdots,u_n)$ 表示所有博弈方的效益组合。

- 结果:博弈方的每一个策略都会产生一个相应的结果(收益或者损失),此结果是由每个博弈方的策略共同决定的,它们之间相互作用。对于所有的博弈玩家来说,当执行完所有策略之后,存在一个博弈结果,结果可以是某个博弈方获得"最大收益"或者受到"最大惩罚",也就是说博弈中存在一个从策略空间到结果空间的映射关系。

- 均衡:又称为平衡。在一个博弈过程中,无论对方的策略选择如何,每个博弈方都会选择某一确定的策略,该策略被称为支配性策略。如果每个博弈方都选择了自己的策略,并且没有玩家可以在其他博弈方策略保持不变时通过改变自己的策略而获益,即每个博弈方的策略组合构成各自的支配性策略,那么当前策略选择的集合及其相应结果构成的均衡就叫作纳什均衡。此时所有的博弈方策略都是最优的,也就是没有一个博弈方能够通过独自采用其他策略而获得更多的利益。使用 s_i^* 表示第 i 个博弈方的最优策略,第 i 个博弈方之外的其他博弈方的最优策略组合是 s_{-i}^*,那么最优策略组合 $s^*=(s_1^*,s_2^*,\cdots,s_n^*)=(s_i^*,s_{-i}^*)$ 就是一个纳什均衡。用效益函数可以表示为

$$u_i(s_i^*,s_{-i}^*)\geqslant u_i(s_i,s_{-i}^*)$$
$$\forall i\in\Gamma,\quad \forall s_i\in S_i$$

为了博弈过程的完整有效,一般来说都会有如下假设。首先,参与博弈的主体满足理性人假设。该假设是说每个博弈方在决定采取哪种行动时,不但要根据自身的利益和目的行事,而且要考虑他的决策行为对其他博弈方可能的影响,通过选择最佳的行动计划来寻求收益或者效用的最大化。在经济学中,每一个从事经济活动的人所采取的经济行为都是力图以自己的最小经济代价去获得最大经济利益。西方经济学家认为,在任何经济活动中,只有这样的人才是"合乎理性的人",否则就是非理性的人[3]。其次,假设完全理性是共同知识(common knowledge),共同知识是指各个博弈方在无穷递归意义上均知悉的事实,即每个人都知道事件 E,每个人都知道每个人知道事件 E,…,直到无穷层次,类似于"套娃"。最后,假设每个博弈方都会对所处环境及其他博弈玩家的行为形成正确信念与预期。

接下来介绍一些经典的博弈模型,基本上满足上述提到的要素和假设。

2.3 经典的博弈模型

经典博弈模型

本节通过介绍囚徒困境、赌胜博弈以及产量决策的古诺模型等博弈模型,对博弈的进行过程给大家一个大致的印象。读者在学习时需要注意每种博弈模型的效益矩阵(payoff matrix)应该怎样绘制,从理性人角度思考如何才能取得博弈胜利。

2.3.1 囚徒困境

囚徒困境是博弈论中最基本也是最经典的例子,它是两个被捕的囚徒之间的完全信息博弈,也是非零和博弈的典型代表。

我们假设两个罪犯因犯事被警方抓捕之后,被关在两间单独的审讯室里审问。两个罪犯的名字分别是张三和李四。审讯的时候,警察对张三说:"这次你们的犯罪事实我们基本掌握了。现在我们给你一个坦白的机会,如果你坦白了而李四拒不承认,你协助我们破案并查清犯罪细节,你会将功补过获得无罪释放的机会,李四则获刑,被判 3 年;如果你们都坦白了,你们都会获刑,被判 2 年;如果你俩概不承认,都会获刑,被判 1 年;如果你拒不承认而李四坦白了,你就会获刑 3 年,李四无罪释放。你自己好好想想是坦白还是拒不承认吧!"同样的话,警察又对李四说了一遍。

一般人看待这个问题都会认为张三和李四都会选择不坦白而分别获刑 1 年,我们是站在"上帝视角"觉得这是两人的最佳选择,但是事实会是如此吗?要知道,张三和李四是分别被关在两间审讯室进行审问的,当警察对张三说了是否坦白的后果之后,张三肯定会想怎样回答才能让自己的利益最大。

例 2-1 囚徒困境

这里我们以张三和李四被判刑的年数作为得失(payoff),我们可以得到图 2-1 所示的效益矩阵。

现在假设你是张三,你肯定会想:"怎样我才能获刑最少呢?"进一步思考,"如果我坦白的话,要么获刑 2 年,要么直接无罪释放;但如果我不坦白的话,要么获刑 3 年,要么获刑 1 年。所以总体看来,我直接坦白肯定比不坦白好。"同样地,李四也会这么想。在不知道对方选择的情况下,选择坦白对自己来说都是一种优势策略。所以两个人最终的选择都是坦白,两人都被判 2 年,而不是一开始我们以"上帝视角"想的两人都不坦白直接被判 1 年。

	李四	
	坦白	不坦白
张三 坦白	(2,2)	(0,3)
张三 不坦白	(3,0)	(1,1)

图 2-1 囚徒困境的效益矩阵

也许大家会有这样的疑问，为什么张三和李四两个人选择的都是对自己有利的策略，但是最后得到的却不是最好的结果呢？这便是博弈论神奇的地方。接下来我们通过分析博弈各个要素的方法来解释囚徒困境。其中，博弈方为张三和李四，也就是 $\varGamma=\{1,2\}$。张三的策略集合是 $S_1=\{坦白,不坦白\}$，同理李四的策略集合也是这样的，即 $S_2=\{坦白,不坦白\}$。囚徒困境的效益矩阵可以参考图 2-1，从中可以看出最优的策略组合是 $s^*=(坦白,坦白)$，这也是一个纳什均衡，即两人在选择坦白时，无论对方怎么选自己都不会后悔当前的选择。其实这也是基于前面提到的理性人假设，也就是张三和李四在分别被审讯的情况下，选择策略时都是趋利避害的，其次张三和李四都知道如果自己选择不坦白而对方选择坦白的话，自己会被判更多的年限，这也是前面提到的共同知识假设。所以最终两人的选择都是坦白。

2.3.2 赌胜博弈

赌博、竞技等构成的博弈问题，在经济学中也有许多应用，其中赌胜博弈是一类重要的博弈问题，对经济竞争和合作有很大的启示。赌胜博弈是零和博弈的一种，是一场一个博弈方胜利必有另一个博弈方失败的博弈。扔硬币、猜正反和石头剪刀布都是我们熟悉的赌胜博弈。另外，前面在介绍博弈论时提到的田忌赛马也属于赌胜博弈。在这类博弈模型中，一般只有两个博弈方，且一个博弈方胜利之后，另一个博弈方就会失败。

例 2-2 赌胜博弈

下面我们来看 3 个经典的赌胜博弈模型：田忌赛马、猜硬币、石头剪刀布。

> **田忌赛马**：齐国的大将田忌常同齐威王进行跑马比赛，每次比赛田忌总是输给齐威王，田忌十分郁闷。孙膑是田忌的军师，于是孙膑给田忌出谋划策，说："将军和齐威王的马我都看了，都分为三等，即上等马、中等马、下等马。虽然都是相同的等级，但是将军的马匹的能力还是稍微逊色于齐威王的马匹。将军每次比赛都是按照上等马、中等马、下等马的顺序出战，而齐威王也是以上等马、中等马、下等马的顺序来对阵您，所以您就会输掉比赛。下次赛马时您按照我的办法派出马匹一定会赢，首先用您的下等马去对阵齐威王的上等马，其次用您的上等马去对阵齐威王的中等马，最后用您的中等马去对阵齐威王的下等马。这样您就可以三局两胜的优势拿下比赛。"

该博弈中有两个博弈方：齐威王和田忌，即 $\varGamma=\{1,2\}$。两个博弈方都可以选择自己马的出场次序，因为三匹马的排列次序总共有 $3!=3\times2\times1=6$ 种，因此双方各有 6 种可选择的策略，策略集合可以表示为

$$s_i=\{上中下,上下中,中上下,中下上,下上中,下中上\}$$

假设比赛前不能预先知道对方的决策,双方同时做出决策,即决策没有先后次序。我们假设每次比赛输一局就输一千金,效益记为 -1;否则就赢一千金,效益记为 1。这里我们画出如图 2-2 所示的效益矩阵(注意:同一等级的马匹,齐威王的马匹会更胜一筹)。

		田忌					
		上中下	上下中	中上下	中下上	下上中	下中上
齐威王	上中下	(3,−3)	(1,−1)	(1,−1)	(1,−1)	(−1,1)	(1,−1)
	上下中	(1,−1)	(3,−3)	(1,−1)	(1,−1)	(1,−1)	(−1,1)
	中上下	(1,−1)	(−1,1)	(3,−3)	(1,−1)	(1,−1)	(1,−1)
	中下上	(−1,1)	(1,−1)	(1,−1)	(3,−3)	(1,−1)	(1,−1)
	下上中	(1,−1)	(1,−1)	(1,−1)	(−1,1)	(3,−3)	(1,−1)
	下中上	(1,−1)	(1,−1)	(−1,1)	(1,−1)	(1,−1)	(3,−3)

图 2-2 田忌赛马的效益矩阵

从图 2-2 中可以看出,田忌赢比赛的可能很小,总共 36 种对战情况中只有 6 种情况下田忌可以赢比赛,也就是田忌赢比赛的概率为 $\frac{1}{6}$,而且每次赢得比赛的情况都是按照军师孙膑的计策:使用下等马去对战齐威王的上等马,使用上等马去对战齐威王的中等马,使用中等马去对战齐威王的下等马。这样一来三局两胜,赢下一千金。另外,从图 2-2 中可以看出齐威王赢得比赛的概率为 $\frac{5}{6}$,远远高于田忌,因为当两人都是相同等级的马匹对战时,齐威王的马匹更胜一筹,这样一来齐威王可以三局全胜,赢下三千金。

最后我们来想一想:比赛之前,孙膑给田忌出的计策一定会生效吗?答案肯定是不一定!孙膑赢得比赛一个很大的前提就是:提前知道齐威王的出马顺序,也就是在知道对方出马顺序的前提下采取有针对性的策略。但是在真实比赛中两人是同时出马的,所以最后的结果就不一定是田忌赢得比赛。此外,当双方同一等级的马匹出战时,齐威王的马匹更胜一筹,这也是影响田忌赢得比赛的一个很大阻碍。我们需要从中学到的是孙膑的"博弈论思想",在知道对方策略的情况下,我们应该采取怎样的计策才能赢得比赛。

> **猜硬币**:两人通过猜硬币的正反面赌输赢,其中一方用手盖住一枚硬币,也就是盖硬币方;另一方则猜测被盖住的硬币是正面朝上还是反面朝上,被称为猜硬币方。如果猜对就赢得比赛,效益记为 1 分;否则就输掉比赛,效益记为 -1 分。

这个博弈的效益矩阵可以参考图 2-3,可以看出这个博弈中博弈方也是两人,即 $\Gamma = \{1,2\}$,策略集合为 $s_i = \{$正面,反面$\}$,从效益矩阵中可以看出每轮博弈中只能是一方取胜,另一方输,这就是赌胜博弈的特点。

		猜硬币方	
		正面	反面
盖硬币方	正面	(−1,1)	(1,−1)
	反面	(1,−1)	(−1,1)

图 2-3 猜硬币的效益矩阵

> 石头剪刀布：该游戏的规则是，不同的手势分别代表石头、剪刀和布，要求两个博弈方同时出其中一种手势，手势相同为平均，效益记为 0；手势不同时，石头胜剪刀、剪刀胜布、布胜石头，胜利方效益记为 1，失败方效益记为 −1。显然每场游戏中只能是一方获胜，另一方失败。

该游戏的效益矩阵可以参考图 2-4，石头剪刀布其实是一个随机的游戏，3 种手势相互制衡，单独一场游戏是没有必胜的策略的。

		博弈方2		
		石头	剪刀	布
博弈方1	石头	(0,0)	(1,−1)	(−1,1)
	剪刀	(−1,1)	(0,0)	(1,−1)
	布	(1,−1)	(−1,1)	(0,0)

图 2-4　石头剪刀布的效益矩阵

经过以上的介绍，相信大家对赌胜博弈的模型有了大致的了解，其实上面介绍的田忌赛马、猜硬币以及石头剪刀布都是零和博弈，该博弈的特点就是博弈方之间的利益始终是对立的，偏好通常不同，具体的细节将在 2.4 节进行介绍。

2.3.3　产量决策的古诺模型

古诺模型又称为古诺双寡头模型（Cournot duopoly model）或双寡头模型（duopoly model）。古诺模型是早期的寡头模型，是寡头产量竞争的一种，是市场经济中最常见的问题之一。它是由法国经济学家安东尼·奥古斯丁·古诺于 1838 年提出的[4]。古诺模型假定一种产品市场只有两个卖家，并且相互之间没有任何勾结行为，卖家知道对方将怎样行动，通过各自确定最优的产量来实现利润最大化。因参与者由两方组成，所以古诺模型又称为双头垄断理论。

例 2-3　古诺模型

> 双寡头模型[5]：现假定寡头市场上有两个厂商，记为厂商 A 和厂商 B，他们共同面临的线性需求曲线的方程为 $P=a-bQ$，其中 P 和 Q 分别为产品的价格和产量，a 和 b 均为正的常量。我们令 $P=0$ 可以得到 $Q=\frac{a}{b}$，记为 $d=\frac{a}{b}$，d 可以代表市场的容量。两个厂商做出怎样的决策才能让自己的收益最大？

事实上，我们可以分析并得出以下 3 个结论。

结论 1：只有一个厂商时，收益最大化的产量为 $Q=\frac{a}{2b}=\frac{d}{2}$，即最佳产量为市场容量的一半。

证明 1：

厂商的总收益为

$$\text{TR} = PQ = (a-bQ)Q = aQ - bQ^2$$

为使 TR 最大,我们只需要对 TR 表达式中的 Q 求导并令其为 0:

$$\frac{d\text{TR}}{dQ} = 0$$

即

$$a - 2bQ = 0$$

所以厂商的最佳产量为

$$Q = \frac{a}{2b} = \frac{d}{2}$$

结论 2:设厂商 A 的产量为 Q_A,则使厂商 B 的收益达到最大的产量为 $Q_B = \frac{d-Q_A}{2}$,即 Q_B 为剩余市场容量的一半。

证明 2:

厂商 B 的总收益为

$$\text{TR}_B = PQ_B = [a - b(Q_A + Q_B)]Q_B = (a - bQ_A)Q_B - bQ_B^2$$

同理我们对 Q_B 求导可以得到

$$a - bQ_A - 2bQ_B = 0$$

可以得到

$$Q_B = \frac{a - bQ_A}{2b} = \frac{a}{2b} - \frac{Q_A}{2} = \frac{d}{2} - \frac{Q_A}{2} = \frac{1}{2}(d - Q_A)$$

结论 3:当厂商 A 的产量减少(或增加)ΔQ_A 时,则厂商 B 的产量将增加(或减少)$\frac{\Delta Q_A}{2}$;同样地,当厂商 B 的产量减少(或增加)ΔQ_B,则厂商 B 的产量将增加(或减少)$\frac{\Delta Q_B}{2}$。

证明 3:

设厂商 A 的产量减少 ΔQ_A,则厂商 A 的产量将变为 $Q'_A = Q_A - \Delta Q_A$。设厂商 B 相应地调整其产量为 Q'_B,则根据结论 2,厂商 B 为获得最大收益应满足

$$Q'_B = \frac{1}{2}(d - Q'_A)$$

$$Q'_B = \frac{1}{2}[d - (Q_A - \Delta Q_A)] = \frac{1}{2}(d - Q_A) + \frac{1}{2}\Delta Q_A = Q_B + \frac{1}{2}\Delta Q_A$$

所以厂商 B 的产量会增加 $\frac{\Delta Q_A}{2}$,同理当厂商 B 的产量减少 ΔQ_B 时,厂商 A 的产量就会增加 $\frac{\Delta Q_B}{2}$。

现在我们来考虑如下场景:假设厂商 A 首先进入市场,为使收益最大化(这里我们假设厂商 A 是理性的),根据结论 1,他选择的产量应为 $Q_A(1) = \frac{a}{2b} = \frac{d}{2}$。厂商 B 进入市场时,根据结论 2,为了使收益最大化,他应该选择的产量为 $Q_B(1) = \frac{1}{2}[d - Q_A(1)] = \frac{1}{4}d$。当厂商 B 进入市场后产量由 0 变为 $\frac{1}{4}d$,增加量为 $\frac{1}{4}d$,根据结论 3,厂商 A 的产量将减少 $\frac{1}{8}d$,所以厂商 A 的产量将调整为 $Q_A(2) = \frac{1}{2}d - \frac{1}{2} \times \frac{1}{4}d$,再根据结论 3,厂商 B 的产量将调整为 $Q_B(2) = \frac{1}{4}d +$

$\left(\frac{1}{4}\right)^2 d$；同理，$Q_A(3) = \frac{1}{2}d - \frac{1}{2} \times \frac{1}{4}d - \frac{1}{2} \times \left(\frac{1}{4}\right)^2 d$，$Q_B(3) = \frac{1}{4}d + \left(\frac{1}{4}\right)^2 d + \left(\frac{1}{4}\right)^3 d$。这样迭代 n 次，可以得到

$$Q_A(n) = \frac{1}{2}d - \frac{1}{2} \times \frac{1}{4}d - \frac{1}{2} \times \left(\frac{1}{4}\right)^2 d - \cdots - \frac{1}{2} \times \left(\frac{1}{4}\right)^n d = \frac{1}{2}d - \frac{1}{2} \times \frac{\frac{1}{4} \times \left[1 - \left(\frac{1}{4}\right)^n\right]}{1 - \frac{1}{4}} d$$

$$Q_B(2) = \frac{1}{4}d + \left(\frac{1}{4}\right)^2 d + \left(\frac{1}{4}\right)^3 d + \cdots + \left(\frac{1}{4}\right)^n d = \frac{\frac{1}{4} \times \left[1 - \left(\frac{1}{4}\right)^n\right]}{1 - \frac{1}{4}} d$$

化简之后可以得到

$$Q_A(n) = \frac{1}{2}d - \frac{1}{6}\left[1 - \left(\frac{1}{4}\right)^n\right]d$$

$$Q_B(n) = \frac{1}{3}\left[1 - \left(\frac{1}{4}\right)^n\right]d$$

经过无数次调整之后，厂商 A 和厂商 B 的产量将调整为

$$Q_A = \lim_{n \to \infty} Q_A(n) = \frac{1}{2}d - \frac{1}{6}d = \frac{1}{3}d$$

$$Q_B = \lim_{n \to \infty} Q_B(n) = \frac{1}{3}d$$

从上面的结果我们可以看出，当第一个厂商首次进入市场并选择收益最大化的产量 $\frac{1}{2}d$ 时，两个厂商最后的产量都会趋近于 $\frac{1}{3}d$，达到纳什均衡。

以上就是最基本的古诺双寡头模型。我们在求解的过程中假设第一个厂商 A 选择最佳初始条件（选择市场容量的一半 $\frac{d}{2}$ 作为自己的产量），读者可以思考一下第一个厂商 A 选择任意生产产量时最终达到的纳什均衡是什么。

古诺模型达到的均衡状态是纳什均衡应用的实例，通常作为寡头理论分析的出发点。古诺模型的结论可以很容易地推广到 3 个以及 3 个以上寡头厂商的情况中去。

> **三寡头模型**：假设有 3 个厂商在同一个市场上生产和销售完全相同的产品，他们各自的产量分别用 q_1、q_2 和 q_3 表示。再假设 q_1、q_2 和 q_3 只能取 $1, 2, 3, \cdots$ 正整数数值，即产量是离散的，而不是连续变化的。市场出清价格一定是市场总产量 $Q = q_1 + q_2 + q_3$ 的函数（也称为倒转的需求函数），假设该函数为
>
> $$P = P(Q) = 20 - Q = \begin{cases} 20 - (q_1 + q_2 + q_3), & Q < 20 \\ 0, & Q \geq 20 \end{cases}$$
>
> 假设各厂商的生产都无成本（主要是为了分析简单和突出博弈关系，不过当 3 个厂商生产的是石油或矿泉水等天然资源型产品时，该假设也接近现实）。此外，再假设 3 个厂商同时决定各自的产量。我们想要知道的是，在这样的市场中 3 个厂商应该选择怎样的产量，或者说整个市场会均衡于怎样的产量和价格水平。

通过简单分析可知，3 个厂商的产量超过 20 单位时价格和利润都会降到 0，这是 3 个厂商都不愿意的，因此我们可以假设他们的总产量始终不会大于 20。这时候厂商 i 的利润函数为

$$\pi_i = P \cdot q_i = [20-(q_1+q_2+q_3)] \cdot q_i$$

可以计算出不同的产量组合对应的价格和利润,见表 2-1。

表 2-1　3 个厂商离散产量组合对应的价格和利润

q_1	q_2	q_3	P	π_1	π_2	π_3
4	8	6	2	8	16	12
4	5	6	5	20	25	30
5	5	6	4	20	20	24
5	5	5	5	25	25	25
3	3	3	11	33	33	33
7	3	3	7	49	21	21

不难发现产量组合(5,5,5)是很稳定的。因为在这个产量组合下,任何一个厂商单独提高或降低产量,都只会减少利润而不会增加利润,因此该产量组合是一个均衡。值得注意的是,这个产量组合给各个厂商带来的利润并不是这个特定市场能够给他们提供的最大潜在利润。如果这 3 个厂商各生产 3 单位产量(接近垄断市场厂商产量的 1/3),那么市场价格将是 11,3 个厂商的利润都能达到 33,明显高于他们各生产 5 单位产量时各 25 单位的利润。这些结果也在表 2-1 中给出了。

那么,这 3 个厂商是否会采用各生产 3 单位产量的策略呢?答案是否定的。因为在其他两个厂商都只生产 3 单位产量时,一个厂商单独提高产量,如提高到 7 单位,能够大大地提高利润,而坚持生产 3 单位产量的厂商则只能得到较低的利润(数据见表 2-1 最后一行),因此当没有有力的措施可以相互监管对方的生产,保证其他厂商不会超产时,3 个厂商各生产 3 单位的产量组合是绝对不稳定的,即使它确实能给 3 个厂商都带来更多的利益。因此,该博弈的均衡结果应该是 3 个厂商各生产 5 单位产量,市场价格为 5,3 个厂商各得利润 25 单位。即使开始时 3 个厂商没有立即选择这个产量组合,在长期实践中也会逐渐调整到这个产量组合,因为产量组合(5,5,5)相比于其他产量组合而言是最稳定的。

实际上,当寡头厂商的数量为 m,市场总容量为 d 时,可以达到这样的纳什均衡:每个寡头厂商的均衡产量都为 $\dfrac{d}{m+1}$,行业的均衡总产量为 $\dfrac{m}{m+1} \cdot d$。

2.4　博弈的分类

博弈的稳定性

前面的内容主要介绍了博弈的基本要素以及一些经典的模型。实际上,在解决不同博弈问题时会用到不同的方法,本节我们重点介绍一下博弈的具体分类。博弈的分类方法有很多,可以根据博弈方的多少将博弈分为单人博弈、双人博弈以及多人博弈;可以根据博弈过程中博弈方的选择、行为的次序等将博弈分为静态博弈、动态博弈;可以根据博弈时可选择策略的多少将博弈分为有限博弈和无限博弈;可以根据博弈方之间是不是合作关系将博弈分为合作博弈和非合作博弈；可以根据博弈的信息结构将博弈分为完全信息博弈、不完全信息博弈；最后还可以根据各个博弈方效益的结果将博弈分为零和博弈、非零和博弈（包括正和博弈以及负和博弈）。下面我们选择几个典型的分类做简单介绍，希望读者在学习过程中掌握不同类型博弈之间的差别以及它们各自的特点。

2.4.1 静态博弈和动态博弈

静态博弈是指所有博弈方同时行动，或者有次序地行动且后面的博弈方无法获知前面的博弈方采取的行动策略；而动态博弈是指各个博弈方的选择和行动有先后次序并且后选择、后行动的博弈方在自己选择和行动之前可以看到其他博弈方的选择和行动。

具体而言，如果玩家彼此独立地只采取一次行动，则称博弈是静态的。从某种意义上说，静态博弈是一种没有任何时间概念的博弈，其中任何玩家都不知道其他玩家所做的决定。即使在实践中，玩家可能在不同的时间点做出了他们的战略选择，但是如果没有玩家了解其他人的决定，游戏仍然会被认为是静态的。简单来说，静态博弈是指参与者独立地采取行动各一次，每个参与者都没有其他参与者采取决策的知识。因此，这样的博弈可以被分析，就好像决策是同时做出的一样。相比之下，动态博弈是另外一种和时间相关的博弈，其中玩家对彼此的选择有一些信息并且可以多次行动，时间在决策中起着关键作用。尽管这些静态博弈和动态博弈的定义是最广为接受的，但在博弈论文献中，静态博弈和动态博弈没有普遍公认的定义。

我们前面提到的例子，比如田忌赛马、猜硬币、石头剪刀布和产量决策的古诺模型都属于静态博弈，在游戏中玩家都是同时或者可以看作同时做出决策的。动态博弈的例子有弈棋、市场进入等。在弈棋中，一般都是在一个玩家下棋之后另一个玩家稍加思考之后再下棋。另外动态博弈可以分为离散动态博弈和微分博弈。常见的离散动态博弈包括序贯博弈、组合序贯同时博弈和重复博弈。在现实的决策中，时间是不间断的，也就是说参与者必须无时无刻做出决定，而不是在一些离散的时间点上选择行动，这些时间不间断的动态博弈便是微分博弈。

2.4.2 合作博弈和非合作博弈

顾名思义，合作博弈和非合作博弈是指博弈方之间是否具有"合作"关系，这里的"合作"关系是一种"契约"关系。具体来说，博弈方的行为相互作用时，能否达成一个具有约束力的合作协议（binding cooperative agreement），如果可以就是合作博弈，否则就是非合作博弈。需要注意的是，合作博弈中博弈方未必会做出合作行为，但是会有一个来自外部的机构（可以看作制定合作协议方）惩罚非合作者。在非合作博弈中不是每个参与者都拒绝和其他参与者合作，而是参与者根据他们可察觉的自我利益来决策。

具体来说，合作博弈研究的是人们达成合作时如何分配收益的问题，在合作博弈中双方的利益都会增加，或者至少有一方的利益增加，而另一方的利益不受损害，因而整体的利益是有所增加的。合作博弈不讨论理性的参与者如何达成合作的过程，而是直接讨论合作的结果与利益的分配，各个参与者之间的合作协议是公认的，此时策略选择问题就不再重要，理性的合作者总是选择收益之和最大的策略组合。

猎鹿博弈：猎人甲和乙捕获两种猎物：鹿和兔子。如果两个猎人齐心合力，忠诚地守着自己的岗位，他们就可以共同捕获1只鹿；如果两个猎人各自行动，仅凭一个人的力量，是无法捕获到鹿的，但是可以抓住4只兔子。从能够填饱肚子的角度来看，4只兔子可以供一个人吃4天；1只鹿如果被抓住将被两个猎人平分，可以供每个人吃10天。

对于两个猎人，他们的行为决策就成了合作博弈。他们要么分别打兔子，每人收益为4；要么合作，每人收益为10。如果一个人去抓兔子，另一个人去抓鹿，则前者的收益为4，后者的收益为0。我们可以简单看一下图2-5所示的效益矩阵。

	猎人乙	
	猎鹿	猎兔
猎人甲 猎鹿	(10,10)	(0,4)
猎兔	(4,0)	(4,4)

图2-5 猎人捕猎物的效益矩阵

很明显，两个猎人"合作"就会"双赢"，两个猎人一起去猎鹿的好处比各自猎兔的好处要多得多。关于合作博弈，还有一则寓言故事：

两人一心：越国人甲父史和公石师各有所长。甲父史善于计谋，但处事很不果断；公石师处事果断，却缺少心计，常犯疏忽大意的错误。他们经常取长补短，合谋共事。这两个人无论一起做什么，总是心想事成。后来，他们在一些小事上发生了冲突，吵完架后就分了手。当他们各行其是的时候，都在自己的事业中屡获败绩。一个叫密须奋的人对此感到十分痛心，他规劝两人说："你们听说过海里的水母没有？它没有眼睛，靠虾来带路，而虾则分享着水母的食物。这二者互相依存，缺一不可。北方有一种肩并肩长在一起的'比肩人'，他们轮流吃喝、交替看东西，死一个则全死，同样是二者不可分离。你们两人与这种'比肩人'非常相似。你们和'比肩人'的区别仅在于，'比肩人'是通过形体连接在一起的，而你们是通过事业联系在一起的。既然你们独自处事时连连失败，为什么还不和好呢？"甲父史和公石师听了密须奋的劝解，感到很惭愧。于是，两人言归于好，重新合作共事。

非合作博弈是指博弈方最大限度地利用游戏规则来最大化自己的利益，每个博弈方都以自己的利益为中心，研究的是如何选择策略才能让自己的利益最大，非合作博弈是一个策略选择问题。即使在博弈之前博弈双方可以相互沟通，他们之间的"合作协议"也无法实现。前面提到的猜硬币、石头剪刀布、田忌赛马都是非合作博弈。非合作并不是态度上的不合作，而是没有达成一个具有强制约束力的合作协议。

我们换一个角度思考一下前面提到的产量决策的古诺模型。两个寡头企业，如果他们之间达成协议，联合最大化垄断利润，并且各自按照这个协议组织生产，如果不按照协议执行就会受到政府的惩罚，这就是一个合作博弈，他们需要考虑的问题是如何分配合作带来的收益；但是如果这两个企业之间的协议不具有约束力，就是说，没有哪一方强制另一方遵守这个协议，每个企业都可以选择最有利于自己的产量或价格，那这就是非合作博弈。

2.4.3 完全信息博弈和不完全信息博弈

在博弈中,我们按照博弈的信息结构可以将博弈分为完全信息博弈和不完全信息博弈。在完全信息博弈中每个博弈方都完全了解所有博弈方各种情况下的效益,在不完全信息博弈中至少部分博弈方不完全了解其他博弈方效益的情况,不完全信息博弈也称为"不对称信息博弈"。我们之前提到的囚徒困境以及猜硬币博弈都是完全信息博弈,生活中的商品拍卖活动以及工程招标都是不完全信息博弈。

更具体地说,完全信息就是每一个博弈方对所有其他博弈方的特征、策略空间以及效益函数都有准确的信息,反之至少有一个博弈方对所有其他博弈方的特征、策略或者效益函数没有准确的信息就是不完全信息。然后结合我们前面提到的静态博弈以及动态博弈,我们可以根据博弈参与者的行动顺序和博弈的信息结构对博弈进行分类,见表 2-2。

表 2-2 根据博弈参与者的行动顺序和博弈的信息结构进行分类

信 息	行动顺序	
	静 态	动 态
完全信息	完全信息静态博弈 纳什均衡 约翰·纳什(1950、1951)	完全信息动态博弈 子博弈完美纳什均衡 赖因哈德·泽尔腾(1965)
不完全信息	不完全信息静态博弈 贝叶斯纳什均衡 约翰·海萨尼(1967—1968)	不完全信息动态博弈 完美贝叶斯纳什均衡 赖因哈德·泽尔腾(1965) Kreps 和 Wilson(1982) Fudenberg 和 Tirole(1991)

表 2-2 中完全信息静态博弈涉及的均衡是纳什均衡,完全信息动态博弈涉及的均衡是子博弈完美纳什均衡;不完全信息静态博弈涉及的均衡是贝叶斯纳什均衡,不完全信息动态博弈涉及的均衡是完美贝叶斯纳什均衡,这些方法的详细介绍将分别在第 3 章、第 4 章、第 5 章以及第 6 章中给出。

2.4.4 零和博弈和非零和博弈

零和博弈是指所有博弈方的收益之和为 0,反之就是非零和博弈。用前面已经说明的符号可以表示为 $\forall s \in S, \sum_{i=1}^{n} u_i(s) = 0$。显然零和博弈中各个博弈方之间的利益是对立的,前面提到的赌胜博弈就是典型的零和博弈。另外,如果有 $\forall s \in S, \sum_{i=1}^{n} u_i(s) \neq 0$,那么这个博弈就是非零和博弈,例如前面提到的囚徒困境。具体地,我们还可以将非零和博弈分为正和博弈和负和博弈。正和博弈:$\forall s \in S, \sum_{i=1}^{n} u_i(s) > 0$,例如日常生活中的股票。负和博弈:$\forall s \in S, \sum_{i=1}^{n} u_i(s) < 0$,例如日常生活中的彩票。

2.5 博弈论的发展

博弈的发展及其在现实中的应用

我国的博弈论可以追溯到春秋时期的著作《孙子兵法》、成书于明清朝的著作《三十六计》、西汉的著作《史记》,其中包含许多博弈论的案例,如"田忌赛马"等,但是这类案例缺乏严格的数理证明。如果按照现代经济学和博弈论中经常引述的最早包含博弈思想的文献标准,古诺1838年提出的关于寡头之间通过产量决策进行竞争的模型可以看作博弈论早期研究的起点。1883年约瑟夫·伯特兰德提出的通过价格进行寡头竞争的模型也是包含博弈思想的经典模型。1944年,美国数学家、计算机学家J.冯·诺依曼(John von Neumann)和O.摩根斯坦(Oskar Morgenstern)合著的《博弈论与经济行为》(*Theory of Games and Economic Behavior*)一书的出版标志着博弈论的初步形成。这本书概述了当时博弈论的研究成果,将博弈论整体的框架清晰地展现给读者。同时身为经济学家的摩根斯坦认为经济行为者在决策时应该考虑经济学上利益冲突的性质。另外这本书详细地讨论了二人零和博弈,对合作博弈作了较为深入的探讨。

博弈论的第一个研究高潮是20世纪40年代末和50年代初。在第二次世界大战期间,博弈论的思想和研究方法在军事领域的应用推动下得到了很大的发展。1950年纳什提出了"纳什均衡"(Nash equilibrium)的概念并证明了纳什定理,推动了非合作博弈基础理论的发展,另外他还将博弈论扩展到了非零和博弈。1950年 Melvin Dresher 和 Merrill Flood 在兰德公司(美国空军)提出了"囚徒的困境"(Prisoner's dilemma)博弈论,Howard Raiffa 独立地进行了这个博弈实验;1952—1953年期间 L. S. Shapley 和 D. B. Gillies 提出了"核"(core),作为合作博弈的一般解概念,Shapley 提出了合作博弈的"Shapley 值"(Shapley value)概念等。R. J. 奥曼(R. J. Aumann)说道:"20世纪40年代末和50年代初是博弈论历史上令人振奋的时期,原理已经破茧而出,正在试飞它们的双翅,活跃着一批巨人。"

博弈论发展的青年期是20世纪50年代中后期到70年代。1951年,"微分博弈之父"伊萨克(Isaacs)发表了微分博弈的第一篇文献——"Games of Pursuit"。随后,1965年伊萨克发表了经典之作——*Differential Games*,这是世界上最早的微分博弈专著,该书的发行标志着微分博弈论的诞生。该部著作与R. 贝尔曼(R. Bellman)的 *Dynamic Programming* 和 L. S. 庞特里亚金(L. S. Pontryagin)等学者的著作 *The Mathematical Theory of Optimal Processes* 被称为微分博弈论发展的基石。奥曼在1959年提出了"强均衡"(strong equilibrium)的概念。"重复博弈"(repeated games)也是在20世纪50年代末开始研究的,这自然引出了关于重复博弈的"民间定理"(folk theorem)。1960年 Thomas C. Schelling 引进了"焦点"(focalpoint)的概念。博弈论在进化生物学(evolutionary biology)中的公开应用也是在20世纪60年代初出现的。泽尔腾(Selten)1965年提出了"子博弈完美纳什均衡"(subgame perfect Nash equilibrium),另外他于1975年提出了"颤抖手完善均衡"(trembling hand perfect equilibrium)。J. C. 海萨尼(J. C. Harsanyi)于1967—1968年发表了3篇构造不完全信息博弈论的系列论文,将"贝叶斯纳什均衡"(Bayesian Nash equilibrium)这一概念引入。海萨尼1973年提出了关于"混合策略"的不完全信息解释,以及"严格纳什均衡"(strict Nash equilibrium)。20世纪70年代"进化博弈论"(evolutionary game theory)得到重要发展,John Maynard Smith 于1972年引进"进化稳定策略"(Evolutionarily Stable Strategy,ESS)。"共同知识"(common knowledge)的重要性,因为奥曼 1976 年的文章引起了人们广泛的重视。

博弈论发展的成熟期是 20 世纪八九十年代。这个时期博弈论在经济学中的应用领域越来越广泛,博弈论在经济学中的地位达到了高峰。1981 年 Elon Kohlberg 提出了"顺推归纳法"(forward induction)。1982 年,D. M. 克瑞泼斯(David M. Kreps)和 R. 威尔逊(Robert Wilson)提出了"序列均衡"(sequential equilibria),J. M. 史密斯(John Maynard Smith)出版了《进化和博弈论》(Evolution and the Theory of Games)。1984 年 B. D. 伯恩海姆(B. D. Bernheim)和 D. G. 皮尔斯(D. G. Pearce)提出了"可理性化性"(rationalizability)。海萨尼和泽尔腾 1988 年提出了在非合作博弈和合作博弈中均衡选择的一般理论和标准。1991 年 D. 弗得伯格(D. Fudenberg)和 J. 泰勒尔(J. Tirole)首先提出了"完美贝叶斯纳什均衡"(perfect Bayesian equilibrium)的概念。

20 世纪 40 年代末到 70 年代末是博弈论发展的重要阶段。这个时期博弈论仍然没有成熟,理论体系还比较乱,概念和分析方法很不统一,其在经济学中的作用和影响还比较有限,但这个时期博弈论研究的繁荣发展却是非常显著的。对于这一时期博弈论研究的繁荣发展,除了理论发展自身规律的作用以外,全球政治、军事、经济特定环境条件的影响(战争时期的军事对抗和威慑策略研究的需要,以及经济竞争的加剧),以及经济学理论发展本身的需要等,都起了重要的作用。正是因为有了这一时期博弈论研究的繁荣发展,才有了 20 世纪八九十年代博弈论的成熟和对经济学的博弈论革命。之后博弈论的思想和词汇开始在各种经济学文献上大量出现,博弈论在经济学中的地位之所以上升得越来越快,是因为现代经济活动的规模越来越大,对抗性竞争越来越强,进而经济活动的博弈性越来越强。因此信息经济学的发展也对博弈论的发展起到了促进作用[6]。

20 世纪 90 年代后博弈论逐渐走向成熟,理论框架逐渐完整和清晰,和其他学科之间的关系也逐渐深入,并开始受到经济学家的重视。由于博弈论对当今世界的发展做出了重大贡献,所以瑞典皇家科学院于 1994 年将诺贝尔经济学奖授予 3 位博弈论领域的大师,即美国的数学家、经济学家纳什(表彰他在非合作博弈的均衡分析理论方面做出了开创性贡献以及他提出了纳什均衡),美国的泽尔腾(表彰他提出了子博弈完美纳什均衡),美国的经济学家海萨尼(表彰他提出了贝叶斯纳什均衡);于 1996 年将诺贝尔经济学奖授予了英国的詹姆斯·米尔利斯(James A. Mirrlees)和美国的威廉·维克里(William Vickrey),表彰他们在不对称信息下对激励经济理论作出的奠基性贡献,他们在信息经济学领域进一步应用和丰富了博弈论,前者在信息经济学理论领域做出了重大贡献,尤其是在信息不对称条件下的经济激励理论方面,后者在信息经济学、激励理论、博弈论等方面都做出了重大贡献;于 2001 年将诺贝尔经济学奖授予了美国的迈克尔·斯宾塞(Michael Spence)和乔治·阿克尔洛夫(George A. Akerlof),表彰他们为不对称信息市场的一般理论奠定了基石,他们的理论迅速得到了应用,从传统的农业市场到现代的金融市场,他们的贡献来自现代信息经济学的核心部分;于 2005 年将诺贝尔经济学奖授予了德国的罗伯特·奥曼(Robert J. Aumann)和美国的托马斯·谢林(Thomas C. Schelling),表彰他们在合作博弈方面做出的贡献,瑞典皇家科学院表示,两位经济学家获得诺贝尔经济学奖是因为"他们通过对博弈论的分析加深了我们对冲突与合作的理解";于 2007 年将诺贝尔经济学奖授予了美国的莱昂尼德·赫维奇(Leonid Hurwicz)、埃里克·马斯金(Eric Maskin)和罗杰·迈尔森(Roger B. Myerson),表彰他们建立了机制设计的理论基础;于 2012 年将诺贝尔经济学奖授予了美国的罗伊德·沙普利(Lloyd S. Shapley)和阿尔文·埃利奥特·罗思(Alvin Eliot Roth),表彰他们在合作博弈论和实验经济学等领域做出的显著贡献。

思考题及参考答案

2.1 前文给出了两个厂商和 3 个厂商的古诺模型分析结果,请读者思考一下 n 个厂商的古诺模型怎样分析出纳什均衡?

答案: n 个厂商的古诺模型纳什均衡为,每个厂商的产量选择为总产量 d 的 $\dfrac{1}{n+1}$,也就是 $\dfrac{d}{n+1}$,需求曲线为 $P=a-b(Q_1+Q_2+\cdots+Q_n)$,假设第 i 个厂商的产量为 Q_i,收益为 $R_i = P \cdot Q_i$,然后通过 $MR=MC$ 可以求出 $Q_i = \dfrac{a}{b \cdot (n+1)} = \dfrac{d}{n+1}$,具体计算过程可以参考本章参考文献[7]。

2.2 请分别列举一个完全信息静态博弈和完全信息动态博弈的实例,并尝试分析其中的纳什均衡。

答案: 完全信息静态博弈最典型的例子:囚徒困境。例如本章 2.3.1 小节中的情形,图 2-1 是囚徒困境的效益矩阵,纳什均衡是张三和李四都选择坦白。因为对于张三而言,坦白的结果是被判刑 2 年(对方坦白)或者 0 年(对方不坦白),而不坦白的结果是被判刑 3 年(对方坦白)或者 1 年(对方不坦白),所以不管对方坦白还是不坦白自己选择坦白之后被判的年限都要少,对于李四而言同理,所以双方的选择都是坦白。

完全信息动态博弈:参见 87 页连续立法者投票的例子,具体分析如下。

先从 C 开始分析,因为 C 是最后一个投票的,C 投票之前可能面临 4 种情况:①当 A 和 B 已经投票赞成加薪时,C 可以通过投票反对加薪来挽回面子,仍然可以从中受益;②当 A 和 B 已经投票反对加薪时,C 也可以通过投票反对加薪来挽回面子,并且可以从中受益;③当 A 赞成、B 反对时,由于钱比面子更重要(仅适用于我们虚构的立法者),C 会投票支持加薪;④当 B 赞成、A 反对时,由于钱比面子更重要(仅适用于我们虚构的立法者),C 会投票支持加薪。

然后再分析 B 和 A。当 B 必须做出决定时,他可以预测 C 的反应。如果 A 投票赞成加薪,B 知道如果自己投票反对加薪,C 将投票赞成加薪,反之亦然。那么为什么不给 C 投票支持加薪的负担呢?在这种情况下,显然 B 会投票反对加薪。此外,如果 A 投票反对加薪,那么 B 必须投票支持加薪以保持开放。由于 A 也知道这一切,所以 A 会投票反对加薪,B 会投票支持,C 也会投票支持。

本章参考文献

[1] 博弈论[EB/OL]. [2021-12-15]. https://zh.wikipedia.org/wiki/%E5%8D%9A%E5%BC%88%E8%AE%BA.

[2] 博弈论[EB/OL]. [2021-12-15]. https://baike.baidu.com/item/%E5%8D%9A%E5%BC%88%E8%AE%BA/81545.

[3] "理性人"假设[EB/OL]. [2021-12-15]. https://wiki.mbalib.com/wiki/%E7%90%86%E6%80%A7%E4%BA%BA%E5%81%87%E8%AE%BE.

[4] 古诺模型[EB/OL].[2021-12-15]. https://baike.baidu.com/item/%E5%8F%A4%E8%AF%BA%E6%A8%A1%E5%9E%8B/9789067.

[5] 唐小我.两个生产厂商条件下的古诺模型研究[J].电子科技大学学报,1997,26(1):83-88.

[6] 张向明,申佳.博弈论发展历程浅析[J].商情,2013(15):155.

[7] 张明善,唐小我.多个生产商下的动态古诺模型分析[J].管理科学学报,2002(5):85-90.

第2篇

非合作博弈及其应用

第 3 章 完全信息静态博弈与纳什均衡

策略的抉择问题伴随着人类的出现而出现，人们的选择彼此影响，对问题的抉择不仅依赖自己。因此，为了进行更为规范的分析，我们需要从复杂抉择中提取问题组成的最基本单元，构建模型并对此进行求解，我们将上述过程称为完全信息静态博弈[1]。

本章的主要内容包括：在 3.1 节中给出了策略型博弈的定义及其描述，对策略型博弈做了详细的概念定义；在 3.2 节中给出了占优策略均衡的定义与具体实例；3.3 节围绕非严格占优策略展开，探讨了迭代剔除劣势均衡；在 3.4 节中给出了纳什均衡的定义，并给出了生活中常见的纳什均衡实例；在 3.5 节中讨论了策略形式博弈中的混合策略概念和混合策略纳什均衡概念；在 3.6 节中对完全信息静态博弈给出了一些例子，以便加深读者的理解。

本章介绍的完全信息静态博弈是一种双方同时决策，且博弈双方不存在信息不对称情况的博弈。其最主要的特点是决策同时进行，这里的同时决策不是强调时间的同步性，而是博弈方在自己选择前不会被他人知晓策略。完全信息静态博弈是最基本的博弈类型，在如今的经济、政治、生活、游戏中广泛存在。囚徒困境、赌胜博弈、古诺模型等都属于这种博弈。

3.1 策略型博弈

策略型（strategic form）博弈是一种被广泛应用的表述方法，我们可以使用矩阵的形式对博弈问题进行抽象。作为常用的策略描述方法，策略型博弈对完全信息静态博弈的描述十分适用[2]。

假设我们需要抽象一种博弈方同时进行的博弈，我们知道每次博弈参与者会同时做出策略选择且每次只能制订一次行动计划。我们需要什么样的额外条件才能清晰完整地描述博弈局势呢？

首先，我们必须清楚博弈的参与者数量，也就是决策主体，没有人参与就不可能构成博弈。

其次，我们必须清晰地列出每位参与者可能采用的决策类型，不同的参与者在博弈过程中会扮演不同的角色，并且会在博弈的过程中选用不同的策略，我们假设参与者只能在有限的博弈空间中进行选择。

最后，我们认为参与者会从选择结果中获取一定的收益，得到一定的回报。我们需要对每一种选择都指定其可能产生的回报。

综上所述,我们可以将上述 3 个条件抽象为策略型博弈,给出如下定义。

定义 3-1(策略型博弈)

策略型博弈必须包含如下要素。

参与者构成集合 Γ:
$$\Gamma=1,2,3,\cdots,n$$

囚徒困境的突破

每位参与者都存在非空的策略空间 S_i,$s_i \in S_i$ 表示第 i 个博弈方的一个特定策略:
$$\forall i \in \Gamma, \quad \exists S_i \neq \varnothing$$

参与者的效益函数为 $u_i(s)$,$s=(s_1,s_2,\cdots,s_n)$ 表示 n 个博弈方各选择一个策略组成的 n 维向量,称为策略组合。

我们可以用如下的形式表示一个策略型博弈(或称标准博弈):
$$G=\langle \Gamma, S, u \rangle$$

在博弈过程抽象时,除了上述的 3 个要素外,结果空间和偏好关系往往也会被涵盖其中。

- 结果空间:结果空间可以看作由策略空间到行为结果的映射,此结果是由所有参与者选择的策略共同确定的。在大多数博弈中,人们往往并不关注结果本身,而是关注产生结果的策略矢量,即选择了特定策略就一定会产生唯一结果。
- 偏好关系:偏好关系是指参与者在两个结果或两个策略矢量之间的倾向性选择,对于不同的策略矢量存在不同的偏好性选择。偏好关系本身是二元存在的,只能表示两个结果的选择问题,可以记为 $x_1 \geqslant x_2$(读作"x_2 弱偏好于 x_1")。

偏好关系有如下性质,对于集合 S_i 来说存在偏好($\geqslant$)的二元关系,有:

① 满足完备性条件,即对于任何 $x_1, x_2 \in S_i$,都能得到 $x_1 \geqslant x_2$ 或 $x_2 \geqslant x_1$。
② 满足自反性,对于任意 $x_1 \in S_i$,有 $x_1 \geqslant x_1$。
③ 满足传递性,当 $x_1 \geqslant x_2$ 且 $x_2 \geqslant x_3$ 时,可以得到 $x_1 \geqslant x_3$。

在经济学中,上述 3 条性质组成消费者理论的偏好公理,同样地,在博弈论当中偏好关系也满足这样的性质,在之后关于均衡问题的讨论上,将使用偏好关系帮助我们剔除可能存在的劣势策略,选用具有高偏好的策略。

对于简单问题,我们可以将所有的偏好关系列出,但是当博弈规模增大,策略空间增大时,偏好关系的数量会以指数规模增加,用列表来表示偏好关系是不现实的,因此我们引入效益函数,用实数空间 **R** 映射所有可能存在的偏好关系。

在解决实际问题时,我们往往会抽象问题,将参与者与参与者的策略空间固定在有限集中,我们称为有限博弈,接下来给出有限博弈的定义。

定义 3-2(有限博弈)

若博弈的参与者集合与每个参与者的策略集均为有限集,我们称这类博弈为有限博弈。

对于有限博弈,我们可以使用效益矩阵来表示,以此更好地帮助我们做出决定,下面介绍生活中常见的博弈问题,并采用效益矩阵对这类博弈问题进行抽象模型构建,将其作为我们研究完全静态博弈问题的切入点。

例 3-1 二人博弈

二人博弈是生活中最为常见的博弈方式,在 2.3 节中,我们简单地为大家介绍了囚徒困境、赌胜博弈、双寡头削价策略等由两名参与者构成参与者集合的博弈模型的 3 个例子,在这里我们给出优惠券竞争的补充案例并针对此问题给出效益矩阵。

优惠券与市场竞争：我们假定在市场中存在着两家公司，每家公司每年都能赢利50万元。两家公司均需要决定是否给用户发放优惠券，每家公司发放优惠券每年都需要花费20万元，但是可以从未发放优惠券竞争对手手中获得市场并多获利30万元，如果双方都发放优惠券，则双方均无法获得额外的市场利润。

假设两家公司分别为A和B，则可以根据A、B是否发放优惠券分为4种不同的情况。

情况1：A发放优惠券，B不发放优惠券，此时A的效益函数可以使用等比例缩放的收入表示，即$u(A)=5-2+3=6$，此时A在基本赢利的基础上支出20万元的优惠券费用，但是收获了30万元原本属于B的利润，所以此时A的总盈利为60万元，同理可以得到$u(B)=5-3=2$。

情况2：A不发放优惠券，B不发放优惠券，$u(A)=5$，此时$u(B)=5$。

情况3：A不发放优惠券，B发放优惠券，$u(A)=5-3=2$，此时$u(B)=5-2+3=6$。

情况4：A发放优惠券，B发放优惠券，$u(A)=5-2=3$，此时$u(B)=5-2=3$。

根据上述情况我们可以得到两公司优惠券博弈的效益矩阵，见图3-1。

	B发放优惠券	B不发放优惠券
A发放优惠券	3,3	6,2
A不发放优惠券	2,6	5,5

图3-1 优惠券博弈效益矩阵

在图3-1所示的效益矩阵当中，A和B的不同利润取决于他们所采取的不同策略。在完全静态博弈中，A、B的策略是透明的，对二者都可见，我们通常将不同参与者的所有可能性策略作为效益矩阵的横轴和纵轴。在效益函数的处理上，我们将A的回报放在逗号前面，将B的回报放在逗号后面。

上述的博弈模型在如今的互联网商业竞争中常存在[3]，饿了么和美团的商业大战在忽略特定因素后我们可以将其抽象成上述模型。

实际上，往往参与博弈的双方都会选择发放优惠券，虽然不发放优惠券可能在某些情况下获得更多的利益。这背后的原因我们将在下一节为大家做更详细的解读。

例3-2 二人零和博弈

零和博弈是一种所有收益相加为零的博弈方式，这意味着在博弈中存在失败的参与者，即由输家支付赢家所得。二人零和博弈是二人博弈的一种特殊情况，其特点是效益矩阵双方收益和为零。

对于零和博弈，我们只需要给出第一个参与者的所得即可。在赌胜博弈中，我们为大家介绍了常见的零和博弈模型，如石头剪刀布等这类赢家唯一的博弈模型，这类模型的效益矩阵除了可以按照正常二人博弈的写法外，我们还可以只针对策略设定效益矩阵如下，见图3-2。

	石头	剪刀	布
石头	0	1	−1
剪刀	−1	0	1
布	1	−1	0

图3-2 策略矩阵

在图3-2所示的效益矩阵中，所有的收益代表的都是采取左侧一列策略的参与者获得的收益。因所有参与者博弈收益总和为零，所以我们可以通过减法求取另一位参与者的收益。

其实零和博弈是一种特殊的常和博弈,这类博弈的典型特点是参与博弈的双方所获利益总和固定。实际上,像石头剪刀布这类的零和博弈在自然界中极为常见。比如,某些蜥蜴用来赢得伴侣的策略有3种:侵略、合作与欺骗。这3种策略就像石头剪刀布一样,有着环状的胜负关系(侵略战胜合作,欺骗战胜侵略,合作战胜欺骗),对于蜥蜴来说,基因的成功延续就代表赢得游戏[4]。在这类生物的石头剪刀布博弈中,通常都是大种群中的一对玩家开始比拼,对决结束后赢家就会增加一个(顺利繁衍后代),输家的基因则会消失。随着初始情况中每种策略比例的不同,蜥蜴种群会演变为不同的占比结果。生物学界将上述模型称为"演化博弈论",此类模型能帮助人们更好地理解生态群落中的物种多样性。

上述内容展示了博弈论在经济领域外的广泛应用。事实上,与自然界相同,在互联网上"生态"也是经济发展的重要组成部分。如何在强烈的竞争中延续公司的"基因火种",是不少公司研究的核心问题。

例 3-3　3 人或多人博弈

如果博弈的参与者不唯一且动作不唯一,我们应该如何设计效益矩阵呢?

我们可以引入分治的思想对这类问题进行模型抽象,即将讨论 A、B、C 三者的效益矩阵抽象为假设 A 采取了某类行动后,B、C 的效益矩阵应该如何设计。

接下来,我们通过实际的案例加深理解。

> **涨薪投票**:有 3 名员工集体上书老板要求涨工资,老板让他们投票决定。如果赞同票数量大于反对票,那么 3 人都可以涨 1 000 元的工资。如果有一个人投了反对票,但赞同票数量仍多于反对票,那么投反对票的人可以多获得 1 000 元。如果反对票数量大于赞同票,那么投出赞同票的人会被额外倒扣 1 000 元工资且剩余人不会涨薪。

采用分治的思想,我们可以获得如下效益矩阵,见图 3-3。

	A 赞同票		A 反对票	
	C 赞同票	C 反对票	C 赞同票	C 反对票
B 赞同票	1,1,1	1,1,2	2,1,1	0,−1,0
B 反对票	1,2,1	−1,0,0	0,0,−1	0,0,0

图 3-3　效益矩阵

其中效益矩阵的收益是按照(A,B,C)的收益顺序排列的。同 3 人博弈情况相似,对于复杂的多人博弈,我们也可以按照相同的形式,将大问题拆解为小问题的组合,再针对不同情况分类进行讨论。

对于玩家来说,使用博弈论的目的是提供给其每一步的最好选择,而不是单纯地生成采取不同举措的效益矩阵。引入效益矩阵的最大优势是可以将问题抽象化,使我们采取的解决方案不再纠结于某个特例,将考虑问题的重点放在效益矩阵的数字上。

3.2　占优策略均衡

在探讨如何选择更好的策略前,我们带大家回顾一下理性人的概念。在第 2 章中我们给出了理性人假设,即参与决策的主体都是理智的,他们既不会盲从,也不会感性用事,参与者所追求的唯一目标是个人利益的最大化[5]。

通过效益矩阵我们可知采取不同策略可以得到的不同效益,那么根据理性人假设,所有的参与者均为理性人,在策略的偏好上总会选择具有较高效益的策略,即当 $u(x_1) > u(x_2)$ 时,策略 $x_1 \geqslant x_2$。

根据理性人假设,博弈双方都想找到具有最高偏好的策略,对策略偏好的比较我们可以使用严格优势策略来进行。

简单来说,策略 x_1 的效益无论其他参与者如何选择始终大于 x_2,即

$$u_i(x_2, s_{-i}) < u_i(x_1, s_{-i}), \quad \forall s_{-i} \in \prod_{j \neq i} S_j, \quad i \in \Gamma; j \in \Gamma$$

其中,$\prod_{j \neq i} S_j = S_1 \cdot S_2 \cdot \cdots \cdot S_{i-1} \cdot S_{i+1} \cdot \cdots \cdot S_n$,策略 $x_1, x_2 \in S_i$,且 $x_1 \neq x_2$,我们称 x_1 严格优于 x_2。

例如,在优惠券与市场竞争的例子中,A 与 B 不知道对方是否发放优惠券。我们假设 A 认为 B 会发放优惠券,那么对于 A 来说不发放优惠券会失掉本来的市场,则发放优惠券优于不发放优惠券。如果 A 认为 B 不会发放优惠券,那么 A 会选择使其获得较大利益的行为,即通过发放优惠券获得原本属于 B 的市场。从上述问题中我们可以发现,发放优惠券是不发放优惠券的严格占优策略,发放优惠券优于不发放优惠券。

对于一些问题来说,往往存在唯一的策略占优于其他任何策略,我们称这种策略为优势策略,下面给出优势策略的具体定义。

定义 3-3(优势策略)

若存在策略 $s_i^* \in S_i$,满足

$$u_i(s'_i, s_{-i}) \leqslant u_i(s_i^*, s_{-i}), \quad \forall s'_i \in S_i, \quad \forall s_{-i} \in \prod_{j \neq i} S_j, \quad i \in \Gamma; j \in \Gamma$$

则 s_i^* 为策略空间 S_i 的优势策略或占优策略。

特别地,当某些 s_{-i} 处于等式时,我们称 s_i^* 是 S_i 的弱优势策略。如果对于任意 s_{-i} 等式都不成立,则称 s_i^* 是 S_i 的严格优势策略或严格占优策略,对应的 s'_i 为严格劣势策略。

在解决博弈问题时,如在经典囚徒困境中,就是利用参与者对优势策略的选择。如果所有参与者都选择了各自的严格占优策略,则可预测没有任何参与者可能改变已有策略,即达到了均衡,我们也称这种均衡为占优策略均衡。

对于占优策略均衡,我们可以给出如下定义。

定义 3-4(占优策略均衡)

在博弈的策略表达式中,如果对于所有的参与者 $i \in \Gamma$,s_i^* 为参与者 i 的严格占优策略,则所有参与者都选择各自的严格占优策略所组成的占优策略组合 $s^* = (s_1^*, s_2^*, s_3^*, s_4^*, \cdots, s_n^*)$ 为该博弈的占优策略均衡。

对于上述定义,有两点我们需要关注。

- 如果所有的参与者均存在占优策略,那么占优策略均衡存在且唯一。
- 占优策略均衡要求所有参与者满足理性人假设,但不要求理性人是共同知识(common knowledge)。

在展开占优策略均衡的详细描述前,我们给出关于共同知识的实例。

例 3-4　共同知识实例

帽子颜色与共同知识：在一个房间中，只有 A、B 两个人带着白色的帽子，A 与 B 并不知道自己所戴帽子的颜色，请问房间中至少有一人带着白色帽子是共同知识吗？

要回答这个问题，首先要回答什么是"共同知识"。

第 2 章已经对共同知识进行了较为详细的讲解，这里再通过该例子进一步加深读者对该概念的理解。共同知识包括常识和知识两部分[6-7]。接下来我们对常识进行详细的介绍。

常识是指人对日常事务的合理性、实际的判断，或是以所有人共同的方式感知、理解和判断的基本能力。其强调的是以共同的方式感知和判断，并明确所有人都能以共同的方式对日常事务进行判断，在此基础上我们给出共同知识的定义。

共同知识是指在特定的对象组成的群组中存在这样的共同知识，使得群组中任意的对象都知道这个知识，每一个群组的人都知道别人知道这个知识并且每个人都知道别人知道这个知识，一直循环往复下去。

对于白色帽子问题来说，房间中至少有一个人带着白色帽子并不是共同知识。对于 A 与 B 来说，他们并不清楚自己所戴帽子的颜色，也并不能确定对方是否知道至少有一个人带着白色帽子，因此至少有一个人戴着白色帽子不是共同知识。

当理性人假设的共同知识扩展为群体时，占优策略均衡又可以发生一定的变化。

在囚徒困境里我们可以发现，占优策略均衡的本质是在理性人的基础上对博弈模型均衡状态的分析。

事实上，采用占优策略往往并不能使收益最大化，甚至有的时候还会使整体的收益下降。那么对于囚徒来说，应该如何破境？这个问题我们在后面的章节进行讨论，在此之前我们先对其他类型的均衡问题给出定义和举例说明。

3.3　重复剔除的占优策略均衡

尽管占优策略均衡是一种很好的博弈结局预测手段，但往往在现实中，严格占优的策略均衡并不多见，大多占优策略均衡对博弈行为进行预测缺少普遍适用性。

严格占优的策略对很多事情存在启发性。如果将严格占优的包含范围放宽，那么可以应用迭代剔除劣势策略达到更好的均衡。

当可选策略不唯二时，我们可以将寻找严格占优策略的过程描述为重复剔除劣势策略，通过重复剔除劣势策略，我们可以找到在某一种情况下的最优策略，即达到占优策略均衡，接下来我们通过两个案例来详细了解一下。

例 3-5　3 人占优策略均衡

经典的占优策略均衡在第 3 章的囚徒困境当中我们已经给出过详细的案例和解释，这里我们考虑一个博弈方可选择的策略多于 2 个的情况。

客源价格战：某个城市中有两家酒馆共享所有客源，我们假设啤酒成本不计，两家酒馆都可以选定2元、4元、6元作为啤酒价格。据估计，游客在酒吧中会喝6 000瓶啤酒，他们会随机选择一家酒馆。当地人在酒吧中会喝4 000瓶啤酒，他们会选择价格较低的酒馆，如果两个酒馆的价格相同则会平均分配。酒馆选择什么样的价格最合适呢？

我们根据两家酒馆的不同策略可得到如下效益矩阵，见图3-4。

	2	4	6
2	10,10	14,12	14,18
4	12,14	20,20	28,18
6	18,14	18,28	30,30

图3-4　客源价格战效益矩阵

与之前问题的不同之处是，现在参与博弈的策略不唯二，面对这样多个策略的博弈，我们可以先剔除绝对劣势策略。

我们可以把现阶段的博弈模型称为对称博弈模型，即参与博弈的两方所有策略及效益均相同，因此我们只要剔除一方的绝对劣势策略，也就可以剔除另一方的绝对劣势策略。

对于上述问题来说，采取定价4元的策略严格优于采取定价2元的策略，因此可以将定价2元的策略消除，获得如下效益矩阵，见图3-5。

	4	6
4	20,20	28,18
6	18,28	30,30

图3-5　剔除2元策略的效益矩阵

在新得到的效益矩阵中，定价4元的策略严格优于定价6元的策略，因此我们消除了参与者的这项策略的选定，最终我们得知定价4元是最好的策略。

从例3-5中我们可以看出，当策略选择不止两种时，劣势策略的策略效益不一定小于优势策略，因此占优策略的选定是在已知其他参与者不选择的基础上完成的，在后续的纳什均衡中我们也会用相同的方法对此类因其他参与者行为不同而做出不同优势策略的情况进行讨论。

例3-6　多人占优策略均衡

在例3-5中我们给出了策略超过两个时占优策略均衡满足的情况，这里在此基础上，扩充给出多人参与的案例。

维克里拍卖(Vickrey auction)：N个买家通过密封投标的方式竞价，出价最高的投标者获得被拍卖的商品，并且支付第二高的出价，竞品对玩家i的价值是v_i，玩家i的出价是b_i，买家应该怎样出价才能获得最大利润？

维克里拍卖又叫第二价格拍卖[8]，由经济学家Vickrey于1961年提出。需要注意的是，在这个博弈过程当中我们做出如下3条假设：
① 拍卖属于密封式拍卖，不需要按照顺序，所以是一种静态博弈；
② 拍卖只会进行一轮，各个竞拍人报出自己的最高接受价格；

维克里拍卖

③ 这里假设出的最高价格相同,序号较小的以第二高的价格成功拿到商品。

我们可以分析一下玩家 i 的收益。玩家 i 的收益应该是 $v_i - b_{\text{second}}$,使利润最大化就是使每个玩家此项式子的结果最大化。

我们先从一个简单的问题来看,假设参加的玩家只有两名,竞品对玩家的价值分别是 $v_1 = 100, v_2 = 60$,玩家的出价分别是 b_1, b_2。

如果玩家 2 的出价(120)大于 100,那么玩家 1 的出价一定不会大于 100,因为如果玩家 1 出价大于 100 赢得了竞拍就会亏损;玩家 1 的出价一般不会小于 100,因为这样可能输掉竞拍,也就是收益为 0,这和出价 100 元时的效益相同。

如果玩家 2 的出价(80)小于 100,那么玩家 1 的出价一般不会大于 100,因为这样赢了竞拍也不会带来更多的收益;另外玩家 1 不会出低于 100 的价格,因为降低出价不会带来额外收益(90),甚至会输掉竞拍(低于 80),所以出价 100 是最好的选择。

我们可以将这个问题扩展到普适的问题上:

$$b_{-i} \geq v_i, \quad u_i(v_i, b_{-i}) \geq u_i(b_i, b_{-i})$$

如果其他玩家的竞价高于玩家 i 的 v_i,玩家 i 不会抬高自己的出价(v_i),因为如果赢了甚至可能会亏,另外也不会降低自己的出价(v_i),因为降低更不可能赢,获利为 0。

$$b_{-i} < v_i, \quad u_i(v_i, b_{-i}) \geq u_i(b_i, b_{-i})$$

如果其他玩家的竞价低于玩家 i 的 v_i,玩家 i 不会抬高自己的出价(v_i),因为如果赢了也不会带来更多收益,另外也不会降低自己的出价(v_i),因为降低可能会输掉竞拍,获利为 0。

因此,对于维克里拍卖问题,我们可以得到如下结论。

在第二价格拍卖中,对于任意玩家 i,策略 $b_i = v_i$ 是一个弱占优策略,即 $(v_1, v_2, \cdots, v_n)$ 是一个占优策略均衡。也就是说玩家 i 出价为 v_i 时,最终的收益不会低于其他策略,甚至还可能高于其他策略。

当其他参与者知道该参与者剔除了某一策略时,那么博弈的策略空间就变为了一个全新的空间,当剔除不断重复进行时,我们可以将可能存在的劣势策略全部剔除,直至剩下唯一的策略组合为止。

如果在博弈中可以做到上述的过程,那么我们称最后的结果达到的是"重复剔除劣势策略的占优策略均衡",或简称"重复剔除的占优策略均衡"。

接下来给出重复剔除劣势策略均衡的详细定义。

定义 3-5(重复剔除的占优策略均衡)

如果重复剔除劣势策略后可以剩下唯一的策略组合 $s^* = (s_1^*, s_2^*, s_3^*, s_4^*, \cdots, s_n^*)$,我们称其为重复剔除的占优策略均衡。如果这种唯一策略组合是存在的,则该博弈是重复剔除占优策略可解的。

需要注意的是,如果在完成迭代剔除劣势策略后存在多个策略组合,那么该博弈不能收敛到重复剔除占优策略的均衡状态。同时需要强调的是,我们这里使用的是占优策略,有别于优势策略。

在之前客源价格战的求解过程中,我们只剔除了一个严格劣势策略,使得此博弈问题占优策略可解。接下来我们用重复剔除劣势策略的思想,不断剔除劣势策略直至剩下唯一的策略组合。

在图 3-4 所示的效益矩阵当中,采取定价 4 元的策略严格优于采取定价 2 元的策略,因此我们可以剔除定价 2 元的策略,得到全新的效益矩阵,在这个效益矩阵中,定价 4 元的策略是定价 6

元的策略的严格占优策略,我们可以剔除定价6元的策略,得到如下的唯一策略,见图3-6。

图3-6 剔除6元策略的效益矩阵

在进行均衡求解时,我们需要额外注意以下两点。
- 重复剔除占优策略均衡的结果与劣策略的剔除顺序是否有关取决于剔除的是否为严格劣势策略。
- 我们要求所有的参与者均为理性人,并且理性人假设属于共同知识,即所有参与者都是理性的,并且知道其他参与者都是理性的,知道其他参与者知道所有参与者都是理性的。

例3-7 迭代剔除劣势策略实例

接下来,通过几个详细的实例来加深读者的理解。

> **职业经理人的选择**:近些年互联网中有许多概念值得投资,如5G、区块链、人工智能。对于小公司和大公司往往研发成本和收益不成比例,很多技术投入研发要耗费大量的人力、物力,但研发的成果很容易被窃取。
>
> 我们简化并抽象当前面对的问题,假设市场中有两家科技公司,一家拥有较强的变现能力,我们称其为大公司,另一家变现能力稍弱,我们称其为小公司。在不考虑知识产权的前提下,两家公司可以各自选择研发新技术或者做实际可销售的产品,后研发出来的公司可以直接使用先研发出来的公司的技术。如果研发新技术需要200万元的经费,市场总共可赢利1 000万元。如果无人研发新技术,做实际可销售的产品不会有任何收益。如果大公司比小公司率先研发出可赢利的产品,大公司会比小公司多赢利700万元;如果小公司比大公司率先研发出可赢利的产品,小公司会比大公司少赢利200万元。如果二者同时选择研发新技术,那么小公司会比大公司少赢利400万元。

根据该问题,我们可以发现,每家公司都有研发新技术和做实际可销售的产品两个策略。根据上述条件我们可以很容易地得到如下效益矩阵,见图3-7。

		小公司	
		研发新技术	做实际可销售的产品
大公司	研发新技术	500,100	400,400
	做实际可销售的产品	850,−50	0,0

图3-7 职业经理人的选择效益矩阵

在图3-7所示的效益矩阵当中,很明显并不存在占优策略均衡,尽管小公司存在一个严格占优策略,但是大公司却没有严格占优策略,所以不能运用占优策略均衡求解此博弈。但是我们可以使用迭代剔除劣势策略,剔除存在的劣势策略。

假设小公司是理性的,小公司的经理人会选择做实际可销售的产品而不是研发新技术,因为对于小公司而言做实际可销售的产品是研发新技术的优势策略,因此小公司的经理人会选择严格策略占优(即做实际可销售的产品)。我们可以将效益矩阵通过迭代剔除劣势策略改写为图3-8所示的形式。

		小公司	
		做实际可销售的产品	
大公司	研发新技术	400,400	
	做实际可销售的产品	0,0	

图 3-8 剔除劣势策略的职业经理人的选择效益矩阵

显然,在新的效益矩阵当中,大公司存在一个严格占优策略——研发新技术,假设大公司的经理人同样是理性的,那么大公司会选择研发新技术。因此在这个博弈当中会出现新的策略均衡,即大公司研发新技术,小公司做实际可销售的产品。

事实上,例 3-7 可以概括为智猪博弈理论,在实际中,往往总是大公司先去开辟市场和技术,当大公司的内容得到受众认可时,小公司才会参与产品开发。研发新技术(按开关)的花销是十分巨大的,对于小公司来说学会"搭便车"也是聪明经理人的所作所为。

除了得到经济学上决策的均衡外,迭代剔除劣势均衡往往还能解释社会上发生的一些事情,例如美国总统大选时总统的政治倾向。

> **中间选民定理**:假设有两个候选人,分别可以选择 10 个立场:1,2,3,4,5,6,7,8,9,10。每个立场都会得到 10% 的选票,选票均匀分布,选民会投给立场最接近自己的候选人,出现平局时选票会平摊给两个候选人,候选人的收益就是候选人需要尽可能最大化获得的选票。

在上述的例子中选择哪一个立场一定是劣势策略呢?我们使用 $U_1(x,y)$ 表示当候选人 1 选择立场 x,候选人 2 选择立场 y 时候选人 1 获得支持的票数。

我们可以获得如下比较关系:

$$U_1(1,1)=50\% < U_1(2,1)=90\%$$
$$U_1(1,2)=10\% < U_1(2,2)=50\%$$
$$U_1(1,3)=15\% < U_1(2,3)=20\%$$
$$\vdots$$
$$U_1(1,10)=50\% < U_1(2,10)=55\%$$

在上述立场比较中,我们可以发现,选择立场 2 永远优于选择立场 1,即立场 2 是立场 1 的严格占优策略。同理对于立场 10 来说也满足相同的条件,选择立场 9 也严格优于选择立场 10。

根据迭代剔除劣势策略的原理,我们可以很容易地将立场 1 和立场 10 剔除。

接下来,我们考虑一下立场 2,与立场 1 的情况相同,立场 2 是立场 3 的严格优势策略,我们可以采用同样的方法进行剔除。经过重复剔除的过程,最后剩下的就是立场 5 和立场 6。

上述的问题本质是一个政治学的问题,候选人的立场最终都会被挤到中间,也就是会选择与对手相近的政治立场而且是中立的立场,这就是著名的中间选民定理。

在美国总统竞选的历史上,有一个和中间选民定理很相似的例子:1960 年,著名的民主党候选人约翰·肯尼迪以微弱的优势战胜了理查德·米尔豪斯·尼克松,他持有的就是比较保守的中间人立场,1968 年尼克松又以同样的策略赢得了选举,1992 年威廉·杰斐逊·克林顿也是如此,他将民主党向右翼靠拢,也就是使自己的立场变得中立,以此来拉拢中间选民并获胜。

现实的情况往往没有这么理想,如果每个立场的选票不均匀,每个立场的人数不相同,参与选举的人数超过两个,更甚者选举人的个人性格可能才是主导中间选民定理的关键,这时中间选民定理有可能会失效,没办法反映真实的策略均衡。

我们建立中间选民模型是为了更好地描述现实中的问题,不代表可以反映现实中的所有问题,事实上博弈论的所有模型都难以抽象复杂的人性与环境,研究博弈论是希望通过建立抽象的模型验证观点,如果出现分歧再复盘思考,一步步分析并解决问题。研究博弈论的同时一定要牢牢结合实际,不仅是迭代剔除劣势均衡,其他问题也是如此。

在迭代剔除劣势策略均衡当中,还有一个典型的例子——智猪博弈。接下来我们就从智猪博弈的讲解入手更详细地分析迭代剔除劣势策略所达到的策略均衡。

> **智猪博弈**:假设猪圈中有一头大猪和一头小猪,在猪圈的一边安装有提供猪饲料的按钮,另一边有猪进食的猪槽。按下按钮后会有十个单位的猪饲料进入猪槽,但是按按钮必须先付出两个单位的成本。由于按钮和猪槽的位置正好相反,所以先按按钮的猪往往会丧失先到槽边进食的机会。大猪往往食量会大于小猪,如果小猪先到槽边进食,小猪会比大猪少吃2个单位的食物;如果它们同时到槽边进食,大猪会比小猪多进4个单位的食物;如果大猪先到槽边进食,大猪会霸占9成的猪饲料。

在1950年著名的经济学家约翰·纳什就提出了此问题[9],实际上往往小猪会选择等待,大猪会选择按按钮,达到这样的均衡。我们可以使用图3-9所示的博弈矩阵,更好地描述这个问题。

智猪博弈

		小猪	
		行动	等待
大猪	行动	5,1	4,4
	等待	9,−1	0,0

图 3-9　智猪博弈效益矩阵

在图3-9所示的博弈矩阵中我们可以看出,对于小猪而言,行动是等待的绝对劣势策略,也就是小猪一定不会选择行动,而会选择等待。因此可以利用迭代剔除劣势策略的思想,将小猪行动策略剔除。我们可以得到剔除后的策略矩阵,见图3-10。

		小猪
		等待
大猪	行动	4,4
	等待	0,0

图 3-10　剔除小猪行动策略后的博弈矩阵

对于大猪来说,此时占优策略是行动,实际上这个例子与前文的职业经理人的选择十分相似,或者说小企业的职业经理人往往应学会如何"搭便车"。

智猪博弈的故事给了我们当竞争中存在明显的优势和劣势群体时应该如何采取最佳策略的启发。在博弈过程中往往不是一方要想办法攻击另一方,对于一个充满理性人的博弈情况来说,博弈的双方目的都是获得更大的优势,这时候人们需要智慧。

除了分析博弈论潜在的可能性结果以外,我们还要充分考虑收益矩阵当中不同收益值对策略均衡结果的影响。

一个经典的案例就是英国政府流放澳大利亚犯人的故事。早年英国政府经常把犯人流放在澳大利亚的孤岛上，为了减小开销，往往英国政府会雇用澳大利亚的商船对犯人进行运输，在运输的过程中因为水手和航船雇主的虐待，大批犯人在中途就葬身大海。

面对这样的一个问题，英国政府对犯人运送的办法稍加改变就大量地减少了犯人在运输中途死去的数量。政府采取等犯人到达澳大利亚后才支付费用的方式，这样做在博弈论当中实际是更改了虐待犯人和善待犯人的收益矩阵。

对于智猪博弈同样是这样的道理，假设大猪在选择等待行为后，小猪将会多吃一点猪饲料，当这部分饲料超过大猪选择等待行为所获得的利益时，就会打破之前的迭代剔除劣势策略均衡，事情往往会朝着不一样的方向发展。

事实上，这也正是市场上大公司的所作所为，一些大公司往往不会盗用小公司所创造的成果（除了出于知识产权保护原因外），而是会选择对一些科技创业公司进行收购，给其开发创新产品留出相当充足的空间。这时大公司只要付出一些可能得到的利益，就可能获得更多的利益。

当大猪改变了行动的收益矩阵时，往往最后结果不唯一，纳什同样对这类问题进行了归纳和总结，如图 3-11 所示。

	小猪	
大猪	行动	等待
行动	5,1	4,4
等待	6,3	0,0

图 3-11　大猪改变行动后的收益矩阵

如何求解这类问题的最优策略？我们留到下一节的纳什均衡为大家详细讲解。

3.4　纳什均衡

纳什均衡与囚徒困境

博弈分析的目的是预测博弈的均衡，即假设每个参与人都是理性的，每个参与人都知道每个参与人都是理性的，什么是每个参与人的最优策略？什么是所有参与人的最优策略组合？纳什均衡是完全信息静态博弈解的一般概念，也是所有其他类型博弈解的基本要求。纳什均衡又称为非合作博弈均衡，是现代博弈论的重要概念及核心内容，以约翰·纳什的名字命名。

我们首先定义二人博弈纳什均衡。

定义 3-6（二人博弈纳什均衡）

给定一个有两个玩家的策略形式的博弈，如果满足以下两个条件，一个策略组合 $s^* = (s_1^*, s_2^*) \in S_1 \times S_2$ 是纳什均衡。

对于每个 $s_1 \in S_1, u_1(s_1^*, s_2^*) \geq u_1(s_1, s_2^*)$。

对于每个 $s_2 \in S_2, u_2(s_1^*, s_2^*) \geq u_2(s_1^*, s_2)$。

其经典的例子就是例 2-1 所述的囚徒困境。囚徒困境是一个非零和博弈。两人同时陷入招供还是不招供的两难处境，但两人无法沟通，于是他们从各自的利益角度出发，都依据各自的理性而选择了招供，这种情况就称为纳什均衡点[10]。这时个体的理性利益选择是与整体的理性利益选择不一致的，或者说纳什均衡并不总是意味着选择最优的策略[11]。

我们再来看一个例子。

> **广告投资**:想象一下有两家相互竞争的公司 M 和 N,两家公司都想确定他们是否应该为自己的产品推出新的广告活动。如果两家公司都开始做广告,每家公司将吸引 100 个新客户。如果只有一家公司决定做广告,他将吸引 200 个新客户,而另一家公司将不会吸引任何新客户。如果两家公司都决定不做广告,两家公司都不会吸引新客户。

上述例子的效益矩阵如图 3-12 所示,可见,M 公司应该为其产品做广告,因为这个策略比不做广告的选择提供了更好的回报。N 公司也存在同样的情况。因此,当两家公司都为其产品做广告时,是一个纳什均衡。

	N 做广告	N 不做广告
M 做广告	5,1	4,4
M 不做广告	6,3	0,0

图 3-12 广告投资的效益矩阵

我们或许可以体会到,对上述定义有几种可能的解释。

设想玩家能够在游戏前进行沟通,并达成一个非约束性的协议,表示为策略组合 s^*;那么,当且仅当 s^* 是纳什均衡时,没有玩家会有动力偏离该协议(如果他相信其他玩家会遵守该协议)。

博弈的最佳结果是没有动机偏离初始策略。更具体地说,纳什均衡是博弈论中的一个概念,即博弈的最佳结果是在考虑对手的选择后,没有玩家有动机偏离他们所选择的策略(在某些情况下他观察到对手的策略后,本可以用自己的不同策略做得更好)[11]。

如果玩家都是"同等理性"的,玩家 2 得出的结论是他应该选择 y,那么玩家 1 一定能够复制玩家 2 的推理过程并得出相同的结论;由此可见,玩家 1 的策略选择是不理性的,除非 x 是一个优于 y 的策略。类似的论证也适用于玩家 2 的策略选择(y 必须是针对 x 的最优策略),因此 (x,y) 是一个纳什均衡。

定义 3-7(纳什均衡)

给定一个有 n 个玩家的策略形式的博弈,如果满足以下 n 个条件,一个策略组合 $s^* \in S$ 是纳什均衡:对于每个玩家 $i=1,\cdots,n$, $u_i(s^*) \geqslant u_i(s_1^*,\cdots,s_{i-1}^*,s_i,s_{i+1}^*,\cdots,s_n^*)$,其中,$s_i \in S_i$。

纳什均衡的普遍意义和存在性定理的证明是约翰·纳什在普林斯顿大学攻读博士学位时完成的。这些重要成果奠定了非合作博弈理论发展的基础。博弈论的研究起始于 1944 年约翰·冯·诺依曼(John von Neumann)和奥斯卡·摩根斯特恩(Oskar Morgenstern)合著的《博弈论与经济行为》。然而却是纳什首先用严密的数学语言和简明的文字准确地定义了纳什均衡这个概念,并在包含"混合策略(mixed strategies)"的情况下,证明了纳什均衡在 n 人有限博弈中的普遍存在性,从而开创了与诺依曼和摩根斯特恩框架路线完全不同的"非合作博弈(non-cooperative game)"理论。

定义 3-8(最佳回应)

考虑一个策略形式的博弈,一个玩家 i 和一个除 i 之外的其他玩家的策略组合 $\bar{s}_{-i} \in S_{-i}$。如果 $u_i(s_i,\bar{s}_{-i}) \geqslant u_i(s_i',\bar{s}_{-i})$,对每一个 $s_i' \in S_i$ 来说,玩家 i 的策略 $s_i \in S_i$ 是对 $\bar{s}_{-i}$ 的最佳回应(或最佳答复)。

最佳答复:例如,在图 3-13 所示的游戏中,对于玩家 M 来说,有两个对 Z 的最佳答复,即 J 和 W,而对 B 的唯一最佳答复是 X,对 C 的唯一最佳答复是 W;对于玩家 N 来说,对 J 的最佳答复是 Z,对 W 的最佳答复是 B,对 X 的最佳答复是 B。

		N		
		Z	B	C
M	J	3,2	0,0	1,1
	W	3,0	1,5	4,4
	X	1,0	2,3	3,0

图 3-13　最佳答复的效益矩阵

利用最佳答复的概念,我们可以得出一种快速寻找二人博弈纳什均衡的方法:在表格的每一行中画出玩家 N 在该行中的最大效益,在每一列中画出玩家 M 在该列中的最大效益;如果存在一个单元格使得玩家 M 和 N 被同时画线,那么该策略组合就是纳什均衡。

对于图 3-13 所示的博弈,可以得出两个纳什均衡,分别为 (J,Z) 和 (X,B)。

最后,我们要指出,由于到目前为止我们只关注有序的博弈,所以不能保证任意的博弈至少有一个纳什均衡。不存在纳什均衡的一个例子如下。

产品外观:一家老牌企业 M 和一家新进入固定规模市场的企业 N 必须选择产品的外观。每家企业都可以在两种不同的产品外观中进行选择,称为 J 和 W。老牌企业希望新来者的产品看起来与自己的产品不同(这样他的客户就不会被诱惑去购买新来者的产品),而新来者则希望产品看起来相似。我们可以用图 3-14 所示的二人策略游戏来模拟这种情况。

		N	
		J	W
M	J	2,1	1,2
	W	1,2	2,1

图 3-14　产品外观的效益矩阵

纳什均衡存在性定理证明

为了找到纳什均衡,我们遍历每一种策略组合。

- (J,J):企业 N 可以通过选择行动 W 而不是行动 J,将其报酬从 1 增加到 2,因此这个策略组合不是纳什均衡。
- (J,W):企业 M 可以通过选择行动 W 而不是行动 J,将其报酬从 1 增加到 2,因此这个策略组合不是纳什均衡。
- (W,J):企业 M 可以通过选择行动 J 而不是行动 W,将其报酬从 1 增加到 2,因此这个策略组合不是纳什均衡。
- (W,W):企业 N 可以通过选择行动 J 而不是行动 W,将其报酬从 1 增加到 2,因此这个策略组合不是纳什均衡。

我们得出的结论是,该博弈没有纳什均衡!

3.5 混合策略纳什均衡

纳什传记电影

在上节中,我们只考虑了结果不涉及任何不确定性的游戏。换句话来说,博弈游戏中的参与者每人只选择一个"明确而单一的行动",即参与者采取纯策略。比如,上节中提到的两家公司打广告的例子,当他们不打广告时,他们平分市场,各自占有一半的市场份额,但他们都知道,只要他们先打广告,就能一下子抢到更多的客户,赚取更多的利润,那他们会选择打广告吗?我们应该能想象到,如果两家公司都打广告,还不如不打。因为两家公司都打广告,还是要回到最开始的时候,两家公司的市场份额相等,各自占有一半的市场份额,但是他们都花了广告费。为了一起赚取利润,所以不打广告?那也不行,只要你不打广告,对方就有打广告的动机,结论是什么?没错,因为我们担心对方会先打广告,因为我们知道对方先打广告自己会少赚钱,为了防止少赚钱,所以我们要选择打广告。我们选择了一个明确的结果,这个选择我们就称为纯策略,在选择的过程中要考虑对方的反应,要选择自己的最佳,符合纳什均衡的含义,我们就把这个结果称为"纯策略纳什均衡"[12]。

作为介绍混合策略纳什均衡的一种方式,我们首先考虑将不确定的、概率性的事件纳入广义形式的博弈。

我们从一个例子开始。

> **方块还是梅花**:有 3 张牌,一张方块,两张梅花。它们被洗好后面朝下放在桌子上。M 挑了最上面一张牌,看了看,没有给 N 看,然后告诉 N "顶牌是方块"或"顶牌是梅花",M 可能说的是实话,也可能在撒谎。然后 N 必须猜出最上面一张牌的真正颜色。如果 N 猜对了,就从 M 那里得到 9 元钱,否则就支付 9 元钱。

这种情况如何表示呢?

最上面的牌是方块还是梅花,并不是玩家决定的结果,而是一个随机事件的结果,即洗牌。这个随机事件拥有一个概率分布。在这种情况下,由于一张牌是方块,另外两张牌是梅花,所以最上面的牌是方块的概率为 $\frac{1}{3}$,最上面的牌是梅花的概率为 $\frac{2}{3}$。这种情况可以用图 3-15 表示,其中与终端节点相关的数字是金额。

M 策略的第一个要素是他看到方块时说什么,第二个要素是他看到梅花时说什么。N 策略的第一个要素是如果 M 说"方块",他猜什么,第二个要素是如果 M 说"梅花",他猜什么。

显然,策略的概念不受偶然事件存在的影响。在图 3-15 所示的博弈中,M 有 4 个策略,N 也有 4 个策略。然而,当我们试图写出相关的策略形式时,确实遇到了一个困难。例如,考虑以下策略形式:((方块,梅花),(方块,方块))。其中 M 的策略是实话实说(看到方块就说"方块",看到梅花就说"梅花"),N 的策略是无论 M 说什么都猜方块。这种情况下的结果是什么?这取决于最上面那张牌的真实花色是什么,因此,结果是一个概率性的结果。我们把这种概率性结果称为混合策略。

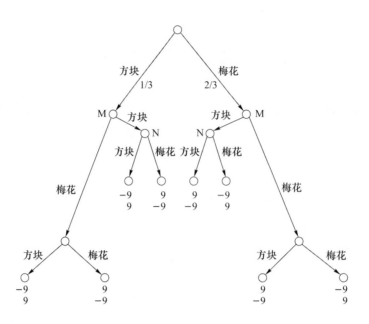

图 3-15 方块还是梅花的随机动作

定义 3-9（混合策略博弈）

给定一个具有基本效益的策略形式的博弈，S_i 是玩家 i 的策略集。从现在起，我们将称 S_i 为玩家 i 的纯策略集。假设 S_i 是一个有限的集合。玩家的混合策略是纯策略集 S_i 上的一个概率分布。玩家 i 的混合策略集用 Σ_i 来表示。

为了将游戏框架转化为博弈，我们需要说明玩家如何对概率结果进行排序。考虑 M 自私和贪婪的情况，即 M 只关心自己的财富，他喜欢更多的钱而不是更少。那么，从 M 的角度来看，上述概率结果可简化为混合策略 $\begin{pmatrix} 9 & -9 \\ 1/3 & 2/3 \end{pmatrix}$。如果 N 也是自私和贪婪的，那么他同样认为结果是混合策略 $\begin{pmatrix} 9 & -9 \\ 1/3 & 2/3 \end{pmatrix}$。

你在玩石头剪刀布游戏时总是出石头吗？不太可能，大多数人都会轮流出不同的拳头，这其实就是一种"混合"策略。相比之下，如果有一个非理性的人总是出石头，那么我们会说他采取的是"纯"策略。石头剪刀布游戏每次的互动过程和结果和下一次都不一样。你并不会每次都用同样的手法去赢对方，就是偶尔"作弊"，偶尔"老实"，玩到别人不知道你是"作弊"还是真的"老实"。意思是说，在 10 个标的中，你不会每次都老实，也不能每次都吹牛，你要偶尔吹牛，偶尔老实，让其他玩家不知道什么才是最好，这就是"混合策略纳什均衡"的含义。我们可以将纯策略视为混合策略的特例，即以 100% 的概率选择其中一个选项，以 0% 的概率选择其他选项。

因此，在回答混合策略纳什均衡时，不是回答"某个确切的行动"，而是回答采取每个行动的"概率"是什么，并将所有玩家的概率都表达出来。如果有人抓到你在玩剪刀，你的朋友如果继续玩石头，从长远来看会更好！如果你的朋友赢了，很明显你就输了，也就是说，从概念上讲如果你采取了某种选择，就会给其他玩家带来"某种行动"的优势。从直觉上讲，在一些特定的游戏或游戏设定中，别人的优势相对于自己造成了损害，那么如何出拳？从理论上讲，每个玩家都应该采取一套概率策略，这样其他玩家在任何行动中采取的预期效益都是相等的，在如何采取行动中不具有优势,对方就会束手无策,而这正是自己生存或胜利的关键所在[12]。

在石头剪刀布游戏中,一个混合策略的例子是用25%、50%和25%的概率出石头、剪刀或布。在游戏开始前,玩家根据这些概率随机决定选择哪种策略,读者可以自行考虑该情况下的策略矩阵。

定义 3-10(混合策略预期收益)

给定一个混合策略,其预期收益 $E(X)$ 是效益 X 的总和;如果 X 是离散的随机变量,输出值为 $x_1, x_2, \cdots, x_n$,输出值相应的概率为 $p_1, p_2, \cdots, p_n$(其中 $p_i \geqslant 0$ 且 $\sum_{i=1}^{n} p_i = 1$),则

$$E(X) = \sum_i p_i x_i$$

比如混合策略 $\begin{pmatrix} 9 & -9 \\ 1/3 & 2/3 \end{pmatrix}$ 的预期收益为 -3。

定义 3-11(风险中立)

风险中立是博弈论和金融学中的一个概念。它指的是一种心态,即个人在做投资决定时对风险漠不关心。这种心态不是来自计算或理性推理,而是来自情感上的偏好。一个具有风险中立态度的人只是不关注风险——不管这是否为一件不明智的事情。这种心态往往是情境性的,可能取决于价格或其他外部因素[13]。

如果一个玩家认为混合策略与该混合策略的预期价值一样好,那么他就被定义为风险中立。因此,一个风险中立的人根据其预期价值对混合策略进行排名。必须强调的是,我们对风险中性情况的关注不应该被认为意味着理性的个人应该是风险中性的,也不意味着风险中性在经验上特别相关。在这个阶段,我们假设风险中立,只是因为该假设产生了一种非常简单的对混合策略的偏好关系。

对于一个自私、贪婪和风险中立的玩家来说,可以把混合策略的预期价值作为该混合策略的效益。我们假设在图 3-15 所示的树状图的一般形式中,M 和 N 是自私、贪婪和风险中立的,那么我们可以将策略形式的博弈与之联系起来,图 3-16 所示为树状图中博弈的策略形式。请注意,每个单元格内都有两个数字:第一个是 M 所认为的基础混合策略的效益(=预期价值),第二个是 N 所认为的基础混合策略的效益(=预期价值)。

		N			
		方块,方块	方块,梅花	梅花,方块	梅花,梅花
M	方块,方块	3,-3	3,-3	-3,3	-3,3
	方块,梅花	3,-3	-9,9	9,-9	-3,3
	梅花,方块	3,-3	9,-9	-9,9	-3,3
	梅花,梅花	3,-3	-3,3	3,-3	-3,3

图 3-16 方块还是梅花的策略形式效益矩阵

至此我们讨论了通过机会动作将随机事件纳入广义形式博弈的可能性。机会动作的引入产生了概率性的结果,从而产生了玩家如何对这些结果进行排序的问题。随机事件也可以出现在策略型博弈中,如下例。

网球比赛:M 与 N 两位网球选手进行一局比赛,M 为接球方,N 为发球方。

这里,接球方 M 的效益是接球得分的概率,发球方 N 的效益是发球得分的概率,F 是正手击球,B 是反手击球。

图 3-17 所示的博弈没有任何纳什均衡。然而,如果我们扩展策略的概念,允许玩家随机选择,那么图 3-17 所示的博弈确实有纳什均衡。

		N	
		F	B
M	F	90,10	20,80
	B	30,70	60,40

图 3-17 网球比赛的策略形式效益矩阵

让我们考虑一下发球方 N 的可能策略:如果发球方 N 总是瞄准正手,那么接球方 M(预计 N 正手发球)将总是走正手,接球方 M 和发球方 N 的效益将分别为(90,10);如果发球方 N 总是以反手为目标,那么接球方 M(预计 N 反手发球)将总是走反手,效益将是(60,40)。

发球方 N 如何才能做得更好?N 可以通过混合正手和反手来提高他的得分。假设发球方 N 以 50%的机会瞄准正手,以 50%的机会瞄准反手(简写为 50-50)。那么接球方 M 的效益为 $0.5 \times 90 + 0.5 \times 20 = 55$(走正手)和 $0.5 \times 30 + 0.5 \times 60 = 45$(走反手)。因为 M 最好是走正手,所以他会这么做,他的效益将是 55。因此,如果发球方 N 使用 50-50 策略,他的效益将是 45(请注意,效益加起来是 100)。这对发球方 N 的表现来说已经是进步。

下一步是为发球方 N 寻找最佳混合策略。他如何才能表现最佳?

假设发球方 N 以概率 q 瞄准正手,以概率 $1-q$ 瞄准反手。那么接球方 M 的效益是 $q \times 90 + (1-q) \times 20 = 20 + 70q$(走正手)和 $q \times 30 + (1-q) \times 60 = 60 - 30q$(走反手)。接球方 M 将向效益最大化的一方移动。因此,如果 $20 + 70q > 60 - 30q$,他会走正手;如果 $20 + 70q < 60 - 30q$,他会走反手;如果 $20 + 70q = 60 - 30q$,他会选任意一种方式。也就是说,接球方 M 的效益是 $20 + 70q$ 和 $60 - 30q$ 中较大的一个。

为了使自己的效益最大化,发球方 N 应该使接球方 M 的效益最小化。他可以通过把 $20 + 70q$ 和 $60 - 30q$ 设置为相等来实现这一点:

$$20 + 70q = 60 - 30q \Rightarrow 100q = 40 \Rightarrow q = 0.4$$

为了使他的效益最大化,发球方 N 应该在 40%的时间内瞄准正手,在 60%的时间内瞄准反手。在这种情况下,接球方 M 的效益将是 $20 + 70 \times 0.4 = 60 - 30 \times 0.4 = 48$。换句话说,如果发球方 N 使用 40-60 策略,那么无论接球方 M 走正手还是反手(或在它们之间随机选择),接球方 M 的效益都是 48。因此,发球方 N 的效益将是 $100 - 48 = 52$。

接下来,让我们对接球方 M 进行类似的分析。如果接球方 M 使用纯策略只打一边,那么发球方 N 将瞄准另一边。假设接球方 M 以 p 的概率走正手,那么他的效益是 $p \times 90 + (1-p) \times 30 = 30 + 60p$(发球方 N 瞄准正手)和 $p \times 20 + (1-p) \times 60 = 60 - 40p$(发球方 N 瞄准反手)。发球方 N 将瞄准使接球方 M 效益最小化的一边。因此,如果 $30 + 60p < 60 - 40p$,他会走正手;如果 $30 + 60p > 60 - 40p$,他会走反手;如果 $30 + 60p = 60 - 40p$,他会选任意一种方式。也就是说,接球方 M 的效益是 $30 + 60p$ 和 $60 - 40p$ 中较小的一个。

为了使自己的效益最大化,接球方 M 可以通过把 $30 + 60p$ 和 $60 - 40p$ 设置为相等来实现这一点:

$$30+60p=60-40p \Rightarrow 100p=30 \Rightarrow p=0.3$$

为了使他的效益最大化,接球方 M 应该在 30% 的时间内走正手,在 70% 的时间内走反手。在这种情况下,接球方 M 的效益将是 $30+60\times 0.3=60-40\times 0.3=48$。因此,发球方 N 的效益将是 $100-48=52$。

因此,混合策略接球方 M: $\begin{pmatrix} F & B \\ 0.3 & 0.7 \end{pmatrix}$ 和发球方 N: $\begin{pmatrix} F & B \\ 0.4 & 0.6 \end{pmatrix}$ 是唯一不能被任何一方剥削的。因此,它是一个混合策略的纳什均衡。

约翰·纳什(他与约翰·海萨尼和赖因哈德·泽尔腾共同获得了 1994 年诺贝尔经济学纪念奖)证明了以下定理。

定理 3-1 每个有限博弈都至少有一个混合策略的纳什均衡。

我们如何才能找到一个给定博弈的混合策略均衡呢?第一个重要的观察是,如果一个人在均衡状态下,他应该从他所混合的策略中获得相同的预期效益(利用这一观察,我们可以很容易地找到 2×2 游戏中的混合策略纳什均衡)。第二个重要的观察是,如果一个纯策略被另一个纯策略严格支配,那么它就不能以正概率在纳什均衡中发挥作用。因此,为了寻找纳什均衡,我们可以删除所有被严格支配的策略,并将注意力放在所产生的博弈上。同样的推理也适用于所产生的博弈,我们可以重复剔除该博弈中所有严格占优策略。因此,我们有以下的观察。

为了找到一个博弈的混合策略纳什均衡,我们可以首先应用严格占优策略的重复剔除(3.3 节),然后找到最终产生博弈的纳什均衡(可以看作原始博弈的纳什均衡,其中所有被删除的纯策略都被赋予零概率)。

一旦我们通过应用重复剔除严格占优策略程序简化了博弈,为了找到混合策略的纳什均衡,我们可以使用以下结果:在混合策略纳什均衡中,如果玩家以正概率玩两个或更多的纯策略,玩家没有动机使用该混合策略。因为如果他不随机化,而是使用支持其混合策略的一个纯策略(混合策略的支持是指被该混合策略赋予正概率的纯策略的集合),也就是说,如果他将任何纯策略的概率从正数增加到 1,他会得到同样的效益。随机化的唯一目的是使对方在自己的两个或多个纯策略中无动于衷。

3.6 完全信息静态博弈举例

性别之战:一对夫妇亚当和贝丝,独立决定晚上是去看足球赛还是去看芭蕾舞。每个人都喜欢和对方一起做某事,但男人更喜欢足球,女人更喜欢芭蕾舞。

为了简化游戏,我们假设每个玩家的总效益是在选择自己喜欢的动作时的效益(就满意度而言)总和,这会给出 c 个满意单位的满意度。而与另一半在一起,会给出 d 个满意单位的满意度。我们有两种变体,取决于 c 或 d 哪个更大,即低或高的爱情变体。这里的回报是满意度而不是金钱。满意度假设是严格可加的——满意度也可以是可乘的,或者是 c 和 d 的一些更复杂的函数,甚至可能一个领域的满意度会干扰另一个领域的满意度。两个人的满意度可能不同,一个人比另一个人更欣赏对方的存在,或者一个人明显偏爱足球赛或芭蕾舞,而另一个人则无动于衷。

由于这个例子是在手机出现之前设计的,所以我们假设二者的通信是不可能的。表 3-1 和表 3-2 所示是两种变体的效益双矩阵,其中亚当选择行,贝丝选择列。

表 3-1 高爱情($c=2, d=1$)

	足球赛	芭蕾舞
足球赛	3,2	1,1
芭蕾舞	0,0	2,3

表 3-2 低爱情($c=1, d=2$)

	足球赛	芭蕾舞
足球赛	3,1	2,2
芭蕾舞	0,0	1,3

高爱情版的性别之战(见表 3-1)有两个纳什均衡:(足球赛,足球赛)和(芭蕾舞,芭蕾舞)。亚当选择"足球赛",贝丝最好选择"足球赛"作为回应。亚当选择"芭蕾舞",贝丝的最好回应是"芭蕾舞"。还有,亚当对贝丝选择"足球赛"的最佳回应是"足球赛",他对贝丝选择"芭蕾舞"的最佳回应是"芭蕾舞"。低爱情版的性别之战(见表 3-2)有一个纳什均衡,即(足球赛,芭蕾舞):两人无论如何都选择他们个人最佳喜好。

> **骑士**:五骑士 A, B, C, D, E 正在选举他们的领袖。每个骑士都有一个偏好列表。他们从高到低的偏好是
>
> $A: A, D, E, C, B$
> $B: B, C, E, A, D$
> $C: C, E, D, B, A$
> $D: D, B, C, E, A$
> $E: E, C, B, A, D$

他们轮流选举。在每一轮选举中,每个骑士都提交一个名字。如果某个骑士比其他骑士获得的票多,那该骑士就被选举出来。因此,如果没有其他骑士获得两票,即使某个骑士获得两票也可以被选举出来。如果没人被选举出来,则进入下一轮。

本博弈有两个版本。

Early 版本:如果当选的领袖是某骑士的第一选择,则该骑士的效益为 2;如果是他的第二选择,那么他的效益为 1;如果没人被选举并且进入下一轮,他的效益为 0;如果他的第三、四、五选择被选举上了,他的效益为 $-1, -2, -3$。

Exhausted 版本:当选者是骑士的第一、二、三选择,则他的效益为 2, 1, 0;如果没人被选举,进入下一轮,他的效益为 -1;如果第四、五选择被选上了,那么他的效益为 $-2, -3$。

因为每个玩家都有 5 个选项,所以有 $5\times5\times5\times5\times5=3\,125$ 个结果。实际上我们可以用五维矩阵的效益来表示它们,这个留给读者自行尝试。

我们来简单分析一下两个版本下的纳什均衡解情况,假如 A 投票给 A, B 投票给 B, C 投票给 C, D 投票给 C, E 投票给 C, 那么在 Early 版本中, A, B, C, D, E 的效益分别为 $-2, 1, 2, -1, 1$。在这种情况下,骑士 A 不开心,但没有办法改变投票结果(即使投其他票, C 仍然会胜出)。但是这个结果不是纳什均衡解,因为如果 D 知道其他人的投票结果,会宁愿投给 B 以获

得平局和 0 的回报。而在 Exhausted 版本中，A,B,C,D,E 对于相同的投票模式的效益是 $-2,1,2,0,1$。骑士 D 仍然不喜欢 C，但现在只是满足于有人被选出即可（如果进入下一轮其只会得到更低的收益）。因此，在这个版本的游戏中，这个结果是一个纳什均衡解，因为鉴于其他人的投票，没有人会重新考虑改变投票方式。骑士 A 和 D 依然不高兴，但他们不能单方面改变这一点。

接下来看看如何在 Exhausted 版本中搜索纳什均衡。这个想法可以从任何结果开始，由一组骑士的选择定义。如果所有骑士都对其他骑士的动作做出最佳回应，我们就有了纳什均衡。否则，至少有一位骑士还没有做出最佳回应——我们让这位骑士重新考虑并做出最佳回应。然后我们再次评估结果，要么我们现在有一个纳什均衡，要么仍然有一个骑士没有对其他骑士的动作做出最佳回应，那么就继续上述过程，直到得到纳什均衡。

按照上述搜索办法，我们尝试搜索一下纳什均衡，首先每个人都先投票给自己的结果，很显然会是一个平局，这种情况下所有人都希望自己的第二选择被选中。假设 D 重新考虑并投票给 B 而不是他自己，那么 B 将被选中，此时 B 和 E 不会改变投票。A 不开心，会改变投票，其可以投票给 E，避免选中 B。此时 C 改选 E 会获得更好的收益，C 改选 E 后任何人单独改变自己的投票模式都不会再有更好的收益。这种投票 EBEBE 就是一个纳什均衡。

当然，该过程并不总是会得出纳什均衡结果。从每个人都为自己投票开始，A 选择最佳答案投给 D，然后 B 选择最佳答案并投票给 C，之后 D 重新考虑并投票给 B，B 重新考虑，再次投票给自己，D 重新考虑，再次投票给自己。这样我们得到了之前讨论过的结果（投票模式 DBCDE），并且该过程可以永远以同样的方式继续下去。

思考题及参考答案

3.1 根据共同知识，我们给出一个思考题。一个村子中，有 50 户人家，每家都养了一只狗。村子里面出现了 N 只疯狗，于是村里规定谁要是发现自己的狗是疯狗，就要将自己的狗枪毙。村子里面的人只能看出别人家的狗是不是疯狗，但不能看出自己家的狗是不是疯狗，即使发现别人家的狗是疯狗也不能告诉别人。开始观察后，第一天晚上，没有枪声。第二天晚上，也没有枪声。第三天晚上，枪声响起但不知道有多少枪声，请问一共有多少只疯狗？

答案：我们可以从上述的问题当中抽象出两个必要的条件。

条件一：每户人家只能观察别人家的狗，不能观察自己家的狗。

条件二：每户人家只有权利杀自己家的狗，而不能去杀别人家的狗。

事实上，随着时间的推移，至少存在 N 只疯狗才慢慢变成了共同知识。在第一天结束时存在 N 只疯狗并不是共同知识，人们的共同知识是 $N>0$，$N\geqslant$ 每户人家的观测数目 $N\leqslant$ 每户人家的观测数 $+1$。

因为第一天结束并没有枪声响起，因此可以排除 $N=1$ 的情况，共同知识变为 $N>1$。

同理，第二天结束的时候并没有枪声响起，可以排除 $N=2$ 的情况，共同知识变为 $N>2$。

第三天枪声响起证明 N 等于某一特定值，即无法排除 $N=3$ 的情况，对于疯狗的主人来说他们发现疯狗的数目大于自己的观测数目，因此疯狗的主人开了枪，可以确定此时 $N=3$。

综上所述，疯狗的只数等于 3，并且第三天时，疯狗的只数为 3 成了共同知识。

3.2 有 3 个玩家。每个玩家都有一个没有标记的信封，并被要求在里面放入 3 元钱或者

6元钱或者什么也不放。裁判收集信封,打开信封,收集所有的钱,然后将金额翻倍(用裁判的钱),并将总金额三等分,分给玩家。每个玩家都是自私和贪婪的,因为他们完全按照他们的财富净变化(他们从裁判那里得到的收入减去他们的支出)来排列结果。

如果玩家1和2什么都不放,玩家3放6元钱,那么裁判再加6元钱,使总数变成12元钱,把这个总金额三等分,给每个玩家4元钱。

求该博弈的纳什均衡。

答案: 所考虑的博弈如图3-18所示,这个博弈只有一个纳什均衡,即(0,0,0)。

玩家1 \ 玩家2	0	3	6
0	0,0,0	2,−1,2	4,−2,4
3	−1,2,2	1,1,4	3,0,6
6	−2,4,4	0,3,6	2,2,8

(a) 玩家3:0

玩家1 \ 玩家2	0	3	6
0	2,2,−1	4,1,1	6,0,3
3	1,4,1	3,3,3	5,2,5
6	0,6,3	2,5,5	4,4,7

(b) 玩家3:3

玩家1 \ 玩家2	0	3	6
0	4,4,−2	6,3,0	8,2,2
3	3,6,0	5,5,2	7,4,4
6	2,8,2	4,7,4	6,6,6

(c) 玩家3:6

图3-18 题3.2的效益矩阵

3.3 考虑图3-19所示的博弈:

玩家1 \ 玩家2	X	Y
J	m,n	3,0
W	6,2	0,4

图3-19 题3.3的效益矩阵

① 假设 $m=5, n=8$,求混合策略的纳什均衡,并计算纳什均衡时双方的效益。

② m 和 n 分别为何值时 $\left[\begin{pmatrix} J & W \\ \frac{1}{2} & \frac{1}{2} \end{pmatrix}, \begin{pmatrix} X & Y \\ \frac{3}{7} & \frac{4}{7} \end{pmatrix}\right]$ 是一个纳什均衡。

答案: 设 p 是 J 的概率,q 是 X 的概率。那么玩家1在纳什均衡时对 J 和 W 之间没有偏好:$5q+3(1-q)=6q$,则 $q=\frac{3}{4}$。同理,玩家2在纳什均衡时对 X 和 Y 之间没有偏好:$8p+$

$2(1-p)=4(1-p)$,则 $p=\frac{1}{5}$。因此纳什均衡为

$$\left[\begin{pmatrix} J & W \\ \frac{1}{5} & \frac{4}{5} \end{pmatrix}, \begin{pmatrix} X & Y \\ \frac{3}{4} & \frac{1}{4} \end{pmatrix}\right]$$

玩家 1 在纳什均衡时对 J 和 W 之间没有偏好:$\frac{3}{7}m+\frac{4}{7}\times 3=\frac{3}{7}\times 6$,因此 $m=2$;同理,玩家 2 在纳什均衡时对 X 和 Y 之间没有偏好:$\frac{1}{2}n+\frac{1}{2}\times 2=\frac{1}{2}\times 4$,因此 $n=2$。

| 本章参考文献 |

[1] 何世彪,吴乐华,胡中豫. 无线网络中的博弈论[M]. 北京:国防工业出版社,2016.

[2] Prisner E. Game Theory through Examples[M]. Washington:Mathematical Association of America,2014.

[3] 钱玉娟. 互联网巨头的"拆墙"博弈局:流量是生命,"开门"要命还是续命?[EB/OL]. (2021-09-19)[2022-01-28]. https://www.thepaper.cn/newsDetail_forward_14582421.

[4] Cesare C. "石头剪刀布"的科学意义[EB/OL]. (2015-06-08)[2022-01-28]. https://cn.weforum.org/agenda/2015/06/527.

[5] 马忠贵. 博弈论及其在无线通信网络中的应用[M]. 北京:国防工业出版社,2015.

[6] Common knowledge (logic)[EB/OL]. (2021-12-31)[2022-01-28]. https://en.wikipedia.org/wiki/Common_knowledge_(logic).

[7] Common sense[EB/OL]. (2021-12-26)[2022-01-28]. https://en.wikipedia.org/wiki/Common_sense.

[8] Ausubel L M. A Generalized Vickrey Auction[R]. Maryland:Econometric Society,2000.

[9] 刘庆财. 博弈论:最高级思维和生存策略[M]. 北京:北京联合出版公司,2015.

[10] Nash equilibrium[EB/OL]. (2021-11-05)[2021-12-02]. https://en.wikipedia.org/wiki/Nash_equilibrium.

[11] Chen J. Nash Equilibrium[EB/OL]. (2021-03-03)[2021-12-02]. https://www.investopedia.com/terms/n/nash-equilibrium.asp.

[12] 刘邦启. 什么是混合策略(Mixed Strategy)? 如何求解?[EB/OL]. (2020-11-13)[2022-01-27]. https://master.get.com.tw/economics/detail.aspx?no=420278.

[13] Scott G. Risk Neutral[EB/OL]. (2020-12-08)[2022-01-27]. https://www.investopedia.com/terms/r/riskneutral.asp.

第 4 章 完全信息动态博弈与子博弈完美纳什均衡

在完全信息静态博弈中,博弈参与者同时采取行动。但在完全信息动态博弈中,博弈参与者的行动存在先后顺序。

从信息角度上,完全信息动态博弈与完全信息静态博弈类似,博弈参与者对博弈结构、博弈顺序、双方收益等信息都完全了解。但在通常情况下,博弈的交互不是同时进行的,而是有顺序的。例如,在围棋游戏中,白方和黑方两位玩家轮流在棋盘上放置棋子,完全了解对手(和自己)过去的行动。有顺序交互的博弈被称为动态博弈(dynamic game),即拓展形式的博弈。本章专门讨论以完全信息为特征的动态博弈子类,即每当轮到自己行动时,玩家知道所有先前的行动。

需要注意的是完全信息博弈(the game with complete information)与完美信息博弈(the game of perfect information)的区别。博弈论中的完全信息博弈:各博弈方都完全了解所有博弈方各种情况下的收益。完美信息博弈:每个轮到行为的博弈方对博弈的进程完全了解的博弈。但在动态博弈中,有时玩家可能不知道对方使用了哪种策略。我们将动态博弈分为完全信息动态博弈和完美信息动态博弈。完全信息不完美信息的动态博弈例子有国际象棋、Stackelberg 竞争[1]。完美信息不完全信息的动态博弈例子有打扑克、重复的同时行动游戏。因此,完美信息本身包含一个序贯的概念,它假设所有博弈者都知道其他博弈者的所有行为历史。所以同期行动的一定是不完美信息,完美信息不保证博弈者知道其他博弈者的支付矩阵和博弈的结构以及步骤。完全信息是指博弈中所有人的共同知识是整个博弈的支付矩阵,他们知道整个博弈的结构,但是博弈者并不知道博弈者对手的行为,也可能存在一些随机的事件,博弈者知道概率,但是他无法精确把握。

本章主要内容包括:在 4.1 节中介绍了拓展形式博弈中广泛使用的一种表示方法——博弈树,在组合博弈论的背景下,通常研究具有完全信息的连续博弈,博弈树是代表这种博弈中所有可能的博弈状态的图;在 4.2 节中引出信息集的概念,信息集被用于拓展形式博弈中,并经常被描绘成博弈树,在拓展形式中,信息集是一个决策节点的集合,该集合中的每个节点都属于一个棋手,当游戏进行到信息集的某一节点时,拥有棋子的玩家无法区分信息集内的节点;在 4.3 节中介绍博弈树的一种求解方法——逆向归纳法,存在各种方法来求解博弈树,如果可以生成完整的博弈树,就可以使用确定性算法,如逆向归纳或逆向分析;在 4.4 节中为完全信息动态博弈引出子博弈的概念,当参与人的战略在每一个子博弈中都构成纳什均衡时,则形成"子博弈完美纳什均衡";在 4.5 节中简要介绍重复博弈,重复博弈是一种拓展形式的博弈,由一些基础博弈(也称为阶段性博弈)的多次重复组成,是动态博弈的一种特殊形式。

4.1 博弈树

完全信息动态博弈可以通过下面的例子更好地解释。

同归于尽：假设玩家 M 在玩家 N 带着 40 000 元离开自动取款机时，威胁玩家 N。玩家 M 说："把钱给我，否则咱们两人同归于尽！"

这个博弈可以用图 4-1 所示的扩展形式来描述，这种形式也称为博弈树。

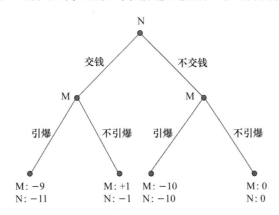

图 4-1 同归于尽的扩展形式

在动态博弈中，由于博弈参与者的行动存在先后顺序，因此可以用更形象的方法来表示动态博弈——博弈树（game tree）。通过效益矩阵的形式表示的博弈通常被称为策略型或正则型博弈（normal form game），而通过博弈树表示的博弈通常被称为扩展型博弈（extensive form game）。

定义 4-1（博弈树）

博弈树是满足下列要求的扩展形式博弈结构：该树有一个根节点；该树的每个节点都有零个或多个子节点；每一个非根节点有且只有一个父节点；除了根节点外，每个子节点都可以分为多个不相交的子树。父节点给出了回到根节点的单一路径。直观地说，一个节点决定了到该节点的整个动作序列。最后一个节点是终端节点，其他节点称为决策节点。终端节点不是任何节点的父节点，并表示所有可能的结果。

在完全信息动态博弈中有一些非博弈者，他们以某种正概率随机进入博弈。这些非博弈者被称为自然，或者叫自然行动。自然既不是玩家 M，也不是玩家 N。有时候用"玩家 0"来表示自然。在一个拓展形式中，它被描述为一个空心圆，括号里是概率，如图 4-2 所示[1]。

定义 4-2（扩展形式）

具有完全信息的无限扩展形式（或框架）由以下项目组成：一个有限的有根定向树；一组玩家和一个为每个决策节点分配一个玩家的函数；一组行动和一个为每条有向边分配一个行动的函数（满足没有两条从同一节点出来的边被分配相同行动的限制）；一组结果和一个为每个终端节点分配一个结果的函数。

接下来，我们考虑两个实际问题的扩展形式博弈并尝试用博弈树来表示。

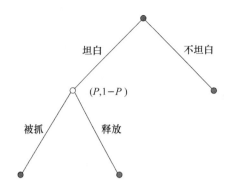

图 4-2 含非博弈者的扩展形式

竞选:M(来自右派政党)与 N(来自左派政党)竞选。他们首先选择一个政治纲领,即"左派"或"右派",其中 M 必须先行动。如果两人选择相同的政治纲领,则 M 获胜,否则 N 获胜。假设获胜的价值是 10,选择与彼此不一致的政治纲领的价值是 —5,效益是这些价值之和[2]。

有 4 种结果。如果两人都选择"左派",M 就会赢得 10 的价值,但会因为妥协而损失 5,所以效益是 5。如果 M 选择"左派",N 选择"右派",那么 M"赢"—5,N 得到 5 的效益。如果 M 选择"右派",而 N 选择"左派",那么 M"赢"0,而 N 得到 10 的收益。最后,如果 M 选择"右派",N 也选择"右派",那么 M 得到 10 的效益,而 N 得到—5。在 4 个结果位置之前,有一个父位置,在这个位置上,M 必须在"左派"和"右派"之间做出选择,N 在 M 做出决定之后有两个位置要做出选择。一个是 M 选择"右派"的位置,另一个是 M 选择"左派"的位置。竞选的扩展形式见图 4-3。

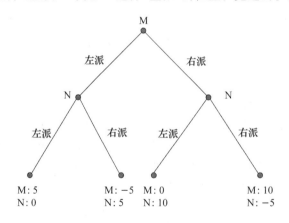

图 4-3 竞选的扩展形式

我们来看另一个例子。

资产分割:M 和 N 决定注销一家企业,其资产价值为 100 万元。合伙企业的章程规定,高级合伙人 M 向初级合伙人 N 提出资产分割的建议。初级合伙人 N 可以接受,在这种情况下,拟议的分割将被执行。或者初级合伙人 N 拒绝,在这种情况下,案件将进入诉讼程序:诉讼涉及每个合伙人 10 万元的法律费用,典型的判决书将 60% 的资产分配给高级合伙人 M,其余 40% 分配给初级合伙人 N。为简单起见,假设判决没有不确定性。还假设 M 只能提出两个可能的提议:50-50 分成或 70-30 分成。

这种情况可以用图 4-4 所示的完全信息有限拓展形式来表示。每个结果都表示为两笔钱:上面一笔是 M 得到的,下面一笔是 N 得到的。

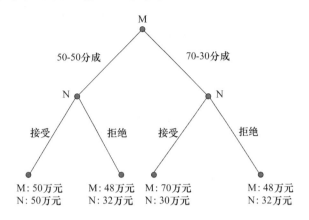

图 4-4　资产分割的扩展形式

在图 4-4 所示的游戏中,我们应该期望玩家做什么?考虑以下推理,它被称为逆向归纳推理,因为它从游戏的结束处开始,向上进行根的推理:如果 N(初级合伙人)被提出 50-50 分成,那么,如果他接受,他将得到 50 万元,而如果他拒绝,他将得到 32 万元(法院分配的 40% 减去 10 万元的法律费用),因此,如果理性,他会接受;同样,如果 N 被提出 70-30 分成,那么,如果他接受,他将得到 30 万元,而如果他拒绝,他将得到 32 万元(法院分配的 40% 减去 10 万元的法律费用),因此,如果理性,他会接受。预计到这一切,M 意识到,如果他提出 50-50 分成,那么他最终将得到 50 万元,而如果他提出 70-30 分成,那么他最终将得到 70 万元,因此,如果 M 是理性的,并且相信 N 是理性的,他将提出 70-30 分成,而 N 作为理性的人,将接受。

上述推理存在缺陷:它不是一个有效的论证,因为它基于 N 如何对结果进行排序的隐含假设,而这个假设可能是正确的,也可能是不正确的。例如,N 可能觉得他和他的高级合伙人 M 一样努力工作,唯一公平的分配方式是 50-50 分成,事实上,他可能对此有如此强烈的感受——如果提供不公平的 70-30 分成,他愿意牺牲 10 万元以"教训 M",换句话说,他将拒绝 70-30 分成排在接受 70-30 分成之前。

我们说图 4-4 所代表的情况不是一个博弈,而是一个博弈框架。为了将该框架转换为博弈,我们需要为每个玩家都添加一个结果排名。添加完玩家对结果的排名之后(将拒绝 70-30 分成排在接受 70-30 分成之前),我们有了一个博弈(而不仅是一个博弈框架),可以应用后向归纳推理(4.3 节),得出结论:M 将提出 50-50 分成,预计 N 会拒绝 70-30 分成的提议,N 将接受 M 的 50-50 分成提议。

应该注意的是,策略的概念涉及冗余。我们可以用多种方式来证明策略概念中的这种冗余性。M 非常谨慎,他希望他的计划包括他在执行部分计划时可能犯错的可能性(在这种情况下,他允许存在这样的可能性——尽管他打算玩 a,他可能最终玩 b),或者我们可以把策略看作给第三方的一套指令,说明如何代表 M 进行博弈,在这种情况下,M 可能确实会担心在执行过程中出现错误的可能性,从而希望涵盖所有的意外情况。另一个理由是依赖于对策略概念的不同解释:不是作为 M 的计划,而是作为 N 心中关于 M 会做什么的一个信念。

我们应该清楚的是,博弈可能有不同扩展形式的描述。在文献中,博弈树大多被用来描述扩展形式。使用博弈树往往可以减少节点的数量。

在一个扩展形式中，不完全信息的博弈可以用信息集来描述。由于每个玩家都不知道先前的所有行动，所以我们必须将玩家的决策节点集划分为子集，称为信息集。当玩家 i 要移动时，他观察到包含"真实"节点的信息集，但他可能不知道已经到达了哪个节点。与之类比可以得出，在完全信息的博弈中，每个信息集只包含一个节点。在不完全信息的博弈中，每个信息集都可以包含一个以上的节点。所以，我们在下节引出的信息集概念在此特指完全信息博弈中的信息集。

4.2 信 息 集

在博弈论中，一个博弈的信息结构在表述上常常会变得含混不清，因此我们需要技术性的定义把信息结构表达得更加精确，才能搞清楚"谁在什么时候知道什么"。这一点是通过知识的基本单元"信息集"实现的。信息集是指参与人根据可以获得的信息，认为博弈可能已经到达的信息节点的集合。

在博弈树中，其上的所有决策节分割成不同的信息集。每一个信息集都是决策集合的一个子集。参与人 i 在博弈的任何特定时间点上的信息集 ω_i 是指在博弈树中他认为有可能是实际节的不同节的集合，而参与人 i 直接靠观察是无法进行区分的。即参与人 i 的信息集表示参与人在不同选择路径上节点的集合，也就是说参与人 i 知道现在该谁行动了，但是却不知道博弈已到达了博弈树中的哪个具体位置，博弈参与者不知道自己位于同一个信息中的哪个博弈节点上。如果博弈是完美信息的，每个信息集只能有一个参与者，如果参与者不能获取博弈中的所有信息，有的参与者可能就不知道博弈的状态以及自己周围的形势。引入信息集的目的是更好地理解当一个人要做出决策时，他可能并不知道"前面"发生的所有事情，之所以说"前面"是因为博弈树决策节的排序并不一定与真实的时间顺序保持一致，而更多地代表信息所到达的或是决策进行的先后关系。

在完全信息动态博弈中，我们规定如果将博弈树的多个节点用虚线连接起来（或是圈在一起），表明这些节点位于同一个博弈信息集中。为了更好地阐述信息集的概念，在这里可以通过"3 人罢工博弈"这一经典案例来说明其含义以及其在动态博弈中的重要性。

> **3 人罢工博弈**：假设某公司雇用了 3 名员工，年底该公司老板宣布第二年不涨工资，这个消息引起了公司中 3 名员工的不满，因此这 3 名员工考虑第二天是否通过罢工来抗议。

通过对公司结构进行分析，会得到这样的结果：如果 3 名员工都罢工，那公司将无法运转，老板会被迫给每个人涨工资，3 名员工均得到效益 6；如果有两名员工选择罢工，有一名员工不罢工，不罢工的员工会被老板奖励，得到效益 8，而罢工的员工各得到效益 3；如果一名员工罢工，两名员工不罢工，公司可以正常运行，老板会把选择罢工的人开除，不罢工的员工各得到效益 2，而罢工的员工效益为 0；如果 3 人都不罢工，那么老板不会涨工资，3 名员工的效益各为 1。

在完全信息的动态博弈中，我们假设员工 1 会率先做出决策，员工 2 会在员工 1 决定之后再进行选择，员工 3 最后进行选择。在这里我们默认"罢工"用"H"表示，不罢工用"O"表示。

图 4-5 是 3 人罢工博弈的博弈树。它表示员工 2 可以获得员工 1 选择动作的信息，即员

工 2 可以知道员工 1 是否选择了"罢工"这一动作,员工 3 可以获得员工 1 和员工 2 两人是否选择罢工的情况。在决策树最下面括号中的数字分别为员工 1、员工 2、员工 3 做出选择后所对应的效益。例如,(3,3,8)代表在员工 1、员工 2 选择罢工而员工 3 选择不罢工时,员工 1、员工 2 的效益均为 3,员工 3 的效益为 8。此时,博弈树中的 7 个决策节被分割为 7 个信息集,其中一个属于员工 1,两个属于员工 2,4 个属于员工 3。在这种完全信息的条件下,这意味着所有的参与人(即这 3 名员工)在决策时都清楚地知道自己处于博弈中的哪个决策节。

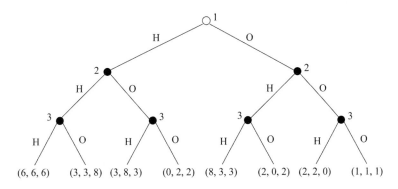

图 4-5　3 人罢工博弈的博弈树

对 3 人罢工博弈的条件做一下改动,假设员工 2 不知道员工 1 做出的决策。在这种情况下,博弈树如图 4-6 所示。该博弈树同样表示员工 1 到 3 先后做出决策,但是不同的是员工 2 在员工 1 做完决策后不知道员工 1 的选择,此时只有一个信息集,我们将员工 2 可能所在的两个博弈节点用虚线连接起来。而员工 3 是完全信息的,也就是他知道员工 1 和员工 2 的罢工情况并可以根据该情况做出选择。

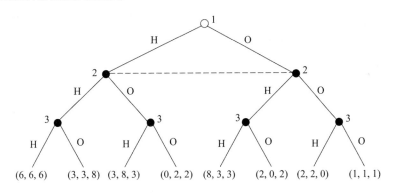

图 4-6　员工 2 只有一个信息集的博弈树

图 4-7 所示的博弈树表示员工 3 不能观察到员工 2 的决策策略的情况。在此博弈树中,员工 2 知道员工 1 的策略,而员工 3 只知道员工 1 的罢工选择却不知道员工 2 的。因此在这种情况下,博弈树中会有两个信息集,分别是员工 1 选择罢工条件下员工 2 选择未知的信息集 1 以及员工 1 选择不罢工条件下员工 2 选择未知的信息集 2。每个信息集的节点都用虚线连接。

图 4-8 所示的博弈树表示员工 3 不能观察到员工 1 的决策策略的情况。在此博弈树中,员工 3 知道员工 2 的选择,但是对员工 1 做出了怎样的决定却知之甚少。因此在博弈树中有两个信息集,分别是信息集 1 和信息集 2,分别表示员工 2 罢工而不知道员工 1 的决策和员工 2 不罢工而不知道员工 1 的决策情况下的信息集。每个信息集的节点都用虚线连接。

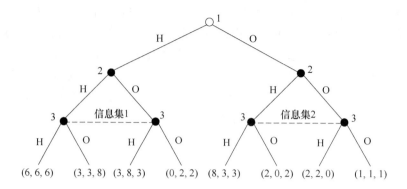

图 4-7　员工 3 不能观察到员工 2 的决策策略

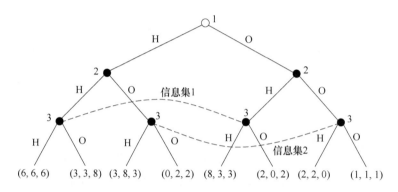

图 4-8　员工 3 不能观察到员工 1 的决策策略

图 4-9 所示的博弈树表示员工 3 既不能观察到员工 2 的决策策略，也不能观察到员工 1 的决策策略的情况。由于员工 3 获取不到任何信息，所以他完全不知道自己在博弈中所在的位置，在这种情况下，在博弈树中员工 3 只有一个信息集，其有 4 个博弈节点（即博弈树中第三层的 4 个节点）。

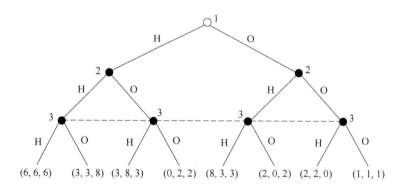

图 4-9　员工 3 不知道员工 1 和员工 2 的决策策略

图 4-10 所示的博弈树表示 3 名员工都只有一个信息集的博弈，即员工 2 不知道员工 1 的策略，员工 3 既不知道员工 1 的策略也不知道员工 2 的策略的博弈。根据上文可知，员工 2 和员工 3 都只有一个信息集，表示方法如图 4-10 所示。

在博弈中，所谓的"博弈先后顺序"，它主要是一个信息的概念，而不是一个纯时间先后的概念，所以博弈树不仅能表示动态博弈，还能表示静态博弈。在静态博弈的经典案例囚徒困境

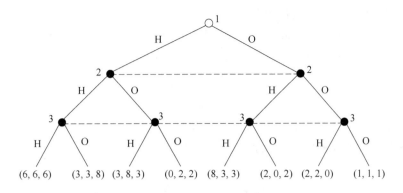

图 4-10　3 名员工都只有一个信息集的博弈

的博弈中，下面的两种博弈表达方式所表达的博弈内涵相同。在图 4-11 中，左图的博弈树表示由于嫌疑人甲不知道嫌疑人乙有没有坦白，所以对嫌疑人甲来说只有一个信息集；右图只是将嫌疑人甲、乙调换了博弈的位置，策略组合所导向的结果是完全一样的。这说明了博弈树中的博弈顺序并不是一个时间上的概念，而是代表逻辑上的决策先后顺序。

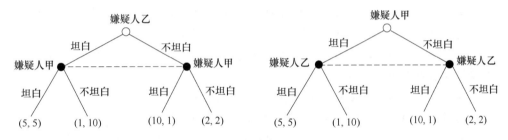

图 4-11　囚徒困境的博弈树

在完全且完美信息动态博弈（dynamic game with perfect and complete information）中，每个博弈参与者都知道在自己之前进行决策的参与者选择的策略和博弈结构。在博弈树中每个节点都独立构成一个信息集，没有用虚线连接两个或多个博弈树节点的情况。

4.3　逆向归纳法

求解完全且完美信息动态博弈的重要方法之一是逆向归纳法，这也是求解 4.4 节中所提的子博弈完美纳什均衡的最简单方法。逆向归纳法的逻辑基础是在动态博弈中先行为的理性博弈者在前面阶段的决策中会考虑后行为博弈者在后面阶段中将会选择怎样的行为，只有在博弈中最后一个阶段选择的，不再有后续阶段牵制的博弈方，才能直接做出明确的选择。当后面阶段博弈方的选择确定后，前一阶段博弈方的决策就变得简单了。其基本思路是从动态博弈中的最后一个阶段开始，局中人都根据效益最大化的原则进行动作的决策，然后逐步倒推至前一个阶段，直到博弈初始阶段的人进行行为的选择。在完全且完美的动态博弈中，先行为的理性博弈人在前面阶段选择策略时，必然会考虑后行为博弈者在后面阶段中将会怎样选择策略。逆向归纳法的特征为：

① 博弈的行为是顺序发生的，先行为的理性博弈者在前面阶段选择行为时必然会考虑后行为博弈者在后面阶段中将会怎样选择行为，只有在博弈最后一个阶段选择的，不再有任何后

续阶段影响的博弈者,才能直接做出明确的选择;

② 后面的博弈者在做出决策之前,所有以前的行为都可以被观察到,而当后面阶段博弈者的选择确定以后,前一阶段博弈者的行为也就容易确定了。

在博弈论中,有个非常著名的案例"海盗分宝博弈",我们通过分析这个案例来对逆向归纳法进行直观的介绍。

> **海盗分宝博弈**:5个海盗获得了100枚金币,但是就瓜分金币的规则产生了分歧。为了解决金币的归属问题,海盗们制定了如下规则。
>
> 5个海盗首先进行抽签,确定决策顺序。
>
> 5个海盗按照决策顺序依次提出对100枚金币的分配方案。
>
> 第一个海盗提出一个分配方案,如超过半数的海盗(包括提出分配方案的海盗)同意第一个海盗的分配方案,即大于等于3个海盗同意第一个海盗的分配方案时,那么该方案被通过,博弈结束。
>
> 如果第一个海盗提出的分配方案没有得到超过半数海盗的同意,那么第一个海盗将被扔到海里喂鲨鱼。
>
> 接下来由第二个海盗提出分配方案,如果超过半数的海盗,即大于等于3个海盗同意第二个海盗的分配方案时,那么该方案被通过,博弈结束。
>
> 如果第二个海盗提出的分配方案没有得到超过半数海盗的同意,那么第二个海盗也将被扔到海里喂鲨鱼。
>
> 接下来由第三个海盗提出分配方案,如果超过半数的海盗,即大于等于2个海盗同意第三个海盗的分配方案时,那么该方案被通过,博弈结束。
>
> 如果第三个海盗提出的分配方案没有得到超过半数海盗的同意,那么第三个海盗也将被扔到海里喂鲨鱼。
>
> 接下来由第四个海盗提出分配方案,如果超过半数,即剩下2个海盗都同意第四个海盗的分配方案时,那么该方案被通过,博弈结束。
>
> 如果第四个海盗提出的分配方案没有得到超过半数海盗的同意,那么第四个海盗也将被扔到海里喂鲨鱼。
>
> 这时就只剩下第五个海盗了,第五个海盗将独吞抢劫来的100枚金币,博弈结束。

在这种分配规则下,第一个海盗将提出怎样的分配方案?

第一个海盗提出的分配方案需要满足两个条件。

第一:保证超过半数的海盗同意第一个海盗的分配方案。

第二:第一个海盗需最大化自己能分到的金币。

如果直接从第一个海盗的决策策略入手,此问题相对复杂。

不妨从第五个海盗入手,然后按照从后向前的顺序依次逆向考察海盗的策略选择。利用逆向归纳法对海盗分宝博弈进行分析,如表4-1所示。首先从5号海盗开始,由于他是最后一个人,所以对他来说最优情况是前面的人都喂鲨鱼,他独吞100枚金币。4号海盗的生存机会取决于前面还有人活着,因为在只剩两个海盗的条件下,无论4号海盗提出怎样的方案,5号海盗都会否决。对于3号海盗,他知道无论自己怎样分配,4号海盗都会为了保命无条件赞成,因此他就会提出分给自己全部100枚金币,分给4号、5号海盗0枚金币这样的方案。在3

号海盗方案的基础上,2 号海盗会提出(98,0,1,1)的方案,因为这样 4 号和 5 号海盗至少可以获得一枚金币,这相比 3 号海盗的方案更有利,因此他们会投赞成票。依此类推,1 号海盗可以提出(97,0,1,2,0)或者(97,0,1,0,2)的方案,由于 1 号海盗的分配方案对于 3 号与 4 号或 5 号海盗来说,相比 2 号海盗的方案可以获得更多的效益,因此加上 1 号海盗自己至少会有 3 个海盗投赞成票。

表 4-1 通过逆向归纳法推导出的财宝分配方案

轮 次	分配方案提出者	分配方案
最后一轮	海盗 5	自己独吞全部 100 枚金币
倒数第二轮	海盗 4	不管提出什么方案都会被否决
倒数第三轮	海盗 3	分给自己 100 枚金币,不分给第四、第五个海盗
倒数第四轮	海盗 2	分给自己 98 枚金币,给第三个海盗 0 枚金币,给第四个海盗 1 枚金币,给第五个海盗一枚金币
第一轮	海盗 1	分配给自己 97 枚金币,给第二个海盗 0 枚金币,给第三个海盗 1 枚金币,给第四个海盗 2 枚金币,给第五个海盗 0 枚金币;或者给自己 97 枚金币,给第二个海盗 0 枚金币,给第三个海盗 1 枚金币,给第四个海盗 0 枚金币,给第五个海盗 2 枚金币

4.4 子 博 弈

4.4.1 子博弈的基本概念

子博弈是在动态博弈中由满足一定要求的原博弈局部构成的次级博弈。作为原博弈的一部分,它本身可以作为独立的博弈进行分析。子博弈包含博弈所需的各种信息,能独立构成一个博弈。

定义 4-3(子博弈)

由一个动态博弈第一阶段以外的某个阶段开始的所有后续博弈构成的,有完整的信息集和进行博弈所需要的全部信息,能够独自构成一个博弈且是原博弈的一部分,称为原动态博弈的一个子博弈。

从博弈树的角度来看,子博弈可以看作博弈树的子树,包含从单个节点开始的所有后代节点。一个博弈的子博弈需要满足以下 4 个特征:

① 子博弈的起始节点不能是原来博弈的起始节点;
② 子博弈不能分割信息集,即如果一个节点在子博弈中,那么包含此节点的整个信息集必须在此博弈中;
③ 有些博弈包含多个子博弈;
④ 有些博弈没有子博弈。

为了更好地介绍子博弈的概念以及划分子博弈的方法,我们以有两个信息集的 3 人罢工博弈的博弈树为例进行分析。如图 4-12 所示,该博弈树表示员工 3 不能观察到员工 2 的决策策略的情况,但是员工 2 知道员工 1 的策略,因此博弈树中有两个信息集,分别是信息集 1 和信息集2,分别表示员工1罢工及不罢工两种状态下,员工3不知道员工2决策情况下的信息集。我们知道在划分子博弈时不能将处在同一信息集的博弈分割开来,所以如果按照图4-13所示的方式划分子博弈,就会把信息集2割裂开来。这种划分方法虽然满足包含从单个节点开始的所有后代节点这一条件,但是它不满足包含此节点的整个信息集都在子博弈中这一条件,所以这种分割方法是错误的划分子博弈的方法。而按照图4-14所示的方法划分子博弈,可以看出这种划分方法在员工1选择罢工的条件下,将博弈的第二阶段也就是员工2进行动作选择的节点作为子博弈的起始节点,包含后续所有的后代节点,并且完整地包含信息集1。根据子博弈的定义可知,这种划分方法满足上述所有规则,所以按照图4-12左边方式划分出来的博弈树可以看作原博弈的一个子博弈。

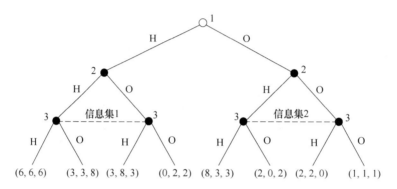

图 4-12 有两个信息集的博弈树

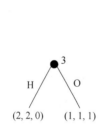

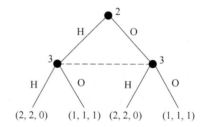

图 4-13 错误的子博弈树　　　　图 4-14 正确的子博弈树

根据上述子博弈的概念,逆向归纳法还可以理解为在求解动态博弈时,首先找到博弈顺序在最后一级的子博弈,找到子博弈中博弈参与者的最优策略选择,然后按博弈顺序由后向前逆向归纳,直至博弈树的初始节点,从而找到使动态博弈达到均衡的策略组合,这种均衡被称作子博弈完美纳什均衡。

4.4.2　子博弈完美纳什均衡

给出子博弈的概念后,就可以引出分析动态博弈的"子博弈完美纳什均衡"的概念,在这里我们用通俗的语言来阐述子博弈完美纳什均衡的定义。

定义 4-4(子博弈完美纳什均衡)

如果在一个有限完全信息动态博弈中,各个博弈者的策略组合满足在整个动态博弈及其子博弈中都构成纳什均衡,那么这个策略组合称为该动态博弈的一个"子博弈完美纳什均衡"。子博弈完美纳什均衡包含两层含义:①它是原博弈的纳什均衡;②它在每一个子博弈上都给出纳什均衡。

在静态博弈分析中，我们所说的战略是指参与人声明他们将做出何种选择，而他们往往也是按照声明做出实际选择的；在动态博弈中，战略尽管仍具有这种含义，但在博弈的行为策略选择上，后进行选择的博弈者可以根据博弈进行到此时对参与人所获效益最大的方式选择行动，而放弃事前所声明的行动。这意味着在动态博弈中，即使参与者按照事前所声明的战略组合构成一个纳什均衡，而这些战略又规定了各个参与人在其所有信息集上的选择，这些行动选择也可能并非参与人在对应信息集上的最优行动选择。而当博弈实际进行到那些由纳什均衡战略规定的行动并非最优行动选择的信息集时，按照人性的假设，可以想象参与人为了自己的效益考虑并不会按照纳什均衡战略所规定的方式去选择，而是选择可以获得最大效益的最优行动。在这种情况下，纳什均衡就是不可信的，即不能作为模型的预测结果，按照"完美"纳什均衡的思想，应将其消掉。这就是子博弈完美纳什均衡与纳什均衡的不同，二者的根本区别就在于子博弈完美纳什均衡能够排除均衡策略中不可信的威胁或承诺，因此是真正稳定的，而不是子博弈完美的纳什均衡做不到这一点。博弈论专家常常使用"贯序理性"的概念，是指不论过去发生了什么，博弈者应在博弈的每个节点上都最优化自己的策略。子博弈完美纳什均衡的理念就是要求博弈者应该是"贯序理性"的。

引入子博弈完美纳什均衡的目的就是解决纳什均衡无法排除的不可信的行为选择问题。如前文所讲，在纳什均衡中会存在选择的策略组合包含不可信行为的情况，这些不可信行为在博弈的子博弈中没有使某一方博弈者的自身效益最大化，因而在子博弈中不构成纳什均衡，子博弈完美纳什均衡要求所有子博弈都满足纳什均衡，就排除了存在不可信行为选择的可能性，从而在动态博弈分析中具有真正的稳定性。

针对纳什均衡中的可信性问题、逆向归纳法的使用问题以及子博弈完美纳什均衡问题，我们都以投资博弈问题为例进行分析介绍。

> **投资博弈问题**：投资博弈的场景如下。甲需要四百万元去新建一座工厂，但是他此时还差一百万元的资金，而乙可以拿出一百万元来与甲合作。这时，甲需要与乙进行商议，并承诺如果乙愿意出资一百万元来合作开厂，获得的利润可以二人平分。那么乙此时是否应该出资与甲合作呢？假设工厂的产出是可以得到保障的，乙所需要考虑的问题仅是在合作之后，甲是否会信守承诺付给自己一半的利润。因为万一甲携款潜逃或者毁约，乙将亏损一百万元。

如图 4-15 所示，乙有投资和不投资两种选择，如果乙选择不投资，则博弈会因为甲没有足够的资金建厂而停止，此时甲得不到建厂的利润，乙也得不到分红，但是可以保住本金。如果乙决定要投资，甲就有足够的资金建厂，此时又到达了甲的信息集。甲需要选择是如约和乙进行五五分红还是要毁约不给乙承诺的利润。如果进行分红，则甲会获得二百万元的利润，而乙的一百万元的成本也会涨到二百万元。如果甲选择毁约不进行分红，则可以独吞这四百万元，而乙也将亏损原本的那一百万元的投资资金。在博弈中，我们认为博弈者会以保障自身的最大效益为首要原则进行决策。在这样的原则下，甲会选择毁约不与乙分红而独吞这四百万元。此时乙也很清楚甲的想法，所以对于乙来说选择不投资而保住自己一百万元的本金为最合理的决策。

承诺没有约束性，使得甲、乙会有信任危机，从而使合作变为不可能。如果对承诺加以约束，使得甲愿意遵守诺言，情况会变得不一样。在这里，乙可以在甲违约时对甲提起诉讼，由于法律是公正且权威的，所以乙一定会胜诉。考虑上诉的经济成本，最终结果是甲会失去所有收入，而乙会拿回之前投资的一百万元。这样一来，博弈就会变成图 4-16 中博弈树所表示的三阶段动态博弈。加入第三阶段的博弈后，原博弈结果会变得跟原来不同。因为当博弈进行到甲决定不遵守承诺时，乙会通过上诉来保住自己的本金，这样一来，甲一分钱都得不到；如果甲选择遵守约定五五分成，这样甲还可以得到二百万元的利润。所以在第二阶段的博弈中，甲会选择给乙分红来实现自己的效益最大化。

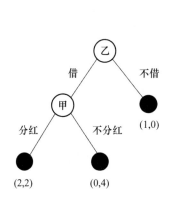

图 4-15　投资博弈　　图 4-16　诉讼有利的投资博弈

如果条件再进行一些改变，在第三阶段中，由于打官司的成本太高且证据不够充分，如果乙选择打官司的话会导致乙不仅无法收回自己的成本，还要自己倒贴律师费和诉讼费，甲也会因涉嫌毁约被处罚而得不到效益。其决策树如图 4-17 所示，含义为第三阶段乙选择打官司但是要倒贴一百万元的损失，在这种情况下，乙在这个阶段选择打官司的威胁就变得不再可信，变成了空头威胁。因为如果不考虑个人被欺骗的情感，单纯从效益的角度出发，这个选择虽然会让甲颗粒无收，但是乙自己也要搭进去更多的钱，从效益的角度看打官司是不够理性的。此时甲虽然会有乙发起诉讼而损失利润的担忧，但是他也清楚乙选择打官司会恶化乙自身的财务状况，所以这个威胁是不可信的，甲最终还是会选择不分红，独吞所有利润。乙知道如果诉讼威胁变得不可信，那么之前与甲达成的协议甲一定不会遵守，所以对乙来说，一开始就拒绝甲的投资邀请是最明智的选择。

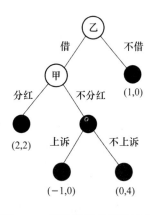

图 4-17　诉讼不利的投资博弈

针对上述几个投资博弈的情况，我们不难看出在动态博弈问题中，各个博弈方的选择和博弈结果与博弈阶段选择行为的可信程度密切相关。即使博弈中的某一方扬言要采取某些行为来制约对方的行为决策，但如果这些行为本身会损害博弈者本人的效益，那么行为就不具有可信性。这种可信性问题对纳什均衡在动态博弈中的有效性提出了质疑。

我们还以投资博弈问题的第三种情况为例，用静态博弈中的纳什均衡来对该博弈进行分析。根据纳什均衡的定义，我们可知如果乙在甲提出投资邀请后选择了"投资合作"，在甲第二阶段选择"毁约"后，乙在第三阶段选择"打官司"；甲在第二阶段选择"遵守约定"，这种情况下的策略组合构成纳什均衡。按照这个双方所选择的策略，策略所导向的结果都是可以获得最大的效益的。如果有一方单独偏离都会对自己的效益造成损失。在这里，根据乙第一和第三阶段的策略，甲在第二阶段选择"遵守约定"分红是可以获得最大效益的，因为如果不遵守约定就会吃官司，得不偿失。而根据甲第二阶段选择"遵守"的策略，第一阶段选择"合作"以及第三阶段选择毁约后"打官司"也是可以使自己获得最大效益的，这样一来，这个策略组合就满足了纳什均衡。如果按照静态博弈中纳什均衡的性质，这个策略组合是具有稳定性的，而且该策略组合导向的结果是一种双赢的结果，按理说博弈双方都会遵守。

但是实际情况是，前文已经对这种情况进行了分析，即乙一开始就不会选择投资，这似乎和上文所述的纳什均衡的情况完全相反。问题的源头就在于在动态博弈中，纳什均衡具有不稳定性。纳什均衡不稳定的原因在于乙在选择打不打官司时，"打"这个选项明显是缺乏可信性的，因为这样做不符合自身效益最大化这一博弈的基本原则，而甲深知这一点，所以乙去上诉甲毁约这一威胁显得十分没有力度，甲自然在第二阶段的选择中会选择使自身效益更大的"毁约"，乙自己也深知自己的威胁没有效力，如果投资给甲，甲一定会毁约，所以一开始也不会选择投资。由此我们可以看出，在动态博弈中，除了要保证纳什均衡外，还需要一种方法去排除博弈中所有的不可信威胁，来保证博弈结果的可靠性。

在上面几种不同场景的投资博弈分析中，可以看出我们还是可以排除不可信行为的干扰，对甲、乙的最优选择做出正确的判断，这就是逆向归纳法的功劳。事实上，我们在前文分析博弈情况时，都是默认采用逆向归纳法进行分析的。前文提到，逆向归纳法的前提是博弈中的先行方在进行决策时必然会考虑后进行决策的人会做出怎样的选择，只有博弈中最后一个做选择的人才可以直接做出选择。在运用逆向归纳法解决动态博弈问题时，都要从可以直接做出选择的情况也就是博弈的最后一阶段入手，判断博弈者的选择以及博弈结果，这一阶段的博弈结果就可以作为前一阶段的条件来使用，这样一来，前一阶段此时就变成了博弈的最后一个阶段，博弈者就可以直接进行行为的选择。这个过程可以反复执行直到第一个博弈者做完选择。逆向归纳法保证了在博弈的每一个阶段都使得博弈者自身的效益最大化，有效地排除了不可信选择的威胁，因此逆向归纳法是对动态博弈做出合理分析的有效手段。换句话说，逆向归纳法求解出来的策略组合是满足子博弈完美纳什均衡的。

同样以投资博弈问题中的第三种情况为例。仔细分析不难发现，在博弈进行的第三阶段，乙选择"打官司"这一行为并不是该子博弈的一个纳什均衡。根据子博弈完美纳什均衡的定义，其要求博弈中的每个子博弈都构成纳什均衡。由此可看出上述策略组合满足子博弈完美纳什均衡的条件。通过逆向归纳法推导可知，在此条件下，乙在第一阶段选择"不投资"，甲在第二阶段选择"毁约"，乙在第三阶段选择"不打官司"才是一个满足子博弈完美纳什均衡的策略组合，因为博弈双方不仅在整个博弈中构成纳什均衡，在各级子策略上也符合纳什均衡的条件，这样就消除了不可信问题对博弈的影响，使博弈达到一个真正稳定的结果。

一个有趣的现象是，在上述的博弈中，在乙选择"不投资"之后，随后的策略即甲"毁约"，乙"上诉"都不会发生，我们称这两个策略对应的选择节点"不在均衡路径上"。即使不在均衡路径上的动作实际不会发生，他们的选择也是很重要的，也是构成子博弈完美纳什均衡的一部分。子博弈完美纳什均衡必须在进行博弈的双方的每一个决策节点上都做出选择，无论在不在均衡路径上，都必须在相应的子博弈中构成纳什均衡，这也是一个消除不可信威胁或是承诺的关键步骤，否则就不能保证这个策略组合是子博弈完美的纳什均衡。

子博弈完美纳什均衡在动态博弈中的作用与纳什均衡在静态博弈中的作用一样，是分析博弈问题最核心的方法和基本切入点。在对动态博弈相关问题进行分析时，要首先找出它们的子博弈完美纳什均衡，判断一个满足纳什均衡的策略组合可不可信时要判断这个策略组合是不是子博弈完美纳什均衡。

4.5 重复博弈

4.5.1 重复博弈的基本概念

> **石头剪刀布的重复博弈**：石头剪刀布的例子前面已经叙述很多了，这里不再对其中的效应进行讨论。举石头剪刀布的例子是为了引发大家对重复博弈的思考，图4-18所示为石头剪刀布统计学概率，可作为参考。

布	石头	剪刀
29.6%	35.4%	35%

图 4-18 石头剪刀布统计学概率

如何靠经验取胜？

① 石头开始：男性总是喜欢第一次出石头。所以如果你和一位男性玩石头剪刀步，你可以试着第一次出布。

② 剪刀赢布：有经验的玩家往往会第一次出布。如果你遇到这种玩家，你可以用剪刀。

③ 直接出布：如果无法预测，则按概率统计直接出布。

三局两胜：

① 两次石头：如果对手出了两次石头，可以推断对手下次可能会出剪刀或布。

② 模仿别人：没有经验的人通常会下意识地模仿你的最后一次出拳。

③ 赛前观察：观察对手的出招策略和偏好。

提问：重复博弈和单次博弈结果会有何不同？

虽然在形式上是基本博弈的重复，但在重复博弈中玩家的行为和结果不一定是基本博弈的简单重复。

当阶段游戏开始重复时，即双方的合作不止一次，可能是长期合作，我们就不能考虑即时利益，即阶段博弈的纳什均衡，而是考虑重复博弈的总效益。此时，双方需要保持默契合作，前提是这种合作对双方都有利，如果一方选择背叛，另一方将采取不合作的方式对其进行惩罚。因此，在重复博弈中，双方的最佳选择是"合作"。

定义 4-5（重复博弈）

给定一个基础博弈 G，重复进行 T 次，并且在每次重复 G 之前各博弈方都能观察到以前博弈的结果，这样的博弈过程称为 G 的 T 次重复博弈，记为 $G(T)$，G 则称为 $G(T)$ 的原博弈。$G(T)$ 中的每次重复都称为阶段博弈[3]。

假设阶段博弈是有限的 i 个参与人在有限个行动空间 A_i 中同时行动，其中阶段博弈的效益函数为 $g_i: A \to \mathscr{R}$，这里 $A = \sum \mathscr{A}_i$，令 $\mathscr{A}_i$ 为 A 上的概率分布空间，$\mathscr{R}$ 为经过效益函数映射的效益输出。

如果指定参与人的策略空间和效益函数，参与人在每轮开始前都可以观察到上轮博弈采取的行动。因此，令 $a^t = (a_1^t, \cdots, a_i^t)$ 为第 t 轮完成的行动。然而第一阶段博弈时并没有历史记录,也就是没有 h^0 的记录。所以,$h^t = (a^0, a^1, \cdots, a^{(t-1)})$ 可以被认为是第 t 轮阶段博弈前的所有参与者的历史行为。

在重复博弈的过程中所有参与者都可以观测到 h^t,每个阶段博弈参与人 i 采取的策略都是 s_i^t,参与人 i 的重复博弈策略为 $s_i = (s_i^0, \cdots, s_i^t)$,同时在策略下选择的行动 $a_i^t \in A_i$,因此参与人可以根据以前的博弈结果以及博弈策略,决定下一阶段博弈的行动。

根据阶段博弈的重复次数,重复博弈可分为有限次重复博弈和无限次重复博弈。有限次重复博弈意味着阶段博弈的重复次数是有限的。当重复博弈没有可预测的结束时间时,博弈双方主观上认为博弈会继续,可以将其视为无限次重复博弈。一般来说,有限次重复博弈和无限次重复博弈有不同的平衡解。

每个阶段重复博弈的效益在时间上都有先后之分,当重复次数较少且重复间隔不长时,可以不用考虑。对于重复次数多、重复间隔长的重复博弈比赛,我们不能忽视它。此时,由于心理功能、资本等外部因素,不同阶段的效应价值对人们当前的行为选择的影响是不同的。如何处理未来效益对当前决策的影响?解决这个问题的方法是引进将后一阶段效益折算成当前阶段效益的贴现因子 δ(对于贴现因子的详细解释可以参考 7.2.2 节说明 1)。

如果一个 T 次重复博弈的某博弈方在某一均衡下各阶段效益分别为 $\pi_1, \pi_2, \cdots, \pi_T$,则考虑时间价值的重复博弈总效益的现在值为

$$\pi = \pi_1 + \delta \cdot \pi_2 + \delta^2 \cdot \pi_3 + \cdots + \delta^{T-1} \cdot \pi_T = \sum_{t=1}^{T} \delta^{t-1} \pi_t$$

在无限次重复博弈路径下,某博弈方各阶段效益分别为 $\pi_1, \pi_2, \cdots$,则该博弈方总效益的当前值就是

$$\pi = \pi_1 + \delta \cdot \pi_2 + \delta^2 \cdot \pi_3 + \cdots = \sum_{t=1}^{\infty} \delta^{t-1} \pi_t$$

无限次重复博弈也可以写成 $G(\infty, \delta)$。

随机停止可理解为通过抽签来决定是否停止重复,设抽到停止的概率是 p,重复下去的概率为 $1-p$。

设某博弈方的阶段效益为 π_t,利率为 γ。因为在第一次博弈以后能继续下一次重复的可能性是 $1-p$,第二阶段的期望效益为 $\frac{\pi_2(1-p)}{1+\gamma}$,进一步第三阶段的期望效益为 $\frac{\pi_3(1-p)^2}{(1+\gamma)^2}$,$\cdots$,所以该博弈方在该重复博弈中的期望效益的当前值为

$$\pi = \pi + \frac{\pi_2(1-p)}{1+\gamma} + \frac{\pi_3(1-p)^2}{(1+\gamma)^2} + \cdots = \sum_{t=1}^{\infty} \pi_t \frac{(1-p)^{t-1}}{(1+\gamma)^{t-1}} = \sum_{t=1}^{\infty} \delta^{t-1} \pi_t$$

其中最后一个等式是通过 $\frac{1-p}{1+\gamma} = \delta$ 得到的,这样就把已知概率的随机停止重复博弈与无限次重复博弈统一起来了。

4.5.2 有限次重复博弈

有限次重复博弈的均衡解不同于同一无限次重复博弈的均衡解。例如,在囚徒困境的经典例子中,如果这一轮是最后一场博弈,则过程用逆向归纳法进行分析,那么有限次重复博弈的最后一场博弈与基本阶段博弈没有什么不同。而且对方的背叛不会遭到报复,因为没有下一场比赛,自然就没有进一步的合作,双方都会选择背叛。

因此，有限次重复博弈以"总是背叛"结束，这是子博弈唯一的完美均衡结果。

有限次重复博弈是指在若干离散时间段或回合内重复进行同一阶段博弈的过程。每个时间段的索引都为 $0<t<T$，其中 T 是周期总数，玩家的最终效益是他们每轮效益的总和，即有限次重复博弈 $G(T)$ 的效益为 T 次阶段博弈效益的简单相加。

定义 4-6（子博弈精炼解）

阶段博弈 G 有唯一的纳什均衡，则对任意有限的 T 次，重复博弈 $G(T)$ 有唯一的子博弈精炼解，即 G 的纳什均衡结果在每一阶段重复进行，重复次数较少的有限次重复博弈可以不考虑不同阶段效益的贴现问题。

（1）两人零和博弈的有限次重复博弈

重复零和博弈不会创造出新的利益。如重复进行猜硬币博弈，不管两个博弈方如何选择，每次重复的结果都是一方赢一方输，效益相加为 0。因此在零和博弈或者它们的重复博弈中，双方合作的可能性根本不存在。

（2）唯一纯策略纳什均衡博弈的有限次重复博弈[4]

如果原博弈唯一的纳什均衡没有达到帕累托效率，在有限次重复博弈中能不能实现合作和提高效率呢？

> **两阶段囚徒困境博弈**：这里借用 2.3 节的囚徒困境博弈例子在两阶段场景下进一步叙述。

对于图 4-19 所示的囚徒困境游戏，考虑重复游戏两次。第二阶段采用反向归纳法进行分析。因为这一阶段仍然是囚徒困境博弈，结果是原始博弈的唯一纳什均衡（坦白，坦白），双方的利益为（2，2）。回到第一阶段，理性的游戏玩家会知道第二阶段的结果必须是（坦白，坦白），所以第二阶段的收入可以直接加到第一阶段的收入中，如图 4-20 所示。因此，就像第二阶段一样，最后两次重复的囚徒困境仍然等同于第一阶段囚徒困境博弈的简单重复。

	坦白	抵赖
坦白	2, 2	0, 3
抵赖	3, 0	1, 1

图 4-19　囚徒困境博弈

	坦白	抵赖
坦白	4, 4	2, 5
抵赖	5, 2	3, 3

图 4-20　递推归纳法和等价博弈

如果原博弈具有唯一的纯策略纳什均衡，则有限次重复博弈的唯一均衡是各博弈方在每个阶段都采用原博弈的纳什均衡策略。

定理 4-1　设原博弈 G 有唯一的纯策略纳什均衡，则对任意正整数 T，重复博弈 $G(T)$ 有唯一的子博弈完美纳什均衡，即各博弈方每个阶段都采用 G 的纳什均衡策略。各博弈方在 $G(T)$ 中的总效益为 G 中效益的 T 倍，平均效益等于原博弈 G 中的效益。

> **三价博弈的重复博弈**：设一市场有两个生产同质产品的厂商，他们的策略及对应效益如图 4-21 所示。该博弈有两个纯策略纳什均衡（M，M）和（L，L），而策略组合（H，H）并不是纳什均衡。一次性博弈不可能出现这个效率最高的策略，那么两次重复这个博弈情况会如何呢？

第 4 章 完全信息动态博弈与子博弈完美纳什均衡

		厂商2		
		H	M	L
厂商1	H	5, 5	0, 6	0, 2
	M	6, 0	3, 3	0, 2
	L	2, 0	2, 0	1, 1

图 4-21 三价博弈

两次重复该博弈的纯策略路径有 $9 \times 9 = 81$ 种，如果再考虑混合策略，路径数量就更大。在所有这些路径中，一定含有在第一阶段采用(H,H)的子博弈完美纳什均衡，双方的策略如下。

博弈方 1：第一次选 H；如果第一次结果为(H,H)，则第二次选 M；如果第一次结果为任何其他策略组合，则第二次选 L。

博弈方 2：同博弈方 1。

证明：首先，第二阶段的策略组合(M,M)是原博弈的纳什均衡，没有一方愿意单独偏离；其次，虽然第一阶段的(H,H)不是原博弈的纳什均衡，如果一方偏离策略，单独采用 M，可以增加 1 个单位的收入，但这样做的后果是另一方将在第二阶段采用带有"报复机制"的策略，偏离方将损失至少 2 个单位的收入。因此，偏差(H,H)不值得损失。合理的选择是坚持 H，在这种情况下(H,H)是稳定的。第一阶段(H,H)和第二阶段(M,M)构成了博弈的子博弈，即完美纳什均衡。

在上述重复博弈中，双方采取的策略是首先探索合作。一旦发现对方不合作，也会以不合作的方式进行报复，这被称为"触发策略"。上述触发策略的第二阶段为条件选择，即当第一阶段为(H,H)，第二阶段为(M,M)且效益为(3,3)时；当第一阶段是其他 8 个结果时，第二阶段是(L,L)，效益是(1,1)。

如果将(3,3)加到第一阶段(H,H)的效益中，并将(1,1)加到第一阶段其他策略组合的相应效益中，则原来的两个重复博弈将成为等价的一次性博弈，其效益矩阵如图 4-22 所示。

		厂商2		
		H	M	L
厂商1	H	8, 8	1, 7	1, 3
	M	7, 1	4, 4	1, 3
	L	3, 1	3, 1	2, 2

图 4-22 两次重复三价博弈的等价博弈

经过这种转换，(H,H)成为纳什均衡，是两个博弈方的最佳策略组合（帕累托最优策略均衡），因此两个博弈方必然采用它。当重复次数较多时，平均回报率接近一次性博弈的回报率(H,H)。

上述触发策略有一个值得深思的问题，即报复机制的可信度。当上述触发策略对偏离均衡的玩家进行报复时，报复者也将遭受损失。如果报复者可以忽略过去的不满，仍然与另一方采用同样的 M 策略，对他也是有利的，但这将不可避免地导致上述触发策略是否真的可信的问题。

如果认为博弈者不可能真正采用触发策略，则无论第一阶段的结果如何，第二阶段都是

(M,M),以实现纳什均衡,从而获得更大的效益,并使双方都受益(3,3)。

我们在第一阶段的所有效益上加(3,3),就得到这种情况下的两次重复博弈的等价一次性博弈,如图 4-23 中效益矩阵所示。

厂商2

		H	M	L
厂商1	H	8, 8	3, 9	3, 5
	M	9, 3	6, 6	1, 3
	L	5, 3	5, 3	4, 4

图 4-23　三价博弈的等价博弈:不可信报复

这时第一阶段的最佳选择不是(H,H),而是(M,M)。这意味着两次重复博弈的均衡路径是两次重复(M,M),即原博弈效率较高的一个纳什均衡。

实际上,触发策略中报复机制的可信性是一个很复杂的问题,会受到相互预期等很多复杂因素的影响。例如前面图 4-21 讨论的博弈,如果试图合作的一方并不想报复偏离的一方,继续坚持采用 H,而偏离的一方却因为害怕报复而采用了 L,结果是心慈手软试图合作的一方再次受到重大损失。这种可能性的存在无疑会使报复机制实施的可能性大大增加。

如何提高触发策略的可信度呢?接下来看看下面这个例子中效益矩阵表示的这个静态博弈的两次重复博弈。

两阶段静态博弈:见图 4-24,左方是参与人 1 的博弈行动,上方是参与人 2 的博弈行动。该博弈进行两次,双方第二次博弈的时候都清楚上一轮博弈的选择与结果。

	L_2	M_2	R_2	P_2	Q_2
L_1	1,1	6,0	0	0	0
M_1	0,6	5,5	0	0	0
R_1	0	0	4,4	0	0
P_1	0	0	0	5,1	0
Q_1	0	0	0	0	1,5

图 4-24　两阶段不唯一均衡博弈

可以看得出来(L_1,L_2),(R_1,R_2),(P_1,P_2),(Q_1,Q_2)有 4 个纳什均衡。然而在单次博弈下,双方无法预测对方会选择什么,但是如果是两阶段博弈,情况就不一样了。

从前文来看,两阶段博弈最有可能实现的合作是(M_1,M_2),(R_1,R_2),因为在第一阶段博弈时(M_1,M_2)博弈能够实现利益最大化,然而在第二阶段博弈时,双方都可以选择对自己更有利的(L_1,M_2)或(M_1,L_2),因为第二回合博弈后就结束了,尽管有一方"背叛",但并不会得到惩罚。

那我们讨论一下如果第一阶段博弈就发生"背叛"的话,下一阶段会发生什么惩罚呢?
如果第一阶段参与者 1 不选择 M_1,那么参与者会在第二阶段选择 Q_2,因为当参与者 2 不再信任参与者 1 会再与其合作,那么参与者 2 会选择对自己最有利的 Q_2 策略,参与者 1 在第二阶段为了效益只能选择 Q_1,参与者 2 会获得最多的利益。

如果第一阶段参与者 2 不选择 M_2,同理参与者 1 会在第二阶段选择 P_1。
如果第一阶段参与者 1 不选择 M_1,参与者 2 不选择 M_2,那么第二阶段双方的选择是(P_1,Q_2)。

从效益上来讲,当两阶段都进行合作的时候,即(M_1,M_2),(R_1,R_2),合作双方的效益为 5+4=9。对于背叛的情况,背叛者参与者1的效益是6+1=7,即(L_1,M_2),(Q_1,Q_2),参与者2的效益是0+5=5。

双方的上述触发策略组合构成了重复博弈的子博弈完美纳什均衡,双方触发策略中的报复是可信的,因为双方触发策略中的报复机制不仅是纳什均衡,也有利于报复者自己。

事实上,市场竞争对手很难理解重复博弈的结构。制造商很难预测何时结束运营,也不清楚与竞争对手的竞争何时是最后一场比赛。因此,只要竞争周期足够长,并且竞争双方都希望在未来玩很多博弈,那么竞争的规模可能是无限的,从而导致制造商在竞争中相互合作。

4.5.3 无限次重复博弈

重复博弈策略:
做好人,还是做坏人

对于有限次重复博弈,最后一次重复破坏了双方的合作,打破了均衡状态。无限次重复博弈不存在最终阶段,不同阶段收入的价值差异不容忽视。必须考虑贴现系数。博弈方选择和博弈均衡分析必须基于平均收入或总收入的现值。无限次重复博弈与有限次重复博弈的相似之处在于,试图"合作"并惩罚"不合作",这是实现均衡的关键,也是构建有效均衡策略的重要支撑。

二人零和博弈的有限次重复博弈与一次性博弈没有本质区别。那么,在无限次重复的游戏中,情况会发生变化吗?

两人零和对策的无限次重复和有限次重复的结果是相同的,因为重复次数的无限增加不能改变原始博弈中博弈双方的利益对立关系,也不能创造潜在的合作利益。因此,在该博弈的无限次重复中,博弈双方仍然按照当时的最大利益行为,采用原博弈的混合策略纳什均衡。

混合策略纳什均衡分为两种情况。

① 一种是博弈唯一的纳什均衡本身是帕累托效率意义上的最佳策略组合,已经符合各博弈方最大利益的情况,不需要继续讨论。

② 另一种则是唯一的纳什均衡并不是效率最高的策略组合,因此存在潜在合作利益的囚徒困境式的博弈。

我们主要关注的是后一种情况。

> **囚徒的困境式博弈的无限次重复博弈**:图4-25所示为寡头削价竞争博弈的无限次重复,其中H和L分别表示高价(不削价)和低价(削价)策略。

		博弈方2	
		H	L
博弈方1	H	−5, −5	0, −8
	L	−8, 0	−1, −1

图 4-25 两寡头削价竞争博弈

该博弈的阶段博弈有唯一的纯策略纳什均衡(L,L),双方效益为(1,1),这并不是帕累托效率意义上的最佳策略组合。在这个博弈的无限次重复博弈中,假设两博弈方都采用如下触发策略:第一阶段采用H,在第t阶段,如果前$t-1$阶段的结果都是(H,H),则继续采用H,否则采用L。

不难证明,在贴现因素δ较大时,双方采用上述策略构成无限次重复博弈的一个子博弈完美纳什均衡。

首先证明双方采用的上述触发策略是一个纳什均衡。

如果博弈方 2 采用低价策略,那么在第一阶段能得到 5,但会引起博弈方 1 一直采用低价的报复,而自己也只能一直采用低价策略,效益将永远为 1,总效益为

$$\pi = 5 + 1 \cdot \delta + 1 \cdot \delta^2 + \cdots = 5 + \frac{\delta}{1-\delta}$$

如果博弈方 2 采用高价策略,则在第一阶段他的效益为 4,下一阶段又面临同样的选择。

若记 V 为博弈方 2 在该重复博弈中每阶段都采用最佳选择的总效益当前值,那么从第二阶段开始的无限次重复博弈与从第一阶段开始的无限次重复博弈只相差一阶段,因而可以看成两个相同的无限次重复博弈过程,其总效益的当前值可折算成第一阶段的效益,为 $\delta \cdot V$,当第一阶段的最佳选择是高价时,整个无限次重复博弈的总效益当前值为 $V = 4 + \delta \cdot V$ 或 $V = 4/(1-\delta)$,因此,当

$$\frac{4}{1-\delta} > 5 + \frac{\delta}{1-\delta}$$

即 $\delta > 1/4$ 时,博弈方 2 会采用高价策略,否则会采用低价策略。即当 $\delta > 1/4$ 时,博弈方 2 对博弈方 1 触发策略的最佳反应是第一阶段采用高价策略。

由于从第二阶段开始的无限次重复博弈与从第一阶段开始的无限次重复博弈完全相同,因此第二阶段的玩家选择必须是高价策略,第三阶段也是如此,依此类推。只要玩家 1 采用上述触发策略,玩家 2 的最优选择总是高价策略。当然,如果玩家 1 背叛了高价选择,玩家 2 也必须以低价进行报复。因此,玩家 2 对玩家 1 的触发策略的完全响应策略是相同的触发策略。这证明双方采用的上述触发策略是一种纳什均衡。

因为重复博弈的子博弈就是重复一定次数后的所有重复博弈过程,因此,无限次重复博弈的子博弈仍然是无限次重复博弈。

博弈双方的触发策略在所有子博弈中仍然构成相同的触发策略,因此也必然是这些子博弈的纳什均衡。所以,上述触发策略的组合构成了整个无限次重复博弈子博弈的完美纳什均衡,均衡路径是博弈双方在每个阶段都选择高价策略。

通过对两寡头间降价竞争的无限次重复博弈的分析,可以看出在囚徒困境博弈中阶段博弈无法实现的潜在合作利益,在无限次重复博弈的情况下可以实现。

4.5.4 无限次重复古诺模型[5]

1. 无限次重复古诺模型和支持垄断产量的条件

2.3 节已经对古诺模型进行单阶段的叙述,下面开始解析无限次重复博弈的古诺模型。

假设市场出清价格为 $P = 8 - Q$,其中 $Q = q_1 + q_2$ 为市场总产量,q_1 和 q_2 分别为厂商 1 和 2 的产量(策略),设两厂商都无固定成本,边际成本都为 2。

因此,一次性博弈存在唯一的纳什均衡(2,2),也称为"古诺产量",用 q_c 表示。如果该市场是一家厂商垄断,那么最佳垄断产量为 $q_m = 3$,纳什均衡的总产量 4 大于垄断产量 3。如果两厂商各生产垄断产量的一半 1.5,则两厂商效益都会增加,但这在一次性静态博弈中不可能实现,在有限次重复博弈中也不可能实现。

在现实经济中,寡头之间年复一年的产量竞争可以看作无限次重复博弈。在无限次重复的古诺模型中,博弈方的行为和博弈的均衡又会怎样呢?

可以证明当贴现率 δ 满足一定条件时,两厂商都采用下列触发策略构成一个子博弈完美纳什均衡:在第一阶段生产垄断产量的一半 1.5;在第 t 阶段,如果前 $t-1$ 阶段的结果都是(1.5, 1.5),则继续生产 1.5,否则生产古诺产量 $q_c=2$。

双方都采用上述触发策略的博弈路径为每阶段生产产量(1.5, 1.5),双方每阶段的效益都是 $\pi=4.5$。设厂商 1 已采用该触发策略,如果厂商 2 也采用该触发策略,则每期效益为 4.5,无限次重复博弈总效益的现在值为

$$4.5 \times (1+\delta+\delta^2+\cdots) = \frac{4.5}{1-\delta}$$

如果厂商 2 偏离上述触发策略,则他在第一阶段(对于无限次重复博弈而言,在其他阶段也一样)所选产量应该是在给定厂商 1 产量为 1.5 的情况下,自己的最大利润产量满足

$$\max_{q_2}[(8-1.5-q_2)q_2-2q_2] = \max_{q_2}(4.5-q_2)q_2$$

解之得 $q_2=2.25$。此时的利润为 $2.25^2=5.0625$,高于不偏离触发策略时第一阶段的效益 1.5。但是,从第二阶段开始,厂商 1 将报复性地永远采用古诺产量 2,这样厂商 2 也被迫永远采用古诺产量,从此利润为 4。因此,无限次重复博弈第二阶段偏离的情况下总效益的现在值是

$$5.0625+4(\delta+\delta^2+\cdots) = 5.0625+\frac{4\delta}{1-\delta}$$

当 $\frac{4.5}{1-\delta} \geqslant 5.0625+\frac{4\delta}{1-\delta}$,即 $\delta \geqslant \frac{9}{17}$ 时,上述触发策略是厂商 2 对厂商 1 的同样触发策略的最佳反应,否则偏离是他的最佳反应。

在上述情况下,实际上古诺模型已转化为在两种策略(垄断产量的一半 1.5 和偏离产量 2.25)之间的囚徒困境博弈,因此,根据前面得到的结论,当 $\delta \geqslant \frac{9}{17}$ 时,双方都采用上述触发策略是一条子博弈完美纳什均衡路径。当 $\delta < \frac{9}{17}$ 时,偏离是厂商 2 对厂商 1 的触发策略的最佳反应。

2. 低水平的合作

当 $\delta < 9/17$ 时,上述触发策略不可能是无限次重复博弈的纳什均衡,更不用说子博弈完美纳什均衡,但是,远期利益的存在($\delta>0$)毕竟是有一定影响的,很可能会促使各厂商的产量维持在 $0 \sim \frac{q_m}{2}$ 之间。设这个产量为 q',我们引进如下触发策略:

第一阶段生产 q';在第 t 阶段,如果前 $t-1$ 阶段的结果都是(q', q'),则继续生产 q',否则生产古诺产量 q_c,双方都采用该触发策略时博弈路径为每阶段都是(q', q'),则两厂商每阶段的效益都为 $\pi'=(6-2q')q'$。

假设厂商 1 已采用上述触发策略,厂商 2 如果也采用该触发策略,则它每期的效益都是 $\pi'=(6-2q')q'$,无限次重复博弈效益的现在值为 $\frac{\pi'}{1-\delta}=\frac{(6-2q')q'}{1-\delta}$。如果厂商 2 在第二阶段偏离,并根据厂商 1 的产量决定自己该阶段的最大利润产量 q',则该产量必满足

$$\max_{q_2}(8-1.5-q_2)q_2-2q_2$$

解之得 $q_2=\frac{6-q'}{2}$,相应的效益为 $\pi_\delta=\frac{(6-q')^2}{4}$。

但是,从第二阶段开始,因为厂商 1 必然报复性地选择古诺产量 $q_c=2$,因此,厂商 2 也只

能采用古诺产量 2,从此效益永远为 $\pi_c=4$,这样无限次重复博弈效益的现在值为

$$\pi_\delta+\frac{\delta}{1-\delta}\pi_c=\frac{(6-q')^2}{4}+\frac{4\delta}{1-\delta}$$

当

$$\frac{(6-2q')q'}{1-\delta}\geqslant\frac{(6-q')^2}{4}+\frac{4\delta}{1-\delta}$$

即 $(3q'-6)[3(9-\delta)q'-6(9-5\delta)]\leqslant0$ 时,厂商 2 才愿意采用上述触发策略,否则宁愿偏离。

由于 $q'<2$,因此只有 $q'\geqslant\frac{2(9-5\delta)}{9-\delta}$ 时触发策略才是稳定的。

从前面得到的结果可以看出,不同的 δ 能支持不同的 q'。当 δ 接近 $\frac{9}{17}$ 时,q' 接近 q_c;当 δ 接近 0 时,q' 接近古诺产量 $\frac{q_m}{2}$;当 $0<\delta<\frac{9}{17}$ 时,$\frac{q_m}{2}<q'<q_c$,即 $1.5<q'<2$。

δ 越大,将来利益越重要,就越能支持较低的子博弈完美纳什均衡产量,当 δ 达到或超过 $\frac{9}{17}$ 时,就能支持最大效率的垄断低产量。

在无限次重复古诺模型中,除了上述在一定条件下能成为子博弈完美纳什均衡的触发策略以外,还可构造其他形式的策略,同样也能实现高效率的子博弈精炼均衡,并且其要求的条件更宽(δ 更小)。

第一阶段生产垄断产量的一半 $\frac{q_m}{2}$;在第 t 阶段,如果第 $t-1$ 阶段的结果为 $(q_m/2,q_m/2)$,则继续生产 $\frac{q_m}{2}$,如果第 $t-1$ 阶段的结果为 (x,x),也生产 $\frac{q_m}{2}$,否则生产 x,x 为比古诺产量 q_c 更高的待定惩罚性高产量,x 不是触发策略中的古诺产量 q_c,原因在于在本策略下惩罚不是永久性的,很可能只有一个阶段,因此如果采用 q_c 可能不足以约束对方的行为。

这种策略实际上可看作一种胡萝卜加大棒的策略。如果两厂商之一偏离合作性的产量 $\frac{q_m}{2}$,另一方就开始惩罚,两厂商之一偏离惩罚 (x,x),也要受另一方采用 x 的惩罚,而如果两厂商在一阶段中都惩罚,则下一阶段重新试图合作。也就是说,采用该策略的博弈方在另一方与自己步调不一致时,下一阶段采用较高的 x 加以惩罚,步调一致则在下阶段用合作的态度奖赏对方,同时也为自己争取更高的可能利益。

设双方都采用上述策略,则博弈路径当然还是每阶段都采用,双方每阶段还是都得到垄断利润的一半 $\frac{\pi_m}{2}$,无限次重复博弈效益的现在值为 $\frac{\pi_m}{2(1-\delta)}$。

现在来看双方都采用该策略在什么条件下是子博弈完美纳什均衡?设厂商 1 已经采用该策略,则对厂商 2 来讲,如果也采用该策略,则无限次重复博弈效益的现在值为 $\frac{\pi_m}{2(1-\delta)}$,平均效益为 $\frac{\pi_m}{2}$,但如果厂商 2 在第一阶段偏离,采用偏离产量 q_d,则 q_d 必满足

$$\max_{q_d}\left(6-\frac{q_m}{2}-q_d\right)q_d$$

将 $q_m=3$ 代入,解之得 $q_d=2.25$,本阶段效益为 $\pi_d=5.0625$,当然第二阶段厂商 1 将采用 x 加以惩罚,厂商 2 只有也采用 x,这样厂商 1 在下一阶段才不会再惩罚。

事实上,由于 x 不是古诺产量,因此,(x,x) 肯定不是纳什均衡。

这样,在第二阶段厂商 2 的效益为 $\pi_x=(6-2x)x=6x-2x^2$,假设此后合作重新开始并继续下去,双方都不再偏离合作 $\left(\dfrac{q_m}{2},\dfrac{q_m}{2}\right)$ 直到永远。在这种情况下,厂商 2 在第一阶段是否选择偏离的依据是第一阶段偏离所得到的好处是大于还是小于第二阶段受惩罚的损失所折算成的现在值,即当

$$\delta\left(\dfrac{\pi_m}{2}-\pi_x\right)=\delta(4.5-6x+2x^2)\geqslant \pi_d-\dfrac{\pi_m}{2}=5.0625-4.5=0.5625$$

$\delta\geqslant 0.5625/(4.5-6x+2x^2)$ 时,厂商 2 在第一阶段才不会选择偏离。从该不等式看,厂商 2 是否偏离不仅取决于 δ,还取决于厂商 1 用于惩罚的产量 x,如果 x 的数值太小,则惩罚力度可能不够,不足以使厂商 2 真心与厂商 1 合作。

如果选 $x=\pi_c=2$,则 δ 必须大于 1.125 才能使厂商 2 保持合作,而贴现系数 δ 是绝对不可能大于 1 的,因此,此时厂商 2 必然选择偏离合作,不会害怕惩罚。如果要在 $\delta=1/2$ 时让厂商 2 选择不偏离,则 x 至少要大于等于 2.25(注意根据上述不等式还可解出,当 $x\leqslant 0.75$ 时不等式右边也会小于等于 $1/2$,但由于小于 $\dfrac{q_m}{2}$ 的产量根本不是什么惩罚产量,反而是奖赏对方的产量,因此这是不用考虑的)。

实际上,当 $x\geqslant 2.25$,$\delta=\dfrac{1}{2}$ 时双方采用前述策略是子博弈完美纳什均衡。这也证明了前面给出的结论,即存在子博弈精炼的纳什均衡路径,要求的条件为 $\delta=\dfrac{1}{2}<\dfrac{9}{17}$。实际上,如果选择更大的惩罚性产量 x,对 δ 的要求还能进一步放宽。

有限次重复博弈与无限次重复博弈的区别:

- 无限次重复博弈没有结束重复的确定时间。在有限次重复博弈中,存在最后一次重复,这正是破坏重复博弈中局中人利益和行为的相互制约关系,使重复博弈无法实现更高效率均衡的关键问题。
- 无限次重复博弈不能忽视不同时间效益的价值差异和贴现问题,必须考虑后一期效益的贴现系数,对局中人和博弈均衡的分析必须以平均效益或总效益的现值为根据。

无限次重复博弈与有限次重复博弈的共同点:试图"合作"和惩罚"不合作"是实现理想均衡的关键,是构造高效率均衡战略的核心构件。

4.5.5 重复博弈的经济学应用

假如下一阶段的博弈是否发生的不确定性由 P 表示,投资的有效效益率将由贴现因子和发生的概率决定。投资的有效效益率是指在引入不确定性这个因素后,投资者的预期效益率。

$$R=\dfrac{1}{P\delta}-1,\quad R+1=\dfrac{1}{P\delta}$$

因为下一期博弈发生的概率为 $P(0<P<1)$,贴现因子下一期的支付折算到当下,所以不仅需要乘以贴现因子,还要乘以它发生的概率,即要用因子 $P\delta$ 而不是单因子 δ 来折现未来的支付。

假如投资效益率为 10%(即 $r=0.1$,从而 $\delta=\dfrac{1}{1.1}=0.91$),并且博弈再持续一期的概率为

35%(即 $P=0.35$),那么投资的有效效益率为

$$R=\frac{1}{0.35\times 0.91}-1=2.14$$

> **斯塔克尔伯格寡头竞争模型**[6]:斯塔克尔伯格寡头竞争模型是古诺寡头竞争模型的一种变形,它引入了参与者行动的先后次序,也是连续扩展型博弈的经典例子。在企业进行产量决策有先后顺序的情况下,博弈自然是动态的,但由于企业的产量通常是一个连续变量,因而博弈本身不是有限博弈,但仍可通过逆向归纳法的思路导出其子博弈精炼均衡。

斯塔克尔伯格寡头竞争模型的基本假设如下。

① 参与者:企业 1、企业 2。

② 两个企业生产的产品是没有区别的(这里以两通信企业共同生产的交换机为例)。

③ 两个企业进行的是产量竞争,也就是说,企业的策略是产量。

④ 企业的行动是有先后次序的,且后行动者能观察到先行动者的子决策结果。假设企业 1 先选择产量,企业 2 观察到企业 1 选择的结果,然后选择自己的产量。

⑤ 支付:利润是两个企业产量的函数。

假设第 j 个企业的产量为 q_j,两个企业有相同的不变边际成本 $c\geq 0$,令逆需求函数为 $P(Q)=a-(q_1+q_2)$,则第 j 个企业的支付(利润)函数为

$$\pi_j(q_1,q_2)=q_j(P(Q)-c), j=1,2$$

式中:$j=1$ 为先行动者;$j=2$ 为后行动者,他在看到企业 1 的产量 q_1 后决定其产量 q_2。

企业 1 知道他每决定一个产量 q_1,企业 2 的决策将为 q_2,满足

$$q_2=q_2(q_1)\in \mathrm{argmax}\ \pi_2(q_1,q_2)$$

即给定 q_1,q_2 必是企业 2 的子博弈占优策略。所以,企业 1 的选择就是 q_1,它满足

$$q_1=\mathrm{argmax}\ \pi_1(q_1,q_2(q_1))$$

若企业 1 选择占优策略 q_1',企业 2 选择 $q_2'=q_2(q_1')$,则显然这样得到的解必定是子博弈完美纳什均衡。

用逆向归纳法求解,首先考虑给定 q_1 的情况下,企业 2 的最优利润为

$$\max \pi_2(q_1,q_2)=q_2(a-q_1-q_2-c)$$

最优化一阶条件意味着

$$q_2=q_2(q_1)=\frac{1}{2}(a-q_1-c)$$

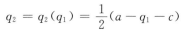

斯塔克尔伯格模型

为了保证最优内点解存在,这里假设 $q_1<a-c$。因为企业 1 预测到企业 2 将根据 $q_2(q_1)$ 来选择 q_2,所以企业 1 在第一阶段的最优利润为

$$\max \pi_1(q_1,q_2(q_1))=q_1(a-q_1-q_2(q_1)-c)$$

斯塔克尔伯格寡头竞争模型与古诺寡头竞争模型的比较如表 4-2 所示。

表 4-2 斯塔克尔伯格寡头竞争模型与古诺寡头竞争模型的比较

项 目	垄断情况	古诺寡头竞争模型	斯塔克尔伯格寡头竞争模型
产量	$\frac{1}{2}(a-c)$	企业 1:$\frac{1}{3}(a-c)$ 企业 2:$\frac{1}{3}(a-c)$	企业 1:$\frac{1}{2}(a-c)$ 企业 2:$\frac{1}{4}(a-c)$

续表

项　目	垄断情况	古诺寡头竞争模型	斯塔克尔伯格寡头竞争模型
总产量	$\frac{1}{2}(a-c)$	$\frac{2}{3}(a-c)$	$\frac{3}{4}(a-c)$
支付	$\frac{1}{4}(a-c)^2$	企业 1：$\frac{1}{9}(a-c)^2$ 企业 2：$\frac{1}{9}(a-c)^2$	企业 1：$\frac{1}{8}(a-c)^2$ 企业 2：$\frac{1}{16}(a-c)^2$
总支付	$\frac{1}{4}(a-c)^2$	$\frac{2}{9}(a-c)^2$	$\frac{3}{16}(a-c)^2$

从表 4-2 中可以看出以下问题。

① 斯塔克尔伯格的均衡总产量大于古诺均衡总产量，企业 1 的斯塔克尔伯格均衡产量大于古诺均衡产量，企业 2 的斯塔克尔伯格均衡产量小于古诺均衡产量。同样，企业 1 在斯塔克尔伯格博弈中的利润大于在古诺博弈中的利润，企业 2 的利润却有所下降，这就是所谓的"先动优势"。

② 该例子还说明，拥有信息优势可能使参与者处于劣势（后行动者拥有更多信息），而这在决策论中是不可能的，这是博弈论与决策论的不同。企业 2 处于劣势是因为它在行动前已知企业 1 的产量，而企业 1 在开始行动时也知如此。但若企业 2 不知道企业 1 的产量且企业 1 也知如此，则即使企业 1 先行动博弈也是古诺的，而非斯塔克尔伯格的，企业 2 反而获益，企业 1 的先动优势就不存在了。企业 1 先行动的承诺价值：企业 1 之所以获得斯塔克尔伯格利润而不是古诺利润，是因为他的产品一旦生产出来就变成了一种积淀成本，无法改变，从而使企业 2 不得不承认他的威胁是可置信的。因此，企业 1 先生产的产量就是一种承诺行动。而假设企业 1 只是宣布他将生产 $q=2C$，企业 2 不会相信他的威胁，因若企业 2 相信他的威胁而选 $q_2=\frac{a-c}{4}$，给定此 q_2，企业 1 的最优选择是 $q_1=\frac{3(a-c)}{8}$，而不是 $q_1=\frac{a-c}{2}$，如图 4-26 所示。

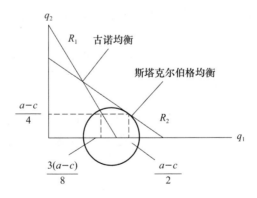

图 4-26　古诺均衡和斯塔克尔伯格均衡

4.5.6　重复博弈背后的意义与启示

合作的进化：艾克斯罗德博弈论实验。

该实验通过计算机模拟囚徒困境，并进行多次重复博弈，实验者邀请了 14 个领域的专家，将博弈策略编写为程序并提交,观察哪类策略最终能够胜出。

博弈策略主要分为 3 类。
- 好人策略:更愿意合作,不首先背叛对方。
- 坏人策略:更考虑背叛,以获取更大的效益。
- 随机策略:每回合随机选择合作或背叛。

1. 第一轮实验过程

一对一循环赛,重复 5 次,共计 12 万个回合。

实验结果:针锋相对(以牙还牙)策略获得第一名。

针锋相对(以牙还牙)策略:
- 从不首先背叛,即"善良的";
- 对于对方的背叛一定要报复,不能总是合作,即"可激怒的";
- 对方若从背叛改为合作,也会选择合作,即"宽容的"。

2. 第二轮实验过程

征集了"62 个程序+随机策略",共计 63 个程序进行竞赛。

实验结果:
- 针锋相对(以牙还牙)策略再次获得第一名;
- 在前 15 名中,仅有第 8 名的哈灵顿程序是"不善良的";
- 在后 15 名中,只有 1 个总是合作的程序是"善良的";
- 清晰性很重要,能让对方在几步对局内辨识出来,太复杂的策略不一定好。

为何针锋相对策略有效?在理性人环境下,自利的个体何以会选择"善行",只因为合作是自我利益最大化的一种必要手段。

3. 启示

(1) 爱情中的博弈

善意而不是恶意地对待恋人,宽容而不是尖刻地对待恋人,强硬而不是软弱地对待恋人,在我永远爱你的前提下,做到有爱必报,有恨也必报,以眼还眼,以牙还牙。

(2) 合作过程的博弈

过分复杂的策略使对手难以理解、无所适从,因而难以建立稳定的合作关系,明晰的个性、简练的作风和坦诚的态度倒是制胜的要诀。

(3) 生活中的博弈

当受到伤害时,即使报复也不能消除已形成的伤害,如果还希望两人关系继续,那么最好是原谅他。但他若知道即使伤害了你也会获得宽恕,他可能会一直有意无意地伤害你,因此有时候人们会选择报复。报复不能减轻已形成的伤害,也不能获得快感,而只能作为遏制对方进一步侵犯的方式。

4. 一些举例

越南战争中自发产生的"自己活,也让他人活"的原则:只要对方不开枪伤人,我也不开枪。

真菌从地下的石头中汲取养分,为海藻提供了食物,而海藻反过来又为真菌提供了光合作用。

金合欢树为一种蚂蚁提供了食物,而这种蚂蚁反过来又保护了该树。

无花果树的花是黄蜂的食物,而黄蜂反过来又为无花果树传授花粉,将树种撒向四处。

共同演化会使一报还一报的合作风格在这个社会蔚然成风。

假设少数采取一报还一报战略的人在社会上通过突变而产生了,那么,只要这些个体互相遇见,并在今后的相逢中形成利害关系,他们就会开始形成小型的合作关系。一旦发生了这种情况,他们就能影响周围那些不讲信用、不懂合作的人。这样参与合作的人就会增多。很快,一报还一报式的合作就会最终占上风。

一旦建立了这种机制,相互合作的个体就能生存下去。如果不太合作的类型想侵犯和利用他们的善意,一报还一报战略强硬的一面就会狠狠地惩罚他们,让他们无法扩散影响。

博弈论中最为著名的模型是囚徒困境模型,它告诉我们参与者之间非合作的故事。按照博弈论中关于参与者为理性人的假设:囚徒困境中参与者之间的不合作似乎是必然的结果。但是,如果一个小偷考虑出狱后还要与另一个小偷打交道,则出卖同伙可能存在成本,当他足够高地估计这种成本时,他也许就会选择"不认罪"。当两个小偷都如此选择时,合作结果就出现了,而博弈的均衡结果就会是(不认罪,不认罪),而不是原有的(认罪,认罪)。当参与者考虑短期决策的长远利益时,其选择就可能倾向于合作。这样,当博弈可重复多次时,参与者就会考虑短期决策对其长远利益的影响,因而原有的仅考虑短期利益的均衡就可能变为注重长期利益的均衡。

4.6 完全信息动态博弈举例

> **2个手指**:两名玩家交替地做出动作。动作可能是举起一个或两个手指。当一个玩家举起与另一个玩家在上一回合相同数量的手指时,他就输了。输家的收益是 -1,赢家的收益是 1。而如果两名玩家举起与彼此在上一回合不同数量的手指,游戏就会继续。

你怎么玩这个简单的零和游戏?谁会赢?显然没有人会输,因为输很容易避免,所以如果没有人输,就没有人赢。这两名玩家将永远比赛下去,博弈树会不断延伸,如图 4-27 中的虚线所示,博弈过程是无限的(这里用黑方和白方表示两名玩家)。

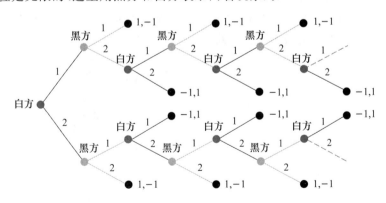

图 4-27 2个手指的无限博弈树

我们也可以使用博弈有向图。非结束位置是由将要做出动作的是谁(黑方或白方),以及做出的是什么样的动作(伸出几根手指)决定的。有 4 个位置,分别是 W1、W2、B1、B2。除了这 4 个位置还有白方要移动的起始位置,此时还没有人做过决策。另外还有两个结束位置,一个白方赢,另一个黑方赢。2个手指的博弈有向图见图4-28。

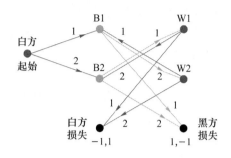

图4-28　2个手指的博弈有向图

为什么博弈即使有一个有限的博弈有向图,但是它的博弈树却不是有限的?原因是博弈有向图是循环的。可以从某一顶点开始沿着弧线返回,就像上面例子中的W1→B2→W1。具有循环博弈有向图的博弈总是具有无限博弈树。如果顺序博弈具有一个非循环(非循环)有限对策有向图,则它是有限的。

> **连续立法者投票**:3名立法者投票决定是否允许自己每年加薪2 000美元,如果多数人投票赞成,则3人都能获得加薪,否则不会加薪。由于选民都在关注投票结果,所以除了加薪结果外,立法者们还需要考虑自己的投票结果对自己政途的影响,在本问题中,将该影响具象化为1 000美元,即如果立法者投反对票,无论加薪是否成功,都能保持廉洁的形象,获得这1 000美元的影响力奖励。设3个立法者分别为A、B、C,A先投票,然后是B,最后是C,所有的投票结果都是公开的。

连续立法者投票的博弈树如图4-29所示。立法者C的行为最容易解释,因为当C必须决策时,A和B已经决策了,所以C不需要预测他们的策略。C可能面临4种情况,对应于树右边的4个顶点。在第一种情况下,A和B已经投票赞成加薪,C可以通过投票反对加薪来额外获得影响力奖励。同样地,如果A和B都拒绝了加薪的想法,投票结果已经注定了,所以C别无选择,只能投反对票以获得影响力奖励。如果A和B一个人赞成而另一个人反对加薪,那么C的投票能起决定性作用。考虑加薪失败获得影响力奖励和加薪成功放弃影响力奖励,很明显后者收益更大,所以C会投票支持加薪。

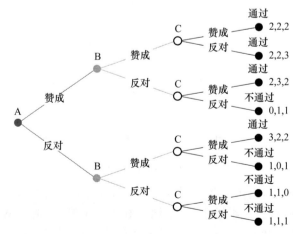

图4-29　连续立法者投票的博弈树

每个人(包括 B)都能做这个分析。当 B 要做出决策时,他可以在一定程度上预测到 C 的反应。如果 A 投票赞成加薪,B 知道即使自己投票反对加薪,C 也会投票赞成(此时 C 收益最大),在这种情况下,加薪决定是一定会通过的,B 显然会投票反对加薪来避免失去影响力奖励。此外,如果 A 投票反对加薪,那么 B 就必须投票支持加薪,放弃影响力奖励来换取加薪的更大收益。

通过决策树可以看出,对于 A 而言,最好的选择是投票反对加薪,由上述策略分析,此时 B 会投票赞成,C 也会投票赞成。在最终结果中,A 的收益是最大的,这就是先进行决策所带来的优势。

思考题及参考答案

4.1 三寡头市场需求函数 $P=100-Q$,其中 Q 是 3 个厂商的产量之和,并且已知 3 个厂商都有常数边际成本,而无固定成本。如果厂商 1 和厂商 2 先同时决定产量,厂商 3 根据厂商 1 和厂商 2 的产量决策,问他们各自的产量和利润是多少?

答案:首先,设 3 个厂商的产量分别为 q_1、q_2 和 q_3。3 个厂商的利润函数为

$$\pi_1=(100-q_1-q_2-q_3)q_1-2q_1$$
$$\pi_2=(100-q_1-q_2-q_3)q_2-2q_2$$
$$\pi_3=(100-q_1-q_2-q_3)q_3-2q_3$$

根据逆向归纳法,先分析第二阶段厂商 3 的选择。将厂商 1 的利润函数对其产量求偏导数并令其为 0,得

$$\frac{\partial \pi_3}{\partial q_3}=100-q_1-q_2-2q_3-2=0$$

因此厂商 3 的反应函数为

$$q_3=(98-q_1-q_2)/2$$

再分析第一阶段厂商 1 和厂商 2 的决策。

先把厂商 3 的反应函数代入厂商 1 和厂商 2 的利润函数,得

$$\pi_1=(100-q_1-q_2-q_3)q_1-2q_1=\frac{98-q_1-q_2}{2}q_1$$
$$\pi_2=(100-q_1-q_2-q_3)q_2-2q_2=\frac{98-q_1-q_2}{2}q_2$$

分别对 q_1 和 q_2 求偏导数并令其为 0,得

$$\frac{\partial \pi_1}{\partial q_1}=\frac{98-q_2}{2}-q_1=0$$
$$\frac{\partial \pi_2}{\partial q_2}=\frac{98-q_1}{2}-q_2=0$$

联立两个方程可解得 $q_1=q_2=98/3$。再将其代入厂商 3 的反应函数,得

$$q_3=(98-q_1-q_2)/2=98/6$$

4.2 名词解释。
① 子博弈完美纳什均衡。
② 逆向归纳法。
答案:① 如果在一个完美信息的动态博弈中,一个策略组合满足在整个动态博弈及它所

有的子博弈中都构成纳什均衡,那么该策略组合称为"子博弈完美纳什均衡"。因为要求在所有子博弈中都构成纳什均衡,所以子博弈完美纳什均衡能够排除均衡策略中不可信的行为(威胁或承诺),具有真正的稳定性。非子博弈完美纳什均衡不能做到这一点。子博弈完美纳什均衡是动态博弈分析的核心均衡概念。子博弈完美纳什均衡本身也是纳什均衡,是比纳什均衡更强的均衡概念。

② 从动态博弈的最后一个阶段博弈方的行为开始分析,确定所分析阶段博弈方的选择和路径,然后再确定前一个阶段博弈方的选择和路径,逐步倒推到第一个阶段的分析方法,称为逆向归纳法。逆向归纳法是动态博弈分析最重要、最基本的方法。

4.3 计算题。

假设双头垄断企业的成本函数分别为 $C_1 = 20Q_1$,$C_2 = 2Q_2^2$,市场需求曲线为 $P = 400 - 2Q$,其中,$Q = Q_1 + Q_2$。

① 求出古诺均衡情况下的产量、价格和利润,求出各自的反应函数和利润函数,并画图表示均衡点。

② 求出斯塔克尔伯格均衡情况下的产量、价格和利润。

答案:

① 对于垄断企业 1 来说目标函数为

$$m[400 - 2(Q_1 + Q_2)]Q_1 - 20Q_1 \Rightarrow Q_1 = \frac{190 - Q_2}{2}$$

这是垄断企业 1 的反应函数,利润函数为

$$\pi_1 = 380Q_1 - 2Q_1Q_2 - 2Q_1^2$$

对于垄断企业 2 来说目标函数为

$$m[400 - 2(Q_1 + Q_2)]Q_2 - 2Q_2^2 \Rightarrow Q_2 = 50 - \frac{Q_1}{4}$$

这是垄断企业 2 的反应函数,利润函数为

$$\pi_2 = 400Q_2 - 2Q_1Q_2 - 4Q_2^2$$

在达到均衡时,有

$$Q_1 = \frac{190 - \left(50 - \frac{Q_1}{4}\right)}{2} \Rightarrow \begin{cases} Q_1 = 80 \\ Q_2 = 30 \end{cases}$$

均衡时的价格为 $P = 400 - 2 \times (80 + 30) = 180$。

两垄断企业的利润分别为

$$\pi_1 = 380 \times 80 - 2 \times 80 \times 30 - 2 \times 80^2 = 12\,800$$

$$\pi_2 = 400 \times 30 - 2 \times 80 \times 30 - 4 \times 30^2 = 3\,600$$

古诺均衡点如图 4-30 所示。

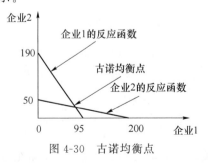

图 4-30 古诺均衡点

② 当垄断企业 1 为领导者时，企业 2 的产量视企业 1 的产量而定，其反应函数为

$$Q_2 = 50 - \frac{Q_1}{4}$$

则企业 1 的问题可简化为

$$m\left[400 - 2\left(Q_1 + 50 - \frac{Q_1}{4}\right)\right]Q_1 - 20Q_1$$

$$\Rightarrow \begin{cases} Q_1 = \dfrac{280}{3} \\ Q_2 = \dfrac{80}{3} \end{cases}$$

均衡时价格为 $P = 400 - 2 \times \left(\dfrac{280}{3} + \dfrac{80}{3}\right) = 160$，利润为 $\pi_1 = \dfrac{39\,200}{3}, \pi_2 = \dfrac{25\,600}{9}$。

本章参考文献

[1] Dynamic Game of Complete Information [EB/OL]. (2009-06-14) [2021-11-01]. https://home.kku.ac.th/armeros/Course/IO/Sequential.pdf.

[2] Prisner E. Game Theory through Examples [M]. Washington: The Mathematical Association of America, 2014.

[3] Repeated game [EB/OL]. (2021-10-18) [2021-11-01]. https://en.wikipedia.org/wiki/Repeated_game.

[4] 重复博弈 [EB/OL]. (2012-10-23) [2021-11-01]. https://www.docin.com/p-505256305.html.

[5] 重复博弈 [EB/OL]. (2020-12-13) [2021-11-01]. https://wenku.baidu.com/view/bda8ffc9a22d7375a417866fb84ae45c3a35c2d9.html.

[6] 马忠贵. 博弈论及其在无线通信网络中的应用 [M]. 北京：国防工业出版社，2015.

第 5 章 不完全信息静态博弈与贝叶斯纳什均衡

本章主要内容包括：在5.1节中首先对不完全信息与静态博弈做了简要的说明，引入了不完全信息以及不完全信息静态博弈的概念；在5.2节中重点阐述了海萨尼（Harsanyi）转换，给出了不完全信息静态博弈问题的描述（建模）方式——贝叶斯博弈（扩展型博弈）；在5.3节中定义了贝叶斯纳什均衡，贝叶斯纳什均衡既是完全信息博弈中纳什均衡概念在静态贝叶斯博弈下的扩展，也是完美贝叶斯纳什均衡同时选择的完全但不完美信息动态博弈中的特殊形式，贝叶斯纳什均衡是不完全信息静态博弈的核心均衡概念；在5.4节中介绍了拍卖与机制设计，在拍卖中，不对称信息就是一种至关重要的特征因素，因此拍卖属于不完全信息静态博弈的范畴，通过对各类拍卖结果的理解，能够进行最合理地分配资源并产生最多收入的拍卖制度设计；在5.5节中给出了不完全信息静态博弈的应用示例。

5.1 不完全信息静态博弈简介

引例：有一次伊索进城，半路上遇见一位法官。法官严厉地盘问："你要去哪儿？""不知道。"伊索回答说。法官起了疑心，派人把伊索关进了监狱，并严加审问。"法官先生，要知道，我讲的是实话。"伊索说，"我确实不知道我会进监狱。"

我们既不可能对所有事情都未卜先知，也无法掌握所有变因，更无力预测未来，人生具有许多的不确定性。本节将重点讨论我们如何在不确定的情形下进行决策，换句话说，在现实中，我们虽然无法对未来无所不知，但也不至于一无所知，可以有效地运用所知的一切为自己谋利。

不完全信息静态博弈与完全信息静态博弈相比，因其信息的不完全，使得求解更复杂，有更多的不确定性。首先我们来看看什么是完全信息博弈，假设在博弈中的每个参与者对任何其他参与者的支付（偏好）函数都有充分的认识，并且每个参与者都知道每个参与者都了解每个参与者的支付函数，而支付函数则是每个参与者的共同知识（共同知识是所有参与者都知道的公共信息，属于多种类型信息中的一种类型），满足这一假设的博弈就称为完全信息博弈（games of complete information）。虽然完全信息在许多情况下都是一种比较好的近似，但是在实际中许多博弈情况并不满足完全信息的条件。比如：我们与一个陌生人打交道时并不知道他有什么特点与爱好（事实上，即使是我们非常熟悉的人，我们也很难说对他有完全的了解);当我们决定购买(或者卖)一件古董或一幅名画时,我们不知道卖主希望脱手的最低价格是多少(或买主希望卖出的最高价格是多少);当一个企业想进入某个市场时,他并不清楚目前市场上各种企业的成本函数。还有许多这样的例子,不胜枚举。像上述这些不满足完全信息假设的博弈称为不完全信息博弈;也就是说,在不完全信息博弈中,至少会有一个参与者不知道其他参与者的支付函数。

不完全信息博弈中的不完全信息包括:①各参与者都有关于自己支付的完全信息;②至少有一个参与者不知道其他参与者的支付函数,但是知道其分布概率的知识。

信息不完全也叫作信息不对称,也就是其他参与者没有特定参与者清楚自己的特征。不完全信息静态博弈也是博弈的一种,其中某个参与者具有其他参与者不清楚的某些特征,即每个参与者对其他所有参与者的特征、策略空间及支付函数并没有准确的认识[1-4]。当然,对于参与者来说,他自身的这些其他参与者不了解的特征对于他自己来说是清楚的,因而称这些特征为参与者自己拥有的"私有信息"。实际中双方博弈的不完全信息存在着多种形式,如参与者对其他参与者喜好与经验的不完全了解,对其他参与者掌握的自然和人力资源、决策能力、商业经验的了解不充分,对其他参与者使用的各种策略的不完全了解,对处于一种博弈局势中参与者的具体数目不完全了解,等等。

例 5-1 不完全信息下的市场进入博弈。

先来看一个进入博弈的例子。一个完全垄断公司正在垄断一个产业市场,而另一个潜在的公司想要进入该产业市场,在此处称这个新进入公司为进入者 A,称原垄断公司为在位者 B。A 不知道 B 的生产成本特征,设 B 有两种可能的生产成本:高成本和低成本。对应两种不同成本情况的不同战略组合形成的不完全信息博弈的博弈矩阵如图 5-1 所示。

		在位者 B			
		高成本		低成本	
		默许	斗争	默许	斗争
进入者 A	进入	40,50	−10,0	30,80	−10,100
	不进入	0,300	0,300	0,400	0,400

图 5-1 市场进入博弈

在这个例子中,进入者 A 对于在位者 B 的成本信息是不完全的,但是在位者 B 知道进入者 A 的成本函数。若在位者 B 给定的是高成本,进入者 A 若选择进入,则在位者 B 的最优选择是默许;如果在位者 B 给定的是低成本,进入者 A 若选择进入,则在位者 B 的最优选择是斗争。所以,在完全信息情况下,若在位者 B 给定的是高成本,进入者 A 的最优选择是进入;若在位者 B 给定的是低成本,进入者 A 的最优选择是不进入。

可是因为进入者对在位者所定的成本高低并不了解,进入者的最优选择只能取决于他认为在位者是高成本还是低成本。这里简单使用概率计算一下。假设进入者认为在位者是高成本的概率是 p,低成本的概率是 $1-p$。那么,进入者选择进入的期望利润是 $p \times 40 + (1-p) \times (-10)$,选择不进入的期望利润是 0。经过计算,进入者的最优选择是:若 $p \geq 1/5$ 则进入;若 $p < 1/5$ 则不进入(当 $p = 1/5$ 时,进入者进入与不进入的期望利润相等,这里我们设他选择进入)。

因此,参与者需要对自己不了解的"私有信息"(比如成本)进行主观评估,并在此基础上进行选择。在不完全信息博弈中,并不是每个人都了解相同的信息,除了大家都知道的公共信息以外,每个参与者都各自拥有自己的"私有信息"。于是当做出策略抉择的时候,参与者需推测其他参与者的私有信息,同时需要推测其他参与者对于自己私有信息的推测,这种对推测的情况进行推测的情况会无限地继续下去。

从技术上而言,博弈中的不完全信息表现为博弈双方对互相的基本数学结构了解不充分,在策略型博弈中,也就是对于3种组成部分,即参与者、策略和支付信息的了解不完全。在理论上,各类不完全信息情形在博弈论分析中都能够转化为一种不完全信息情势:参与者对其他参与者(甚至他自己)支付函数的不完全了解。在博弈论中,习惯地将参与者的各种不完全信息转化为一种不完全信息,即参与者的支付函数特征。也就是说,用支付函数来表征参与者的"私有信息"特征,而不完全信息就表现为一些参与者不了解另一些参与者的支付函数,当然,每个参与者都完全了解自己的支付函数。

在信息不完全的情况下,博弈参与者并不是让自己的当前支付或效益最大,而是使自己的期望支付或效益最大。

5.2 海萨尼转换

海萨尼转换

1967年以前,许多博弈论专家认为像市场进入博弈这样的不完全信息博弈是没有什么有效的方法来分析的,因为当一个参与人连与谁博弈都不清楚时,那定制的这些博弈规则将变得毫无意义。换句话说,若参与者不知道博弈对方的支付函数,或支付函数不是共同知识,他就不知道自己在跟谁博弈,因此博弈的规则就无法定义。于是海萨尼(Harsanyi,1967—1968年)提出了一种可以分析不完全信息博弈的方法——引入一个虚拟参与者"Nature"(自然),Nature是最先行动的,他来决定每个参与者的特征,也就是不完全信息下的市场进入博弈这个例子中提到的成本函数。参与者知道自己本身的相关特征,但是不知道其他参与者的特征。这样不完全信息静态博弈就转换成两个阶段的动态博弈,第一阶段为Nature的行动选择,第二阶段为除了Nature之外的参与者的静态博弈,此转换就称为海萨尼转换,这样就将不完全信息博弈转化成不完美信息博弈(不完美信息:Nature虽然做出了选择,但是在其他参与人中至少有一人不知道Nature的具体选择,只是知道这些选择的概率分布情况)。根据这个转换思路,海萨尼提出的转换方法将不完全信息转换成完全但不完美信息,这样就可以利用完全信息博弈的方法来对不完全信息博弈的情况进行分析。所以我们现在谈到的不完全信息博弈都是经过海萨尼转换之后的博弈,海萨尼转换是处理不完全信息博弈的标准方法。

5.2.1 基本概念

在博弈论中,我们用"类型"来定义参与者自身的私有信息。类型这个概念的适用范围非常广泛,我们可以用它来描述各种不完全信息,因此参与者的若干种类型的差异会对博弈的最终结果产生不同的影响。不过若是两种类型各自形成的博弈结局在各种情形下完全相同,那在不完全信息博弈中,这两种类型在分析中将被看作一种类型,就无须再讨论重复的情况。

在博弈中,每个参与者都知道的信息为私有信息,也就是自己已确定的类型,以及其他参与者具备类型中的某一种类型,但是不知道具体是哪一种。使用这样的方法进行描述时,我们可以判断出实际考察的类型可能出现的情况。若所有参与者都知道某个参与者不可能是某一种类型,那么我们就不需要再把此类型列入考虑范围,这不仅缩小了考察类型的数量,而且也便于简化博弈情况。在完全信息动态博弈中,若每个参与者只有一种类型,这个博弈情况就会退化为完全信息静态博弈。我们使用类型来描述博弈中的不完全信息,接下来就是要描述人们对自己不了解信息的主观判断,海萨尼转换的关键就在这里,需要通过概率模型来进行。

我们用 θ_i 表示参与人 i 的一个特定类型,用 $p(\theta_1, \theta_2, \cdots, \theta_n)$ 表示定义在参与者类型组合 $\theta = (\theta_1, \theta_2, \cdots, \theta_n)$ 上的一个客观的联合概率分布函数,海萨尼转换假设:对于一个给定的不完全信息博弈问题,我们假定分布函数 $p(\theta_1, \theta_2, \cdots, \theta_n)$(这个是 Nature 选择的推断)是所有参与者的共同知识,即所有参与者都知道这个分布函数 $p(\theta_1, \theta_2, \cdots, \theta_n)$,并且所有参与者都知道大家都知道 $p(\theta_1, \theta_2, \cdots, \theta_n)$。也就是说,海萨尼转换假设所有参与者关于 Nature 行动的信念(beliefs)是相同的,并且为共同知识。我们用 $\theta_{-i} = (\theta_1, \cdots, \theta_{i-1}, \theta_{i+1}, \cdots, \theta_n)$ 表示除 i 之外的所有参与者的类型组合,则 $p_i(\theta_{-i} | \theta_i)$ 表示参与者 i 在知道自己的实际类型为 θ_i 的情况下,对于其他参与者实际类型的条件概率(概率推断),于是有

$$p_i(\theta_{-i} | \theta_i) = \frac{p(\theta_i, \theta_{-i})}{p(\theta_i)} = \frac{p(\theta_i, \theta_{-i})}{\sum_{\theta_{-i} \in \Theta_{-i}} p(\theta_{-i}, \theta_i)}$$

这里 $p(\theta_i)$ 是边缘概率,如果类型的分布是独立的,那么 $p_i(\theta_{-i} | \theta_i) = p_i(\theta_{-i})$,学过概率论的读者可以发现这实际上就是贝叶斯条件概率公式,因此这种问题也称为贝叶斯博弈问题。

5.2.2 海萨尼转换的实现过程

有了上述的概率模型,就可以运用海萨尼转换将不完全信息转换为完全但不完美信息。在这里继续使用例 5-1 不完全信息下的市场进入博弈这个例子来进行说明,海萨尼转换后的市场进入博弈的情形如图 5-2 所示,方括号中的 p 和 $1-p$ 表示 Nature 自然选择不同行动概率。

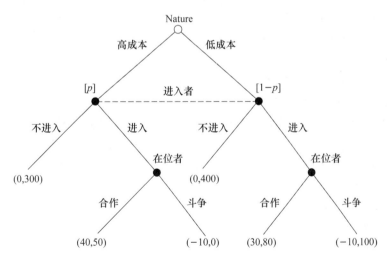

图 5-2 海萨尼转换后的市场进入博弈

在图 5-2 中,海萨尼转换引入的虚拟参与者 Nature 首先决定的是在位者(其中一个参与者)是高成本还是低成本,进入者没有私有信息,当进入者不知道在位者的成本情况时,他的选择就将会依赖他对在位者成本类型的主观概率,认为是高成本的概率是 p,认为是低成本的概率是 $1-p$,这样不完全信息博弈就转换为现在图 5-2 所示的完全但不完美信息博弈。

因此在这里可以简要总结海萨尼转换的步骤：

① 假设虚拟的参与者为 Nature，Nature 首先决定参与人的类型，为各个参与人提供随机的类型，在这里定义为 $t=(t_1,\cdots,t_n)$，其中 $t_i\in T_i, i=1,\cdots,n$；

② Nature 告知每个参与者 i 自己的类型（也就是属于自己的私人信息），但不会告诉该参与者剩下的其他参与者的类型，大家共同知道的信息是 Nature 选择的其他参与者类型的概率分布；

③ 进行静态博弈，每一个参与者 i 同时从各自的行为空间 $(a_1,\cdots,a_n)$ 中选择行动方案；

④ 除 Nature 外，其余全部参与者获得各自的收益 $u_i=u_i(a_1,\cdots,a_n,t_f), i=1,\cdots,n$。

在海萨尼转换中，不完全信息博弈转换成了完全但不完美信息博弈。不完美信息就是指其他参与者只知道某个参与者某些方面类型的概率分布，但是不知道这个参与者在这方面的具体类型。这样就可以将处理完全信息博弈的方法应用到不完全信息博弈中，其中的均衡概念可以推广为贝叶斯纳什均衡。

5.3 贝叶斯纳什均衡

在动态博弈中，参与者可以在每个可能轮到的选择处对各种策略进行选择，不完全信息静态博弈则可以看成先由 Nature 来选择每个参与者的类型，各个参与者再同时做出选择的动态博弈，也就是说，在不完全信息静态博弈过程中，所有参与人都是同时做出选择并行动的，没有机会看到别人的选择。虽然每个参与者都知道其他参与者相关类型的分布概率，但是由于不知道他们的真实类型，参与者自身就不可能知晓其他参与者的策略选择会是什么。不过每个参与者的选择和自身的类型都会有很大的关系，所以我们可以根据这样的关系来预测其他参与者的行动以及策略选择。在这里使用如下方式来定义参与者与可能的类型集合的关系，进一步地，这样可以得到静态贝叶斯博弈的定义。

定义 5-1（不完全信息静态博弈）

G 表示不完全信息静态博弈，则 $G=\{A_1,A_2,\cdots,A_n;\Theta_1,\Theta_2,\cdots,\Theta_n;p_1,p_2,\cdots,p_n;u_1,u_2,\cdots,u_n\}$ 中，参与者 i 的一个策略就是各种可能类型 $\theta_i(\theta_i\in\Theta_i)$ 的一个函数 $A_i(\theta_i)$，参与者 i 会从行为空间 A_i 中选择行动 a_i，每个这样的行动 a_i 都对应一个参与者的策略函数 $A_i(\theta_i)$；条件概率 $p_1,p_2,\cdots,p_n$ 中 $p_i=p_i(\theta_{-i}\mid\theta_i)$ 表示给定自己属于 θ_i 的情况下，参与者 i 有关其余参与者类型 $\theta_{-i}\in\Theta_{-i}$ 的不确定性。因此 $G=\{\Gamma;A_1,A_2,\cdots,A_n;\Theta_1,\Theta_2,\cdots,\Theta_n;p_1,p_2,\cdots,p_n;u_1,u_2,\cdots,u_n\}$ 也表示 n 人静态贝叶斯博弈。

在上述定义中，我们假定 $A_i(\theta_i)$ 和 u_i 是所有参与者的共同知识，也就是说虽然某个参与者 i 不知道其他参与者的类型 θ_i，但是参与者 i 知道其他人的战略空间和支付函数是怎样依赖于他们本身的类型的。

不完全信息静态博弈经过海萨尼转换后的博弈就是静态贝叶斯博弈，因此静态贝叶斯博弈的步骤与上一小节提到的海萨尼转换的步骤相似。上述的定义中有这样一种可能：对于参与者 i 的某种信息，参与者 j 也可能会有。假设所有参与者的类型空间（也就是 Θ_i）只含一个元素，这样不完全信息博弈就退化成完全信息静态博弈，所以完全信息静态博弈可以理解成不完全信息静态博弈的一个特例。

因此，在各个参与者类型已经确定且给定类型和策略选择关系的条件下，某个参与者的决策目标是要使自己的期望效益最大。也就是说给定参与者 i 只知道自己的类型 θ_i,不知道其余参与者的类型 θ_{-i},参与者 i 将会根据其他参与者的类型分布函数来选择 $a_i(\theta_i)$,使自身的期望效益最大。期望效益最大并不是通过简单的行为选择达到的,而是由各个参与者的类型及行为选择来决定的,当每个参与者都根据预测来达到期望最大值时,就会达到一种均衡——贝叶斯纳什均衡。有了上面参与者与类型函数的定义后,这里给出贝叶斯纳什均衡的定义。

定义 5-2(贝叶斯纳什均衡)[3]

静态贝叶斯博弈 $G=\{A_1,A_2,\cdots,A_n;\Theta_1,\Theta_2,\cdots,\Theta_n;p_1,p_2,\cdots,p_n;u_1,u_2,\cdots,u_n\}$ 的纯策略贝叶斯纳什均衡依赖于行动组合 $(a_1^*(\theta_1),a_2^*(\theta_2),\cdots,a_n^*(\theta_n))$,其中,每个参与者在给定自身类型 θ_i,其余参与者类型依赖于行动策略 $a_{-i}^*(\theta_{-i})$ 的情况下,最大化自己的期望效益函数,则行动组合 $(a_1^*(\theta_1),a_2^*(\theta_2),\cdots,a_n^*(\theta_n))$ 是 G 的纯策略(意思与完全信息博弈相同)贝叶斯纳什均衡。若对于所有的 $i,a_i\in A_i(\theta_i)$,有

$$a_i^*(\theta_i)\in \underset{a_i(\theta_i)\in A_i(\theta_i)}{\mathrm{argmax}}\sum_{\theta_{-i}\in\Theta_{-i}}p(\theta_{-i}\mid\theta_i)u_i(a_i(\theta_i),a_{-i}^*(\theta_{-i});\theta_i)$$

则称策略集合 $A^*=(A_1^*,A_2^*,\cdots,A_n^*)$ 为 G 的一个(纯策略)贝叶斯纳什均衡。

如同纳什均衡,贝叶斯纳什均衡本质上也是一个一致性预测,即每个参与者 i 都能够准确地预测到具有类型 θ_j 的参与者 j 将会选择 $a_j^*(\theta_j)$。这里虽然参与者 i 并不知道参与者 j 是什么类型,但其可以预测具有类型 θ_j 的参与者 j 的行动。

在这里我们继续以不完全信息下的市场进入博弈为例,来对它的贝叶斯纳什均衡进行求解。在图 5-2 中如果进入者 A 选择"进入",其期望利润为 $p\times 40+(1-p)\times(-10)$;如果进入者 A 选择"不进入",那么期望利润为 0。当且仅当 $p\times 40+(1-p)\times(-10)\geqslant 0$ 即 $p\geqslant\dfrac{1}{5}$ 时,"进入"是进入者 A 的最优选择,反之"不进入"是他的最优选择。于是本例的贝叶斯纳什均衡如下:

(进入,默许),高成本,$p\geqslant\dfrac{1}{5}$

(进入,斗争),低成本,$p\geqslant\dfrac{1}{5}$

(不进入,*),$p<\dfrac{1}{5}$

其中,"*"既可以表示斗争,也可以表示默许。

要分析不完全信息静态博弈,核心是贝叶斯纳什均衡。在贝叶斯纳什均衡的定义中,可以看出当不完全信息静态博弈中参与者的一个策略组合是贝叶斯纳什均衡时,其他博弈方就不会想要改变自己的策略,包括策略中对应所有类型的所有行动。在一般情况下,对有限的不完全信息静态博弈(n 是有限值,集合 $\{A_1,A_2,\cdots,A_n\}$ 和 $\{\Theta_1,\Theta_2,\cdots,\Theta_n\}$ 都是有限集)在允许使用混合策略的情况下,贝叶斯纳什均衡总是存在的。

5.4 拍卖与机制设计

在拍卖中,不对称信息是一个关键性的特征因素。因此,拍卖属于不完全信息静态博弈的范畴。拍卖有两个基本的功能,当买者比卖者更清楚一件物品对他的价值时,卖者一般不愿意

首先提出价格,而常常采用拍卖的方式以获得可能的最高价格。这种情况在古董和名画的交易中特别普遍。当直接的卖者或买者以代理人身份出现时,拍卖有助于减少买者和卖者之间损害委托人的合谋行为,比如,若一个城市的市长可以任意地将一块土地出租给任何一个企业,我们很难保证得到土地的企业不是贿赂市长而付很低租金的企业,但如果采用公开拍卖的方式出租土地,市长接受贿赂的可能性就小得多。

在拍卖中,一位卖者希望将其拥有的一件物品卖给几位打算购买这件物品的潜在购买者中的某一位,但卖者不知道这些潜在的购买者愿意为这一物品支付的最高价格,即卖者对于不同买者对该物品的价值评价或支付意愿具有不完全信息。现在,卖者的问题是如何设计一个拍卖博弈规则,它存在一个纳什均衡,该均衡为卖者带来一个最高的期望支付(或期望效益)。广义的拍卖是指对重要的经济资源进行配置,如从艺术品到短期政府公债,到近海油气田开发权,再到无线电频谱使用权等,它可以采用多种不同的形式,例如,可以用轮流报价的方法(如艺术品拍卖)或密封式提交报价的方法等。支付的成交价可以是最高报价,或某些其他价格;如果拍卖的物品不止一种,则既可以采用所有物品"打包式"的同时报价方法,也可以采用每种物品陆续报价的方法。博弈论分析有助于理解各类报价设计的结果,比如,它建议用最有效地配置资源且带来最高收入的拍卖机制设计[3]。

5.4.1 密封价格拍卖

1. 一级密封价格拍卖

一级密封价格拍卖(first price sealed bid auctions)也称为暗标拍卖。在这种拍卖中投标人(bidders)同时将自己的出价写下来装入一个信封,密封后交给拍卖人,拍卖人同一时间打开信封,出价最高者是赢者,他按他的出价支付,拿走被拍卖的物品。这里每个投标人的战略都是根据自己对该物品的评价和对其他投标人评价的判断来选择自己的出价,其中赢者的支付等于他对物品的评价减去他的出价,其他投标人的支付为零。

这里先考虑两个人投标的情况。$i,j=1,2$,令 $b_i \geq 0$ 是投标人 i 的出价,v_i 是拍卖物品对投标人 i 的价值。假定 v_i 只有 i 自己知道(即 v_i 是投标人 i 的类型),但两个投标人都知道 v_i 独立地取自定义在区间[0,1]上的均匀分布函数。投标人 i 的支付函数如下:

$$u_i = u_i(b_1, b_2, v_1, v_2) = \begin{cases} v_i - b_i, & \text{当 } b_i > b_j \text{ 时} \\ (v_i - b_i)/2, & \text{当 } b_i = b_j \text{ 时} \\ 0, & \text{当 } b_i < b_j \text{ 时} \end{cases}$$

在上述支付函数中,$i=1$ 时 $j=2$,$i=2$ 时 $j=1$。第一种情况是投标人 i 的标价高于另一方的得益;第二种情况是双方标价相同,投标人 i 中标的机会是一半,期望得益为 $(1/2) \times (v_i - b_i) = (v_i - b_i)/2$;第三种情况是投标人 i 的标价低于另一方,对方中标,投标人 i 既无得也无失,收益是 0。

在不完全信息静态博弈中,分析博弈情况首先要找其中的贝叶斯纳什均衡,找贝叶斯纳什均衡就必须先构建两个博弈方的策略空间,即根据类型而决定行为的函数关系。在现在这个暗标拍卖的博弈中,投标人 i 的策略为函数关系 $b_i(v_i)$,所有这种函数关系的集合构成投标人 i 的策略空间,则策略组合 $[b_1(v_1), b_2(v_2)]$ 是一个贝叶斯纳什均衡,意味着投标人 i 的策略 $b_1(v_1)$ 与投标人 2 的策略 $b_2(v_2)$ 均是对方的最佳反应,对每个博弈方 i 的每个类型 $v_i \in [0,1]$,$b_i(v_i)$ 都满足

$$\max_{b_i}\left[(v_i-b_i)P\{b_i>b_j\}+\frac{1}{2}(v_i-b_i)P\{b_i=b_j\}\right]$$

式中 b_i 即 $b_i(v_i)$，b_j 即 $b_j(v_j)$，$i,j=1,2$。

由于各种不同的函数形式、种类、参数水平，所以博弈方的策略空间就会包括大量可选择的策略，从其中找出全部的贝叶斯纳什均衡也就非常困难，甚至是不可能的。下面我们先分析博弈方的最优策略。假设博弈方的策略限制在线性函数范围中（也就是说在由线性函数构成的部分策略空间中），线性函数策略是指，在拍卖过程中的投标人标价由基价和自己估价的一个固定比例两部分组成，依旧假设只有两个人参与投标，其中 $b_1(v_1)=a_1+c_1v_1$，$b_2(v_2)=a_2+c_2v_2$，其中 $a_1<1,a_2<1,c_1\geqslant 0,c_2\geqslant 0$。这样的策略符合现实且具有合理性。

博弈方 j 的策略为 $b_j(v_j)=a_j+c_jv_j$，则对任意给定的 v_i，博弈方 i 的最佳策略 b_i 需要满足

$$\max_{b_i}\left[(v_i-b_i)P\{b_i>a_j+c_jv_j\}+\frac{1}{2}(v_i-b_i)P\{b_i=b_j\}\right]$$

v_i 是服从标准分布的，所以 $b_j=b_j(v_j)=a_j+c_jv_j$ 也服从标准分布，$P\{b_i=b_j\}=0$，上面的式子就可以化简为

$$\max_{b_i}(v_i-b_i)P\{b_i>a_j+c_jv_j\}$$
$$=\max_{b_i}(v_i-b_i)P\left\{v_j<\frac{b_i-a_j}{c_j}\right\}$$
$$=\max_{b_i}(v_i-b_i)\frac{b_i-a_j}{c_j}$$

参数 b_i 的一阶条件就是

$$b_i=\frac{v_i+a_j}{2}$$

这是博弈方 i 对博弈方 j 策略 $b_j(v_j)=a_j+c_jv_j$ 的最佳反应策略。若 $v_i<a_j$，则 $b_i=\frac{v_i+a_j}{2}<a_j$，这样博弈方 i 使用上面的线性策略永远不会中标，在这里可以令 $b_i=a_j$。这样的话，博弈方 i 对博弈方 j 策略的最佳反应是

$$b_i(v_i)=\begin{cases}\dfrac{v_i+a_j}{2}, & v_i\geqslant a_j\\ a_j, & v_i<a_j\end{cases}$$

这个反应策略函数在 $v_i<a_j$ 时是一条水平直线，当 $v_i\geqslant a_j$ 时，函数以 1/2 的斜率上升，所以这种情况下策略函数就会是分段线性函数，分段函数只有在 $0<a_j<1$ 的情况下才能够出现。若双方的策略是严格的线性函数，则需要设 $a_j\leqslant 0$。在这个条件下，博弈方 i 的最佳反应是

$$b_i(v_i)=\frac{v_i+a_j}{2}=\frac{a_j}{2}+\frac{v_i}{2}$$

把这个式子与刚才的 $b_j=b_j(v_j)=a_j+c_jv_j$ 进行比较，可以解出 $a_i=a_j/2,c_i=1/2$。

用相同的方法来分析 j 的最佳反应，可以得到 $a_j=a_i/2,c_j=1/2$。把博弈方 i 和 j 的最佳策略解联立可以解出 $a_i=a_j=0,c_i=c_j=1/2$，也就是 $b_i(v_i)=v_i/2$，这样就可以看出每个博弈方的最佳策略都是把投标价格设置为自己对拍卖商品估价的一半。这样的话反映出来一个基本矛盾，投标者标价越高就越容易中标，但中标获得的收益就会越小；反过来，投标者的标价越低中标机会也会越低，不过这样若是中标的话收益就会很大。所以在这个博弈中，博弈双方

需要综合考虑这个矛盾，以此做出自己的最佳选择。

2. 二级密封价格拍卖

二级密封价格拍卖(second price sealed bid auctions)与一级密封价格拍卖类似，只有一点不同，二级密封价格拍卖是将拍卖品卖给出价最高的投标者，不过要求他支付第二高的报价。1961 年 Vickrey 提出了二级密封价格拍卖，也称 Vickrey 拍卖。不过在之后的研究中，经济学家们发现这样的拍卖方式早在 1893 年的集邮买卖中就已使用。Vickrey 的原始论文主要是考虑单个不可分割的产品拍卖，仅在这种情况下，Vickrey 拍卖和二级密封价格拍卖是等价的并且可以互换使用。

在具有私人价值的 Vickrey 拍卖中，每个投标人都通过投标来显示他们对待售物品的估价，最大化他们的预期收益。这些类型的拍卖有时用于机构抵押支持证券(MBS)市场中的指定池交易。在最普遍的情况下 Vickrey 拍卖具有决策的有效性（获胜者是拥有最高估价的投标人），因此，它提供了一个基线模型，其他类型拍卖的效率属性可以以此为依据进行设定。

二级密封价格拍卖也有它自身的缺陷。它不允许价格发现（买卖双方在给定的时间和地方对一种商品的质量和数量达成交易价格的过程），也就是说，在没有连续拍卖的情况下，如果买家对自己的估值不确定，就不能发现市场价格，卖家可以使用先价出价来增加利润。在竞标过程中，所有投标人若进行串通，都各自向对方透露他们的估价，这样大家降低部分或者全部的估价，同时保留赢得拍卖的一方。二级密封价格拍卖很容易受到托拉斯竞价的影响，即买家在拍卖中使用多个身份来最大化自己的利润，它不一定能最大化卖家的收入，卖家在 VCG 拍卖中的收入甚至可能为零。如果举办拍卖的目的是让卖家的利润最大化，而不是在买家之间分配资源，那么二级密封价格拍卖可能是一个糟糕的选择。

在 Vickrey 拍卖中，单件不可分割物品的主要策略是让每位竞标者都以物品的真实价值出价。现在我们来分析一下 Vickrey 拍卖中投标人的收益情况，假设所有的投标人互相都不认识也不会串通。令 b_i 是投标人 i 的出价，v_i 是拍卖物品对投标人 i 的价值，则投标人 i 的收益为

$$\begin{cases} v_i - \max_{j \neq i} b_j, & \text{若 } b_i > \max_{j \neq i} b_j \\ 0, & \text{其他} \end{cases}$$

假设投标人 i 的出价 $b_i > v_i$，如果 $\max_{j \neq i} b_j < v_i$，那么投标人将会以真实的出价或更高的出价赢得这个拍卖物品，这种情况下无论投标人 i 出价多少都不会改变策略的收益。如果 $\max_{j \neq i} b_j > b_i$，那么无论哪种方式，投标人 i 都会竞标失败，所以在这种情况下他们采取策略的收益都是相等的；如果 $v_i < \max_{j \neq i} b_j < b_i$，那么只有采取出价更高的策略才能赢得这次拍卖，高出价策略的回报将为负，因为他们支付的价格超过了物品的价值，而真实出价的回报将为零。因此，出价高于真实估值的策略最好以真实出价策略为主。

假设投标人 i 的出价 $b_i < v_i$，如果 $\max_{j \neq i} b_j > v_i$，那么投标人 i 将失去真实出价和低出价的项目，因此这些策略在这种情况下具有相同的收益；如果 $\max_{j \neq i} b_j < b_i$，那么投标人会以任何一种方式赢得该项目，因此在这种情况下，这些策略具有相同的收益；如果 $b_i < \max_{j \neq i} b_j < v_i$，那么只有如实出价的策略才能赢得拍卖。真实策略的收益回报是正的，因为竞标者支付的价格低于项目的价值，而出价较低的出价收益将为零。因此，低价策略也以真实竞价策略为主。

因此，综上所述，真实报价优于其他可能的报价策略（低报价策略和高报价策略），这是最优报价策略。

5.4.2 公开价格拍卖

1. 荷兰式减价拍卖

在荷兰式减价拍卖(Dutch descending auctions)中,拍卖者先给定一个高价,接下来逐渐让众多报价者喊出降低的价格。当某位报价者喊出"我买"时,他就以当前价格获得物品,拍卖结束。这种类型的拍卖方式在荷兰用于花卉拍卖,所以也称为荷兰式拍卖。荷兰式拍卖也被称为时钟拍卖或公开喊价降价拍卖,由于一次销售不需要多次出价,显示了其速度优势,在战略上其类似于一级密封价格拍卖。

荷兰式拍卖最初以超过卖家预期收到的价格来出售物品。价格逐步降低,直到投标人接受当前价格,随后其中一名投标人赢得拍卖并为该项目支付当前的价格。例如,一家企业可能会以 15 000 美元的起拍价拍卖一辆二手汽车,如果没有人接受最初的出价,卖方会以每次减少 1 000 美元的趋势连续降低价格,当价格达到 10 000 美元时,某个投标人(认为该价格可以接受并且其他人可能很快会出价)会迅速接受出价,并为这辆车支付 10 000 美元。

荷兰式拍卖的速度对最终价格和拍卖者的收入都具有重大影响。经过研究,当以一级密封价格拍卖为基准时,一个快速的荷兰式拍卖产生的出价和卖方收入的差距明显较小;相反,一个足够慢的荷兰式拍卖比一级密封价格拍卖更有利可图。如果有两名或两名以上的投标者参与荷兰式拍卖,应加大降价幅度。此外,拍卖者的预期收益会随着参与拍卖人数的增加和出价水平的增加而增加。在荷兰式拍卖中,除中标外,投标人无法查看其他投标者的投标,这导致投标者在评估荷兰式拍卖的竞争动态时会遇到更大的不确定性。与赢得拍卖相比,投标者在失败时会经历更强烈的情绪反应,这可以归因于荷兰式拍卖的即赢特性。获胜者知道并确信会赢得拍卖并支付获胜的价格,而失败的突然发生让其余参与者感到惊讶。与其他类型的拍卖相比,荷兰式拍卖的赢家更有可能经历后悔,这种情况发生在赢家认为自己出价过高时;在输家认为自己出价过低时,也会后悔。这都可以归因于荷兰式拍卖引起了更强烈的情绪反应,因为投标人无法寻找可以告知其投标行为(例如其他投标)的信号。

2. 英国式升价拍卖

在英国式升价拍卖(English scending auctions)中,拍卖者通过宣布建议的开标价、起始价或待售物品的保留价来开始拍卖,并且确定其最低增幅,投标者根据由低到高的次序逐次报价竞争,最后如果无人对当前最高报价响应,就以这个价格成交,获胜者则以这个价格获得拍卖物品。

在拍卖过程中,任何给定时刻的最高出价都被视为具有长期效应的出价,只能被竞争者的更高出价所取代。如果没有投标人接受起拍价,拍卖者要么开始逐步降低起拍价,要么允许投标人的出价低于起拍价,或者该物品根本不出售,这需要根据卖方的意愿或拍卖行的协议来决定。

英国式拍卖不同于其他拍卖机制,其最本质的特点是:拍卖过程完全公开,这样投标者就能实时获取信息,从而投标者可以潜在地实现私人信息共享。通过引入共同价值(也就是共同知识),英国式拍卖对于投标者来说具有收益优势:每个投标者关于共同价值的私人信息对其他投标者来说都是有价值的信息,并且这些信息在拍卖过程中被公开。

与密封价格拍卖(比如一级密封价格拍卖或二级密封价格拍卖)不同,英国式拍卖是"公开的"或完全透明的,因为所有投标者的身份(或至少存在)和他们的出价会在拍卖过程中互相披露。更一般地,如果拍卖机制涉及在对投标者不利的方向上调整价格的迭代过程(如果物品被卖给竞争的投标者，价格将上涨，或者在卖家之间反向拍卖，价格下降），则该拍卖机制被认为是"英式"的。相比之下，荷兰式拍卖会朝着有利于投标者的方向调整价格（如果物品被出售给竞争买家，则降低价格，如果是反向拍卖，则提高价格）。

当拍卖涉及单个待售物品且每个参与者对拍卖的物品具有独立的私人价值时，英国式拍卖的预期支付和预期收益在理论上与二级密封价格拍卖相同，并且两种机制都具有弱优势策略。维克里拍卖（二级密封价格拍卖）和英国式拍卖虽然在程序上有很大的不同，但都是将物品以与第二高出价者的价值相等的价格出售给报价最高的投标者。

3. 双方叫价拍卖

双方叫价拍卖（double bidding auctions）是多个卖家和多个买家进行买卖的过程。潜在的卖者和买者同时开价，卖者提交他们的要价（asking prices）给市场机构，然后市场机构选择某个价格 p 来清算市场，所有要价低于 p 的卖家的物品都卖出，所有出价高于 p 的买家都以 p 的价格买入。双方叫价拍卖的一个常见例子是证券交易。

下面以一个双边贸易的例子来说明双方叫价拍卖的博弈情况。从经济学家的角度来看，一个有趣的问题是找到一种竞争均衡——一种供给等于需求的情况。假设其中有一个卖家将他的产品估价为 S（例如生产产品的成本），而一个买家将该产品估价为 B。如果 $B \geqslant S$，那么在 $[S,B]$ 范围内的任何价格都是均衡价格，因为供给和需求都等于 1；任何低于 S 的价格都不是均衡价格，因为存在需求过剩的情况，任何高于 B 的价格也不是均衡价格，因为存在供给过剩的情况。当 $B < S$ 时，在 (B,S) 范围内的任何价格都是均衡价格，因为供给和需求都等于 0（价格对买方来说太高，而对卖方来说太低）。

在双方叫价拍卖中，买家的收益取决于交易价格和买家的估值，在信息完整的情况下可以找到拍卖中的纳什均衡，在信息不完整的情况下，买方和卖方只知道他们自己的估价。假设这些估值均匀分布在同一区间内，那么可以证明这样的博弈具有线性策略的贝叶斯纳什均衡。也就是说，当两个参与者的出价都是他们估值的一些线性函数时，存在一个均衡，这个均衡就是贝叶斯纳什均衡。

以上列出的几种拍卖方式看似虽然很不同，但其实一些差异只是表面上的。

从策略的角度来看，荷兰式拍卖与一级密封价格拍卖在实质上是等同的。在一级密封价格拍卖中，买者的策略是根据自己的私人信息来形成的，接下来再出价。虽然荷兰式拍卖是公开的，但是其并没有提供任何形式的有用信息。唯一可知的就是某些买者已经在当前价格下达成协议，不过此时拍卖也结束了。在一级密封价格拍卖中，竞争投标一个物品就相当于在荷兰式拍卖中以同样的价格买下物品，只要这个过程没有被中途结束。每一个用于一级密封价格拍卖的策略，都可以等同地应用于荷兰式拍卖，反之亦然。

当估价为私人信息时，英国式拍卖等同于二级密封价格拍卖，但是它们之间的等价关系较前面的对比要弱一些。英国式拍卖揭示了关于拍卖者何时退出的信息，这可用于对私人信息做出一些判断。但是当存在私人信息时，这种推断便显得毫无价值。很明显，在英国式拍卖中，买者停留至价格超过估价绝非理想的策略，因为其必然导致损失；或者在价格升至个人估价之前离开也不是最优的策略，因为潜在的收益被放弃了。类似地，在二级密封价格拍卖中，买者的最优策略就是坚持竞标直到价格升至个人估价为止。这种存在于二级密封价格拍卖与英国式拍卖之间的等同性之所以相对比较弱，理由有两个：首先，它们之间并非策略对等；其次，也是更重要的，两种拍卖机制下的最优策略仅在估价为私人信息时才对等。在估价相关的情形，某位买者对标的估价将受其他买者所具有的信息的影响。看到某些买者早早出局对于一位买者来说,可能意味着相应地降低自己对标的估价。因此,当估价相关时,从买者的角度来看这两种拍卖机制就不一定对等了。

5.4.3 几种拍卖之间的比较

一级密封价格拍卖与英国式拍卖的不同之处在于,每个投标人只能提交一个投标价格。此外,由于投标人无法看到其他投标者的投标,所以他们无法相应地调整自己的投标;一级密封价格拍卖被认为在战略上等同于荷兰式拍卖。有效的一级密封价格拍卖通常被称为公司和组织的采购招标,特别是政府合同和采矿租赁拍卖,它被认为可以通过竞争降低采购成本,通过提高透明度来降低腐败,即使它可能会导致已完成项目的事后额外成本更高以及完成项目的额外时间增加。

一级密封价格拍卖与二级密封价格拍卖的比较与等价证明如下。

表 5-1 将一级密封价格拍卖与二级密封价格拍卖进行了比较。

表 5-1 一级密封价格拍卖与二级密封价格拍卖的比较

对比项	一级密封价格拍卖	二级密封价格拍卖
获胜者(赢得拍卖物品的投标者)	出价最高者	出价最高者
获胜者需要支付的价格	当前获胜者的出价价格	第二高的出价价格
失败者需要支付的价格	0	0
优势策略	无优势策略	如实投标为优势策略
贝叶斯纳什均衡	投标人 i 出价 $\frac{n-1}{n}v_i$	投标人如实出价 v_i
拍卖者的收益	$\frac{n-1}{n+1}$	$\frac{n-1}{n+1}$

在表 5-2 拍卖者的收益中,投标者的估值是按照[0,1]独立均匀分布随机抽取的,当 $n=2$ 时,在第一价格拍卖中拍卖者收到两个均衡出价中的最大值,即 $\max(a/2,b/2)$;在第二价格拍卖中,拍卖者收到两个真实出价中的最小值,即 $\min(a,b)$。在上述两种情况下,拍卖者的预期收入都是 $1/3$,这是收入等价定理的一个特例,仅在投标者的估值在统计上独立时成立,当这些估值相关时,我们有一个共同价值拍卖,在这种情况下,第二价格拍卖的收入通常高于第一价格拍卖的收入。如果最终出价不足以让卖家满意,则出售的物品可能不会售出,即卖家保留接受或拒绝最高出价的权利。如果卖方向投标人公布底价,则为公开底价拍卖;相比之下,如果卖家在售前不公布底价而只在售后公布,则为秘密底价拍卖。

下面我们证明一级密封价格拍卖与二级密封价格拍卖的收入等价性。在这里我们考虑只有两个投标人参与投标的情况,投标人分别设为 i,j,并且假设每个投标者对商品的价值都是从支持[0,1]的独立均匀分布中得出的。投标者根据他们的优势策略出价,其中投标者 i 的估值为 v,商品对于投标者 j 的价值为 x,如果 $x<v$,那么估值为 v 的投标者 i 获胜。假设 v 是高价值,则获胜者的支付价格在区间 $[0,v]$ 上均匀分布,因此获胜者的预期支付价格为

$$e(v)=\frac{1}{2}v$$

那么在一级密封价格拍卖中,估价为 v 的投标者的均衡出价为

$$B(v)=e(v)=\frac{1}{2}v$$

也就是说,在一级密封价格拍卖中,获胜者的收益与二级密封价格拍卖中的预期收益相等。假设第二个投标者根据策略 $B(v)=v/2$ 出价,其中 $B(v)$ 是投标者对商品的估值 v 的出价。我们需要证明投标者 i 的最佳响应是使用相同的策略。首先请注意,如果投标者 2 使用策略 $B(v)=v/2$,那么投标者 j 的最高出价为 $B(1)=1/2$,因此投标者 i 以 $1/2$ 或更高的任何出价获胜的概率为 1。令 b 表示投标者的实际出价,其中 $b \in [0,1/2]$,令投标者 j 对拍卖品估计的价值为 x。若 $B(x)=x/2<b$,也就是说如果 $x<2b$,在二级密封价格拍卖值均匀分布的假设下,则投标者 i 获胜的概率为 $w(b)=2b$,因此他的预期收益为

$$U(b)=w(b)(v-b)=2b(v-b)=\frac{1}{2}[v^2-(v-2b)^2]$$

可以解出 $U(b)$ 的最大值为 $b=v/2=B(v)$,由此可以得到一级密封价格拍卖和二级密封价格拍卖具有等价性。

5.5 不完全信息静态博弈应用示例

古巴导弹危机中的博弈论

本节主要介绍古巴导弹危机中的不完全信息静态博弈。

第二次世界大战后,两个超级大国美国和苏联形成了对峙局面,构成了两大敌对阵营。1962 年,苏联偷偷地将导弹运送到古巴来对付美国,不过这个计划被美国的侦察机发现后,美国就对古巴进行了军事封锁。双方都具备核战争的能力,世界热核战争一触即发。对于苏联来说,他们面临的选择是是否把导弹撤回;对于美国来说,他们面临的选择是要挑起战争还是继续容忍苏联的挑衅行为。在 1962 年 10 月 14 日至 26 日期间,古巴导弹危机一度达到极点,美苏两者都在强硬与妥协之间徘徊,而且双方都不知道对方的想法,这其中的博弈可以用不完全信息静态博弈来分析。

在古巴导弹危机这个博弈中,参与者是美国和苏联;策略集合中美苏都各有两个策略,即强硬和妥协;如果一方强硬而另一方妥协,那么强硬的那一方将得到他所想的全部,而妥协方会失去全部。举例来说,如果美国强硬而苏联妥协,那么美国不再受到古巴导弹的威胁,世界地位提高,维持了核优势,可以毫无顾忌地颠覆古巴,同时保护柏林,维持阵营团结;而苏联则依旧受到木星导弹的威胁,地位下降,处于核劣势,没能保护古巴,在柏林问题上失利,社会主义阵营对苏联失望。接下来分析双方强硬的收益。如果双方都强硬,极有可能引发核大战,那么对双方都是毁灭性的。所以在分析双方收益情况的时候,把双方的初始利益设置为 v,c 设置为双方因斗争所消耗的收益,这样我们把收益定为 $\frac{v-c}{2}$,双方因为斗争使得总利益减少之后再平分。需要注意的是,当时苏联的军事力量不如美国,所以如果发生战争苏联遭受的损失会更大,因此如果发生战争苏联的收益为 $\frac{v-c}{2}-\varepsilon$,美国的收益为 $\frac{v-c}{2}+\varepsilon$,$\varepsilon$ 是一个值比较小的常量,可以体现双方的初始实力差距。如果双方妥协,美国和苏联都撤回导弹,则美国的收益为 $\frac{v}{2}+\varepsilon$,苏联的收益为 $\frac{v}{2}-\varepsilon$。综合以上的定义,下面给出两国的博弈矩阵,用 T 表示战争,用 C 表示妥协,如图 5-3 所示。

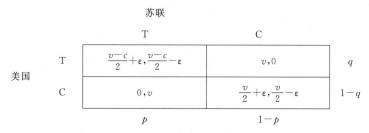

图 5-3 古巴导弹危机博弈矩阵

p 和 q 表示双方做出对应决策的概率：

$$u_i(\mathrm{T}, s_{-i}) = \left(\frac{v-c}{2} + \varepsilon\right)p + v(1-p) \tag{1}$$

$$u_1(\mathrm{C}, s_{-i}) = 0 \times p + \left(\frac{v}{2} + \varepsilon\right)(1-p) \tag{2}$$

令(1)=(2)，即

$$\left(\frac{v-c}{2} + \varepsilon\right)p + v(1-p) = 0 \times p + \left(\frac{v}{2} + \varepsilon\right)(1-p)$$

解得

$$p = \frac{v - 2\varepsilon}{c - 4\varepsilon}$$

同理

$$u_j(s_{-i}, \mathrm{T}) = \left(\frac{v-c}{2} - \varepsilon\right)q + v(1-q)$$

$$u_j(s_{-i}, \mathrm{C}) = 0 \times q + \left(\frac{v}{2} - \varepsilon\right)(1-q)$$

解得

$$q = \frac{v + 2\varepsilon}{c + 4\varepsilon}$$

最后双方的收益为

$$u_i(\mathrm{NE}) = q \cdot u_i(\mathrm{T}, s_{-i}) + (1-q) \cdot u_i(\mathrm{C}, s_{-i})$$

计算可以得到，最后美苏会达到一个纳什均衡，美国的收益为 $\frac{1}{2}(v+2\varepsilon)\left(1 - \frac{v-2c}{c-4\varepsilon}\right)$，苏联的收益为 $\frac{1}{2}(v-2\varepsilon)\left(1 - \frac{v+2\varepsilon}{c+4z}\right)$。为了简化这两个收益公式使其更加直观，在这里假设 c 是常数，把收益看作 v 的函数，这样就能动态分析两者因为 v 从强硬到妥协的变化。随着双方斗争的加剧，收益减少得会越来越快，为了表示这样的情况，我们在双方的收益后面加上一项 $v_1 v_2$，所以现在美国的收益可以表示为 $f(v_1) = \frac{1}{2}(v_1 + 2\varepsilon)\left(1 - \frac{v_1 - 2\varepsilon}{c - 4\varepsilon}\right) - v_1 v_2$，苏联的收益可以表示为 $f(v_2) = \frac{1}{2}(v_2 - 2\varepsilon)\left(1 - \frac{v_2 + 2\varepsilon}{c + 4\varepsilon}\right) - v_1 v_2$，双方都想要自己的收益最大化，我们就需要求函数的最值：

$$f'(v_1) = \frac{1}{2} - v_2 - \frac{v_1}{c - 4\varepsilon}$$

因为 $f''(v_1) = -\frac{1}{c - 4\varepsilon} < 0$ 且 ε 远小于 c，所以 $f(v_1)$ 存在极大值，令

则
$$f'(v_1) = 0$$

$$v_1 = \left(\frac{1}{2} - v_2\right)(c - 4\varepsilon)$$

令
$$t = c - 4\varepsilon$$

于是
$$v_1 = \left(\frac{1}{2} - v_2\right)t$$

同理
$$f'(v_2) = \frac{1}{2} - v_1 - \frac{v_2}{c + 4\varepsilon}$$

$$f''(v_2) = -\frac{1}{c + 4\varepsilon} < 0$$

所以 $f(v_2)$ 也存在极大值,令
$$f'(v_2) = 0$$

则
$$v_2 = \left(\frac{1}{2} - v_1\right)(c + 4\varepsilon)$$

令
$$r = c + 4\varepsilon$$

于是
$$v_2 = \left(\frac{1}{2} - v_1\right)r$$

因此双方都能达到一个纳什均衡,即双方最终会达成妥协并且表现出一种较强的克制。在 1962 年 10 月 27 日上午,苏联提出如果美国保证不进攻古巴他们就撤走导弹,最终美国同意不进攻古巴,双方达成了妥协。综上,古巴导弹危机之所以能够达到这样的局面,是因为核战争带来的代价非常巨大以及美国初始优势的制衡。

思考题及参考答案

5.1 在下面的静态贝叶斯博弈中,求出所有的纯战略贝叶斯纳什均衡:
① 自然决定收益情况由博弈 1 给出还是由博弈 2 给出,选择每一种博弈的概率相等;
② 参与者 1 了解到自然是选择了博弈 1 还是博弈 2,但参与者 2 不知道;
③ 参与者 1 以相同概率选择 T 或 B,同时参与者 2 选择 L 或 R;
④ 根据自然选择的博弈,两参与者都得到了相应的收益。
答案:①(B,L)。
② 对于图 5-4(a)所示的博弈参与者 1 选 T,对于图 5-4(b)所示的博弈,参与者 1 选 B。
• 如果参与者推断自然选择图 5-4(a)所示的博弈的概率大于 2/3,参与者 2 选 L。
• 如果参与者推断自然选择图 5-4(a)所示的博弈的概率等于 2/3,参与者 2 选 L 和选 R

无差异。
- 如果参与者推断自然选择图 5-4(a)所示的博弈的概率小于 2/3,参与者 2 选 R。

③ 参与者 1 以相同的概率选 T 或选 B。
- 如果参与者推断自然选择图 5-4(a)所示的博弈的概率大于 2/3,参与者 2 选 L。
- 如果参与者推断自然选择图 5-4(a)所示的博弈的概率等于 2/3,参与者 2 选 L 和选 R 无差异。
- 如果参与者推断自然选择图 5-4(a)所示的博弈的概率小于 2/3,参与者 2 选 R。

④ 自然选择图 5-4(a)所示的博弈时,参与者 1 选 T,参与者 2 选 L。
- 自然选择图 5-4(b)所示的博弈时,参与者 1 选 B,参与者 2 选 R。

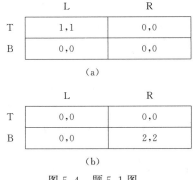

图 5.4　题 5.1 图

5.2　在《三国演义》第 45～46 回中,周瑜伪造假降书,诱骗曹操杀了蔡瑁、张允二将,曹操遂派蔡中、蔡和两兄弟假装降周瑜,去获取东吴情报,周瑜识破曹操的诡计,将计就计,对黄盖施以苦肉计。如何将这一故事模型转化为一个不完全信息博弈？或者不完全信息博弈是否就是将计就计？

答案:不完全信息博弈可以理解为将计就计,将计就计是针对信息本身的博弈。

若别人以为你是某种类型,于是自己就伪装成某种类型,但是这种伪装是有成本的(比如苦肉计),对方对这个伪装成本应有一个信念(估计)以判断你的类型是否伪装,如果对方能准确地估计你愿意承受的代价,那么你的苦肉计难以成功。所以将计就计不但需要付出成本,还需要对方对你的成本之真实价值难以准确预测。如果他过高地估计你的代价,那么你的将计就计就会成功。

本章参考文献

[1] 陆雄文.管理学大辞典[M].上海:上海辞书出版社,2013.
[2] 施锡铨.博弈论[M].上海:上海财经大学出版社,2000.
[3] 马忠贵.博弈论及其在无线通信网络中的应用[M].北京:国防工业出版社,2015.
[4] 张维迎.博弈论与信息经济学[M].上海:上海人民出版社,2004.
[5] 谢识予.经济博弈论[M].4 版.上海:复旦大学出版社,2017.
[6] Harsanyi J C. Games with Incomplete Information Played by "Bayesian" Players Part II. Bayesian Equilibrium Points[J]. Management Science, 1968,14(5):320-334.

[7] Huang Zhixing. Modeling Bidding Decision in Engineering Field with Incom-plete Information:A Static Game-Based Approach[J]. Advances in Mechanical Engineering, 2016,1(31):1-8.

[8] 段登伟,刘俊勇.基于不完全信息静态博弈论的购电商竞价策略研究[J].电力自动化设备,2003,23(7):10-14.

[9] Zandebasiri M,Filipe J A,Soosani J,et al. An Incomplete Information Static Game Evaluating Community-Based Forest Management in Zagros,Iran[J]. Sustainability, 2020,12(5):1-14.

[10] 谢识予. 纳什均衡论[M]. 上海:上海财经大学出版社,1999.

[11] Hu Hong, Stuart Jr., Harborne W. An epistemic analysis of the Harsanyi transformation[J]. International Journal of Game Theory,2002,30(4):517-525.

[12] Paruchuri P,Pearce J P,Marecki J,et al. Efficient Algorithms to Solve Bayesian Stackelberg Games for Security Applications[C]//Proceedings of the 23rd National Conference on Artificial Intelligence. 2008:1559-1562.

[13] Williams M F. Game Theory and Technical Communication:Inter-preting the Texas Two-Step through Harsanyi Transformation[J]. Journal of Technical Writing and Communication,2012,42(4):373-392.

[14] Paruchuri P, Pearce J P, Tambe M, et al. An efficient heuristic approach for security against multiple adversaries [C]//Proceedings of the 6th International Joint Conference on Autonomous Agents and Multiagent Systems. 2007:1-8.

[15] Li Qihui, Huang Chuanhe, Bao Haizhou, et al. A Game-Based Combinatorial Double Auction Model for Cloud Resource Allocation [C]//2019 28th International Conference on Computer Communication and Networks (ICCCN). Valencia, Spain: IEEE,2019:1-8.

[16] Zhang Yunxiao, Malacaria P. Bayesian Stackelberg games for cyber-security decision support[J]. Decision Support Systems,2021(148):113599.

[17] Ausubel L M, Milgrom P. The lovely but lonely Vickrey auction[J]. Combi-natorial Auctions, 2006, 17: 22-26.

[18] Noussair C, Robin S, Ruffieux B. Revealing consumers' will-ingness-to-pay: a comparison of the BDM mechanism and the Vickrey auction[J]. Journal of Economic Psychology, 2004, 25(6): 725-741.

[19] Chao Wang,Guo Peijun. Behavioral models for first-price sealed-bid auctions with the one-shot decision theory[J]. European Journal of Operational Research, 2017, 261(3):994-1000.

[20] Engelbrecht-Wiggans R, Katok E. Regret and Feedback Information in First-Price Sealed-Bid Auctions[J]. Management Science,2008,54(4):808-819.

[21] Budde M,Minner S. First-and second-price sealed-bid auctions applied to push and pull supply contracts[J]. European Journal of Operational Research,2014,237(16):370-382.

[22] Barrot C,Albers S,Skiera B,et al. Vickrey vs. eBay:Why Second-Price Sealed-Bid

Auctions Lead to More Realistic Price-Demand Functions[J]. International Journal of Electronic Commerce,2010,14(4):7-38.

[23] Katok E,Roth A E. Auctions of Homogeneous Goods with Increasing Returns: Experimental Comparison of Alternative "Dutch" Auctions[J]. Management Science, 2004,50(8):1044-1063.

[24] Adam M T P, Kramer J, Weinhardt C. Excitement Up! Price Down! Measuring Emotions in Dutch Auctions[J]. International Journal of Electronic Commerce,2012, 17(2):7-40.

[25] Mishra D,Parkes D C. Multi-item Vickrey-Dutch auctions[J]. Games and Economic Behavior,2009,66(1):326-347.

[26] Haile P A, Tamer E. Inference with an Incomplete Model of English Auctions[J]. Journal of Political Economy,2003,111(1):1-51.

[27] Vytelingum P,Cliff D,Jennings N R. Strategic bidding in continuous double auctions [J]. Artificial Intelligence,2008,172(14):1700-1729.

第6章 不完全信息动态博弈与完美贝叶斯纳什均衡

本章所要介绍的不完全信息动态博弈引入了参与者行动的先后顺序,所有的参与者都有机会修改自己的信息。正因每个参与者都可以修改自己的信息,所以每个参与者对其他参与者的信息都没有一个完全准确的认识,所得到的信息是不完全的。因此在不完全信息动态博弈的开始,参与者根据其他人的基本信息构建自己的初步判断,当博弈开始后,参与者应该不断地根据他人信息的变化修正自己的判断,让自己做出的决策达到最优。在现实生活中,由于事物是不断运动和发展的,因此不完全信息动态博弈在日常生活中得到了广泛的应用。

本章主要内容如下。6.1节将详细地介绍不完全信息动态博弈的概念,介绍贝叶斯纳什均衡改进后的完美贝叶斯纳什均衡,这种纳什均衡增加了信念修正,因此需要读者能够理解信念修正在不完全信息和动态同时存在时的重要意义。6.2节将介绍信号传递博弈,信号传递博弈是不完全信息动态博弈的一种特殊情况,需要读者掌握信号发送集合、行动集合并理解信号对行动策略的影响机制。6.3节将介绍基于信号传递博弈的网络攻防,其是一种基于不完全信息动态博弈的应用。

6.1 不完全信息动态博弈的概念

不完全信息动态博弈就是每个参与者都可以修改自己的信息,每个参与者都根据别人修改后的信息对自己的判断做出改变,做出最优的选择。

在不完全信息动态博弈中,信息具有不完全性。所谓信息的不完全性,是指每个参与者都不能掌握别人全部的、完全准确的信息,所得到的信息是残缺的或者过时的,因此参与者要不断根据自己目前所掌握的信息作出判断。

在人类社会中,不完全性的信息到处可见,例如,田忌赛马就是一种不完全信息动态博弈,参赛的A和B双方在开局前并不知道对方到底是如何排兵的,所获得的信息是有限的,必须自己做出判断,让自己的排兵布阵达到最优的情况,即我方的下等马对战敌方的上等马,我方的上等马对战敌方的中等马,我方的中等马对战敌方的下等马。奥运会的乒乓球团体赛就是典型的不完全信息动态博弈的例子,其状况比田忌赛马更加复杂,比如在我方输掉了第一局的情况下,为了获得最后的胜利,后面的排兵布阵极有可能打乱重排,以产生迷惑敌方的假象。

因此在不完全信息动态博弈中,每个参与者都应该不断地思考自己所获得信息的真实性和可靠性,在判断信息是否真实和可靠的前提下,再去做出判断,是否改变自己的策略,让自己做出的选择成为最优解,使自己的效益最大化。

完美贝叶斯纳什均衡是完全信息动态博弈的子博弈完美纳什均衡与不完全信息静态博弈的贝叶斯纳什均衡的结合。贝叶斯方法是概率统计中的一种分析方法。它是指根据所观察到现象的有关特征,对有关特征概率分布的主观判断(即先验概率)进行修正的标准方法。以下介绍几个不完全信息动态博弈的例子,帮助读者有个初步的认知。

中国著名寓言故事黔驴技穷就是贝叶斯方法思想的一个典型表达。老虎没有见过驴子,因而不知道自己比驴子强还是弱。老虎的战略是:如果自己弱,那就只能躲;如果自己强,那就吃驴子。对于自己并不了解驴子,老虎的做法是不断试探,通过试探修改自己对驴子的看法。如果驴子表现得温顺无能,老虎就认为驴子是美食的概率比较大,起初驴子没有反应,老虎认为驴子不像强敌,胆子越来越大。后来驴子大叫,老虎以为驴子要吃它,吓得逃走,但后来想想,又觉得不一定,于是继续试探,直到驴子踢老虎,老虎才觉得驴子"仅止技耳",于是采取自己此时的最优行动——吃驴子。

这里继续以经典的不完全信息下的市场进入博弈为例(注意与例 5-1 的区别)。在这个例子当中,有两个参与者,一个是在位者,一个是进入者。本例考虑 $t=1,2$ 两个时期,$t=1$ 时期,市场上有一个垄断的企业,即只有在位者在生产产品,一个潜在的进入者判断此时是否要进入市场。如果进入者决定进入市场,那么两个企业就进行博弈,在位者决定自己是否阻挠进入者进入市场。

若进入者不进入市场,那么在位者仍然是一个垄断者,与 $t=1$ 时刻状态一样。

假设在位者有两种类型:高成本类型和低成本类型。所谓高成本类型是指在位者阻挠进入者进入市场需要付出较大的代价;而低成本类型是指在位者阻挠进入者进入市场付出的代价较小。因此,若在位者是高成本的类型,那么阻挠进入者进入市场的概率会小一些;若在位者是低成本类型,那么阻挠进入者进入市场的概率会大一些。但在位者的类型是私人信息,进入者只知道在位者是高成本类型的概率是 u,是低成本类型的概率是 $1-u$。进入者需要不断判断并计算在位者处于高成本类型的概率是多少。这个概率一开始是先验概率,所谓的先验概率,是指修正之前的概率,而后验概率,指的是修正之后的概率。一般通过贝叶斯方法来进行修正。

在 $t=1$ 的时候,在进入者决定进入之前,在位者需要决定该时期的产品价格。假设这里有 3 种可能的选择价格 $P=4,5,6$。如果是高成本类型的在位者,相应的效益为 $u=2,6,7$;如果是低成本类型的在位者,那么相应的效益是 $u=6,9,8$。因此,高成本类型的在位者的单阶段最优垄断价格是 $P=6$,低成本类型的单阶段最优垄断价格是 $P=5$,如表 6-1 所示。

表 6-1 在位者在不同价格选择下的效益水平(第一阶段)

参与者类型	$P=4$	$P=5$	$P=6$
在位者是高成本类型时的效益	2	6	7
在位者是低成本类型时的效益	6	9	8

在 $t=2$ 的时候,若进入者不进入,那么在位者仍然是一个垄断者,效益与 $t=1$ 时期一样;在 $t=2$ 的时候,进入者进入市场,假设进入市场的成本是 2。若在位者是高成本类型,对称的古诺均衡产量下的价格 $P=5$,在第二个阶段,无论在位者选择何种价格,若进入者进入,那么双方各自的效益均为 3,扣除进入成本 2,进入者的实际效益为 1;若在位者是低成本类型,两

个企业的成本函数不同，非对称古诺均衡产量下的价格是4，在第二个阶段，无论在位者选择什么样的价格，双方各自的效益分别为5，1，扣除进入成本2，进入者的实际的效益为 -1。图6-1显示了每个阶段在位者和进入者的效益。表6-2表示的是进入者进入时，两位参与者在不同类型下的效益水平。

表6-2 在位者进入时，两位参与者在不同类型下的效益水平（第二阶段）

参与者类型	在位者	进入者
在位者高成本 $P=5$ 时的效益	3	1
在位者低成本 $P=4$ 时的效益	5	-1

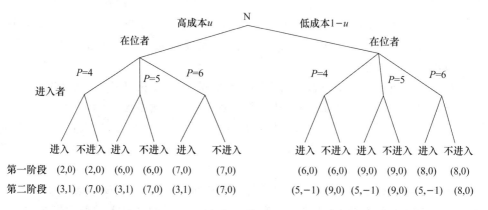

图6-1 不完全信息下的市场进入博弈——两阶段不完全信息动态博弈的扩展表示

在上述情况下，双方进行动态博弈。以进入者为视角，进入者可以观察到价格的信号，无法得到准确的在位者类型的信息，进入者不断修正自己的先验信息，得到后验信息。

对于进入者而言，无论在位者选择什么样的价格，进入者总是认为在位者在高成本类型概率 $\theta<1/2$ 时，选择不进入。若在位者处于高成本类型概率 $\theta>1/2$ 的时候，则进入者进入市场。

图6-1中在位者有两个单节点的信息集，表示在位者知道自然的选择类型；在位者下面3条直线表示进入者有3个信息集，每个信息集都有两个决策节，表示进入者能够观测到在位者的价格，但是不能够观测到在位者的成本函数（即类型），即在位者能够观测到 $P=4$ 或者 $P=5$ 或者 $P=6$，每一种价格都可能是高成本类型在位者的价格，也可能是低成本类型在位者的价格。进入者在第一个阶段的效益恒为0，表6-2省略了第二阶段博弈的扩展类，用古诺均衡支付向量和垄断效益取代，因为在第二阶段时，如果进入者进入，那么古诺均衡产量是每个企业的最优选择；如果进入者不进入，那么单阶段垄断产量是在位者的最优选择。

当博弈进入第二阶段后，企业的选择行动是一个简单的静态博弈决策问题，但是在第一阶段，企业的选择是一个动态的博弈问题，要复杂一些。进入者认为在位者在高成本类型的概率不超过 $1/2$ 时，选择不进入，否则进入。与静态博弈不同的是，进入者在观测到第一阶段的价格后，可以修正在位者成本函数的先验概率 u，因为在位者选择价格可能会包含着有关其成本函数的信息。例如，在任何情况下，高成本类型的在位者不会选择 $P=6$，因为高成本类型的在位者在 $P=6$ 时垄断的效益最高，在位者不希望进入者意识到自己是高成本类型。因此如果进入者观测到在位者选择了 $P=6$，那么就可以推断出在位者一定或者很大概率是高成本类型,此时选择进入有利可图。尽管 $P=6$ 是单阶段的最优垄断价格,但是高成本的在位者可能不会选择 $P=6$,因为会招致进入者进入市场。在这个模型中,在位者必须考虑选择的价格所导致的信息效应,即不同的价格如何影响进入者的后验概率,从而影响进入者的进入决策。一个非单阶段的最优价格虽然会减少现期的效益,但是如果能够阻止进入者进入,从而使在位者在第二阶段能够得到垄断效益而不是古诺均衡效益,那么这种策略会更好,假设此时垄断效益与古诺均衡效益之间的差距足够大。因此,在位者选择什么价格,不仅与其成本函数有关,而且与进入者的先验概率 u 有关,而无论多少,单阶段最优垄断价格不构成一个均衡。

为了分析上述动态博弈的结果,仅使用之前介绍的贝叶斯纳什均衡是不够的。由于不完全信息动态博弈只有自身一个子博弈,因此子博弈完美纳什均衡将起不到改进均衡的效果。但是可以借鉴子博弈完美纳什均衡的思想,结合贝叶斯纳什均衡,形成完美贝叶斯纳什均衡。完美贝叶斯纳什均衡的要求如下。

① 在每个信息集上,参与者必须有一个定义在属于该信息集的所有节点之上的概率分布,这就是参与者的信念,参与集包含参与者类型的信息,这一信念相当于参与者在该信息集上对其他参与者类型的概率判断。

② 在后续的博弈中,要结合给定信息集上的信念和其他参与者的后续策略,参与者的后续策略必须是最优的。

③ 每个参与者都根据贝叶斯法则和均衡策略修正后验信念。

现在使用完美贝叶斯纳什均衡来分析上述的市场案例。在上述的市场案例中,在位者有两个类型,即高成本类型和低成本类型,进入者只有一个类型。因此只有进入者修正自己的信念,令 $u(P)$ 为进入者在观测到在位者的价格选择后认为在位者是高成本类型的后验概率,其中 P 代表的是价格。首先,无论 u 是多少,在第一阶段,高成本在位者选择单阶段最优垄断价格 $P=6$ 和低成本类型在位者选择单阶段 $P=5$ 不是一个完美贝叶斯纳什均衡。因为进入者观测到 $P=6$ 就认为在位者是高成本类型,进入者观测到 $P=5$ 就意识到在位者是低成本类型(高成本类型 $P=6$ 的利润最大,低成本类型 $P=5$ 的利润最大),即 $u(6)=1,u(5)=0$。在给定这个后验信念后,当进入者观测到 $P=6$ 时进入市场。若高成本的在位者选择 $P=6$ 的价格,那么在第一阶段,在位者会获得 7 个单位的效益,在第二阶段在位者会获得 3 个单位的效益,总效益为 10。但是,如果高成本类型的在位者模仿低成本类型企业,选择 $P=5$ 的价格,那么在第一阶段在位者会获得 6 个单位的效益,在第二阶段会获得 7 个单位的效益,因为此时进入者不认为在位者是高成本类型,不会进入市场,在位者的总利润是 13 个单位的效益。因此 $P=6$ 不是高成本类型在位者的最优选择。

现在考虑两种不同的情况,即 $u<1/2$ 和 $u\geqslant 1/2$。首先考虑 $u<1/2$ 的情况,此时的完美贝叶斯纳什均衡无论在位者是高成本类型还是低成本类型,在位者总是选择 $P=5$ 的价格;进入者观测到 $P=6$ 的价格时,才会认为在位者是高成本类型,进入市场。如果高成本类型的在位者选择 $P=6$,进入者进入,第一阶段在位者的效益是 7,第二阶段在位者的效益是 3,总效益是 10;但是如果高成本类型的在位者选择 $P=5$,进入者不进入,那么第一阶段在位者的效益是 6,第二阶段在位者的效益是 7,总效益是 13。因此在位者选择 $P=5$ 的策略更好,牺牲第一阶段 1 个单位的效益来换取第二阶段 4 个单位的效益。同样,在给定进入者的后验概率和策略,低成本的在位者选择 $P=5$ 时,第一阶段的在位者效益是 9,第二阶段在位者效益也是 9,因为此时 $u(5)=(1\times u)/(1\times u+1\times(1-u))=u<1/2$,进入者认为在位者是低成本类型,进入者不进入,在位者的总效益是 18,大于选择任何其他价格时的效益。因此 $P=5$ 也是低成本

在位者的最优选择。

上述均衡称为混同均衡,因为两个类型在位者选择相同的价格。当 $u<1/2$ 的时候,如果进入者不能从在位者的价格中得到新的信息,会选择维持原来的信息 $u<1/2$,不进入市场。因此,高成本类型在位者可以通过模仿低成本类型在位者的行为来欺骗进入者,隐藏自己是高成本类型的事实,在这种情况下,只需要让在位者维持原来的信息 $u<1/2$ 即可,低成本类型的在位者也没有必要披露自己是低成本类型的事实。

当 $u\geq1/2$ 时,如果进入者得不到新的信息,维持原来的信息 $u\geq1/2$,此时进入者会进入市场。完美贝叶斯纳什均衡是低成本类型在位者选择 $P=4$ 的价格,高成本类型在位者选择 $P=6$ 的价格;如果观测到 $P=4(u(4)=0)$,进入者选择不进入;如果观测到 $P=6$ 或者 $P=5$ ($u(6)=1, u(5)\geq1/2$),进入者选择进入。对于低成本类型在位者,如果在位者选择了 $P=4$,此时进入者不进入,那么在位者第一阶段的效益是 6,第二阶段的效益是 9,总效益是 15。

如果在位者选择 $P=5$,那么进入者进入,第一阶段在位者的效益是 9,第二阶段在位者的效益是 5,总效益是 14,因此在位者选择 $P=4$ 的策略是最优的。如果在位者是高成本类型,此时在位者选择 $P=4$,进入者不进入,那么在位者第一阶段的效益是 2,第二阶段的效益是 7,总效益是 9;如果在位者选择了 $P=6$,那么进入者进入,在位者第一阶段的效益是 7,第二阶段的效益是 3,总效益是 10。因此在位者选择 $P=6$ 的策略是最优的。给定在位者的策略,$u(6)=1$ 和 $u(4)=0$ 是正确的,因此进入者的最优策略是:如果观测到 $P=6$,选择进入,如果观测到 $P=4$,选择不进入,$P=5$ 不是均衡策略,可以规定 $u(5)\geq1/2$。

上述策略称为分离均衡,因为不同类型的在位者选择不同的价格。低成本类型在位者选择了非单阶段的最优价格 $P=4$,高成本类型在位者选择了单阶段最优垄断价格 $P=6$。如果低成本类型在位者选择了单阶段垄断价格 $P=5$,那么他将无法将自己与高成本类型在位者分开,此时进入者维持自己的原来信息,进入市场;高成本类型在位者不会选择 $P=4$,因为成本太高,效益无法最大化。

6.2 信号传递博弈

信号传递博弈是比较简单而应用相当广泛的一种不完全信息动态博弈,迈克尔·斯宾塞(A. Michael Spence)首先对此进行了论述。在信号传递博弈中,有两位参与者,一位参与者是信号的发送者(Sender),用 S 来表示,另一位参与者是信号的接收者(Receiver),用 R 来表示。信号发送者 S 先行动,发送一个关于自己类型的信号,信号的接收者 R 根据所接收到的信号选择自己的行动。

信号发送者有一个类型 t,发送者会从信息集合里 $M=\{m_1, m_2, \cdots, m_i\}$ 中选择一个信息(m)发送。接收者收到这个信息后,会从可行的动作集合 $A=\{a_1, a_2, \cdots, a_j\}$ 中选择一个反应动作(a),这里接收者只知道发送者发送的信息(m),除此之外的信息一概不知道,例如发送者的类型。根据 (t, m, a) 的组合方式来决定双方获得的效益。

在信号传递博弈中,有两个参与人,$i=1,2$:参与人 1 称为信号发送者(因为他发出信号);参与人 2 称为信号接收者(因为他接收信号)。参与人 1 的类型是私人信息,参与人 2 的类型是公共信息(即只有一个类型)。自然首先选择参与人 1 的类型为参与人类型空间,参与人 1 知道 θ,但参与人 2 不知道,只知道 1 属于 θ 的先验概率 $p=p(\theta)$;参与人 1 在观测到类型 θ 后

选择发出信号 $m \in M$；参与人 2 在观测到 1 发出信号 m（但不是类型 θ）后，使用贝叶斯法则从先验概率得到后验概率 $p = p(\theta|m)$，然后选择；支付函数分别为 $u(1) = (m,a,\theta)$ 和 $u(2) = (m,a,\theta)$。当参与者 1 发出信号的时候，他预测到参与者 2 将根据他发出的信号修正对自己类型的判断，因而选择一个最优的类型依存信号战略；同理，参与者 2 知道参与者 1 选择的是给定类型和考虑信息效应情况下的最优战略，因此使用贝叶斯法则修正对参与者 1 类型的判断，选择自己的最优行动。在上述信号传递博弈中，发送者有 4 个纯战略。战略 1 是如果自然赋予类型 θ_1，那么选择信号 m_1；如果自然赋予类型 θ_2，那么选择信号 m_1。战略 2 是如果自然赋予类型 θ_1，那么选择信号 m_1；如果选择自然赋予类型 θ_2，那么选择信号 m_2。战略 3 是如果自然赋予类型 θ_1，那么选择信号 m_2；如果自然赋予类型 θ_2，那么选择信号 m_1。战略 4 是如果自然赋予类型 θ_1，那么选择信号 m_2；如果自然赋予类型 θ_2，那么选择信号 m_2。接收者也有 4 个纯战略，如图 6-2 所示：战略 1 是如果发送者选择发送信号 m_1，那么接收者选择行动 a_1；如果发送者选择发送信号 m_2，那么接收者选择行动 a_1。战略 2：如果发送者选择发送信号 m_1，那么接收者选择行动 a_1；如果发送者选择信号 m_1，那么接收者选择行动 a_2。战略 3 是如果发送者选择发送信号 m_1，那么接收者选择行动 a_1；如果发送者选择发送信号 m_2，那么接收者选择行动 a_1。战略 4 是如果发送者选择发送信 m_1，那么接收者选择行动 a_2；如果发送者选择信号 m_2，那么接收者选择行动 a_2。

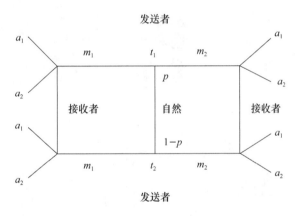

图 6-2　考察信号传递博弈的一种简单情况的扩展式描述（不考虑支付）

在发送者的 4 个发送战略当中，可以根据发送者的类型与发送信号之间的相互关系，将其分为两类：混同战略和分离战略。对于第一个战略和第四个战略，由于在不同类型时发送者都发出相同的信号，因此把这种类型的战略称为混同（pooling）战略。对于第二个战略和第三个战略，由于在不同类型时发送者发送的信号不同，因此称这种类型的战略为分离（separating）战略。分离的意思是不同类型的发送者发出不同的信号。在两种类型的模型中，还存在着部分混同战略（其中所有属于给定类型集合的类型都发送同样的信号，但是属于不同类型集合的类型发送不同的信号）和准分离战略。

在信号传递博弈当中，所有可能的完美贝叶斯纳什均衡都可以划分为 3 类：分离均衡、混同均衡和半分离均衡。

- 分离均衡。这种均衡当中的不同类型发送者以概率 1 选择不同的信号，即没有两种类型选择同一种信号。在分离均衡中，信号准确地表现类型，接收者完全可以通过信号来准确地判断发送者的类型。

- 混同均衡。在这种均衡下,不同类型的发送者选择了相同的信号。这个时候接收者无法从信号中得到新的信息,无法对先验信号进行修正。
- 半分离均衡。一些类型的发送者随机地选择信号,另一些类型的发送者选择特定的信号。接收者得到某些信号时能够准确地判断出发送者的类型,得到另外的信号时尽管不能够完全判断发送者的类型,但是能够修正自己的信念。

6.3 基于信号传递博弈的网络攻防

不完全信息动态博弈的应用

随着网络信息技术的飞速发展,互联网的应用给人类社会带来了极大的便利。同时,网络安全防御问题也逐渐成为影响信息社会发展的关键因素,是网络信息领域亟须解决的核心问题。

针对传统网络攻防过程中防御者往往处于被动状态的问题,通过构建虚假或其他类型的蜜罐网络来引诱攻击者进行错误攻击,从而达到保护目标网络的目的,实现网络安全主动防御。图 6-3 给出了网络攻防博弈的示例图。

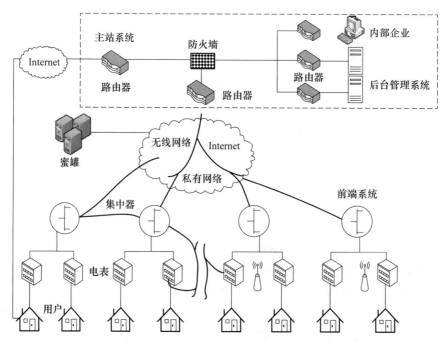

图 6-3 网络攻防博弈的示例图

为改变被动防御的局面,防御者可充分利用网络欺骗技术,有针对性地向网络攻击者主动释放真实与虚假 2 种不同的防御信号,使网络攻击者无法判断信息的真伪。图 6-4 给出了网络攻防博弈中不同阶段的示例图。

防御者类型的先验判断为 $P_1, P_2, \cdots, P_k$,表示多阶段博弈中对前一阶段修正的后验概率。攻击者基于博弈初始阶段的学习经验,使防御欺骗信号效能存在一定的衰减,用衰减因子 δ_i 表示。

网络攻防过程由多个独立且相似的单阶段博弈构成。单阶段网络欺骗信号传递博弈模型

第 6 章 不完全信息动态博弈与完美贝叶斯纳什均衡

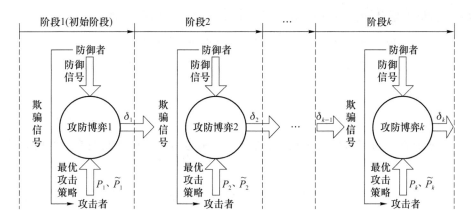

图 6-4 网络攻防博弈中不同阶段的示例图

(Cyber Deception Signal Game Model,CDSGM)为六元组,即 CDSGM=(N,S,T,M,P,U),具体如下。

- $N=(N_D,N_A)$ 表示博弈参与者集合,其中,N_D 为防御者,N_A 为攻击者。
- $S=(S_D,S_A)$ 表示博弈策略集合,其中,$S_D=\{S_{D_i}|i=1,2,\cdots,N\}$ 表示防御策略集合,$S_A=\{S_{A_j}|j=1,2,\cdots,N\}$ 表示攻击策略集合。
- $T=(T_D,T_A)$ 表示博弈参与者类型集合,其中,$T_D=\{T_{D_i}|i=1,2,\cdots,N\}$ 为防御者类型集合,根据防御者欺骗能力的不同,可将防御者分为不同级别的防御类型,且防御类型为防御者的私人信息;$T_A=(\zeta)$ 表示攻击者类型。
- M 表示防御欺骗信号集合,$M=\{m_j|j=1,2,\cdots,N\}$ 且 M 不为空,网络防御者通过释放防御欺骗信号,以达到欺骗攻击者的作用。
- $P=(P_A,\widetilde{P}_A)$ 表示攻击者的博弈信念集合,其中,$P_A=\{P_A(T_{D_1}),P_A(T_{D_2}),\cdots,P_A(T_{D_n})\}$ 表示攻击者对不同防御者类型的先验判断,$\widetilde{P}_A=\widetilde{P}_A(T_{D_i}|m_j)$ 表示攻击者结合防御信号和先验概率计算得出的后验概率。
- $U=(U_1,U_A)$ 表示攻防双方的收益函数集合。

图 6-5 是网络欺骗攻防博弈树。

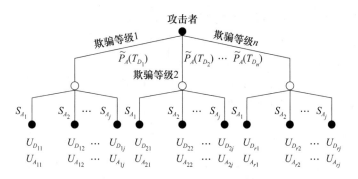

图 6-5 网络欺骗攻防博弈树

针对单阶段网络欺骗博弈过程,通过完美贝叶斯纳什均衡求解方法进行博弈均衡求解。将此博弈的博弈均衡表示为 EQ=$(S_D^*(m),S_A^*(m),\widetilde{P}_A(T_D))$。当满足如下公式时,即达到该博弈的完美贝叶斯纳什均衡,从而求出单阶段最优网络欺骗防御策略。

$$S_A^*(m) \in \text{argmax}_{i,j \in N} \sum P(T_{D_i} \mid m_j) U_A(m^*(T_D), S_A, T_D)$$

$$S_D^*(m) \in \text{argmax}_{m \in M} U_D(m, S_A^*(m), T_D)$$

$$\tilde{P}_A = P_A(T_D \mid m)$$

其中,$S_A^*(m)$表示攻击者的信号依存策略;$S_D^*(m)$表示防御者释放m^*信号后基于最优攻击策略$S_A^*(m)$的最优防御策略;$\tilde{P}_A$表示攻击者收到m^*信号后对防御者类型判断的后验概率。

思考题及参考答案

6.1 在一个寡头市场中,厂商 A 具有垄断市场的地位,而厂商 B 想进入这个市场。厂商 A 会有两种选择,一是阻挠,二是允许。A 选择哪种,取决于 A 分别要为这两种方案付出的成本高低。如果阻挠成本高,则 A 会允许 B 进入市场;如果阻挠成本低,则 A 会阻挠 B 进入市场。相应地,假定当 A 让 B 进入市场时,B 的收益为 40 亿元,而当 A 阻挠 B 进入市场时,B 会亏损 10 亿元。

在第一轮博弈之前,假定 B 对 A 的类型与行为的概率初步判断如图 6-6 所示,即 B 认为 A 是高成本的概率是 0.7,并且在 A 是高成本的情况下,A 阻挠 B 进入市场的概率是 0.2;B 认为 A 是低成本的概率是 0.3,并且在 A 是低成本的情况下,A 阻挠 B 进入市场的概率是 100%。

图 6-6 B 对 A 的类型与行为的概率初步判断

请问:如果 B 两次进入市场均受到了 A 的阻挠,那么此时 B 认为 A 是高成本的概率是多少?

答案:在 B 没进入市场前,B 认为受到阻挠的概率是

$$P(阻挠) = 0.7 \times 0.2 + 0.3 \times 1 = 0.44$$

这个阻挠概率是在博弈之前推算的,属于先验概率。

第一轮博弈后,B 受到了阻挠,此时,B 受到阻挠的概率就可以更新了,我们可以算出在阻挠的情况下,B 认为 A 是高成本的概率:

$$P(高成本 \mid 阻挠) = \frac{P(阻挠 \mid 高成本) P(高成本)}{P(阻挠)} = \frac{0.2 \times 0.7}{0.44} \approx 0.32$$

这时 B 原本认为 A 属于高成本的概率就会从 0.7 变成 0.32,概率情况如图 6-7 所示。

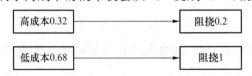

图 6-7 变化后的概率情况

在进行第二轮博弈前，B 认为自己会受到 A 阻挠的概率为
$$P(阻挠)=0.32\times0.2+0.68\times1=0.744$$
B 第二次进入市场，仍然受到了阻挠，此时 B 认为 A 属于高成本的概率又得到了更新：
$$P(高成本|阻挠)=\frac{P(阻挠|高成本)P(高成本)}{P(阻挠)}=\frac{0.2\times0.32}{0.744}\approx0.086$$
因此，B 进入市场后，在受到了 A 两次阻挠的情况下，B 认为 A 是高成本的概率从原先的 0.7 变成了 0.32，最后变成了 0.086，此时理性的 B 就不应该再进入市场了。

本章参考文献

[1] 朱丹.浅谈海萨尼的不完全信息博弈——来自迈尔森(Myerson)对海萨尼不完全信息博弈的梳理[J].信息系统工程,2020(4):140-142.

[2] 周恒杰,孙闽红,钟华,等.基于不完全信息动态博弈的多信道无线网络抗干扰传输[J].电信科学,2018,34(2):39-45.

[3] 胡吉亚.战略性新兴产业信贷融资的现状、问题与对策——基于"海萨尼转换"博弈分析[J].软科学,2021,35(2):1-6.

第 3 篇

合作博弈及演化博弈

第 7 章 合作博弈

在第二篇中我们学习了非合作博弈,探讨了人们在利益相互影响的局势中如何决策使自己的收益最大,即策略选择问题。而从本篇开始我们接触合作博弈——研究人们达成合作时如何分配合作得到的收益,即收益分配问题。

合作博弈又叫正和博弈,指的是博弈双方的利益都有所增加;或者至少是一方的利益增加,而另一方的利益不受损害,因而整体的利益仍有所增加。非合作博弈和合作博弈的根本区别就是,前者不考虑博弈方之间可以用有约束力协议的情况,而后者则允许这种协议的存在。

为什么我们需要合作博弈呢?非合作博弈已经为很多问题提供了强有力的理论支撑,但是,个体理性并不是人类经济行为背后的唯一逻辑,其中联合理性的集体决策行为也相当普遍。一方面,非合作博弈虽然非常有效,但是它无法分析现实中普遍存在的联合理性行为;另一方面,合作博弈理论的发展也是非合作博弈理论本身的要求,因为后者经常会遇到无帕累托优劣关系的多重纳什均衡问题。比如,两人分 10 000 元(这个例子我们在之后也会遇到)。作为非合作博弈,两博弈方的策略就是各自要求的份额 $0 \leqslant s_i \leqslant 10\,000$,双方的策略组合 s_1, s_2 满足 $s_1 + s_2 \leqslant 10\,000$,所有满足 $0 \leqslant s_i \leqslant 10\,000$ 且 $s_1 + s_2 = 10\,000$ 的 (s_1, s_2) 都是纳什均衡解。

非合作博弈之所以无法解决上述问题,就在于忽略了博弈双方之间可能的联合理性行为。博弈双方通过协调行为,完全可以解决这个非合作博弈理论无法解决的多重纳什均衡问题。

7.1 合作博弈引例

海盗分金问题中
合作的情景

合作博弈,顾名思义就是博弈的参与者在策略的选择上相互合作,而这就不得不提猎鹿博弈。猎鹿博弈在第 2 章中有所提及,这里直接写出两位猎人的效益矩阵,如图 7-1 所示。

		猎人乙	
		猎鹿	猎兔
猎人甲	猎鹿	(10,10)	(0,4)
	猎兔	(4,0)	(4,4)

图 7-1 猎鹿博弈的效益矩阵

在图 7-1 所示的效益矩阵中存在两个纳什均衡(4,4)和(10,10),也就意味着两位猎人要不全部抓兔子,要不一同猎鹿。而显而易见的是猎鹿的收益远高于抓兔,因此从(4,4)到(10,10)是一种帕累托改进(或帕累托优化)。

在猎鹿博弈中,猎人们采用平均分配猎物的方式,而如果事先没有约定好分配方式,则可能引起分歧。熊、狼、狐狸分猎物的故事就是一个经典的例子。在森林中,熊、狼、狐狸一起抓到了一只兔子,并协商如何分配食物,发生了如下一系列的对话。

狐狸先是对熊说:"如果我们一起平分就各自只能得到三分之一,而我们联合起来就可以我们俩平分,你觉得如何?"熊刚要答应,狼就着急了。

这时,狐狸对狼说:"我和熊联合起来,你什么也得不到,不如我们合作,你就可以得到四分之一了,你觉得如何?"狼很感激地点了点头。

熊明白过来之后,又对狼说:"别听狐狸那个两面三刀的家伙,和我合作,我可以给你三分之一。"

狼正在得意的时候,没想到狐狸和熊又开始商量起来,把狼忘在了一边。狼又连忙钻过去与它们继续讨价还价……

在合作博弈中,往往会产生额外的收益,而如何合理地分配收益,是合作博弈中的一个关键点。

作为最简单的合作博弈,讨价还价(bargaining)是我们生活中常见的情景。商家与买家、拍卖与竞拍、利益的权衡与分配,甚至 MOBA 游戏(多人在线战术竞技游戏)对战时的资源共用等都是双方讨价还价的案例。作为博弈论最早研究的问题之一,讨价还价博弈与我们的日常联系更为紧密,我们对它有着最为朴素的情感和直观的理解,这正是我们即将深入探讨的话题。

合作博弈也存在一个经典的博弈模型,即囚徒博弈。关于该博弈的介绍,在前几章已经较为充分,这里直接给出囚徒张三与囚徒李四的效益矩阵,如图 7-2 所示。

		李四	
		坦白	不坦白
张三	坦白	(2,2)	(0,3)
	不坦白	(3,0)	(1,1)

图 7-2 囚徒博弈的效益矩阵

合作博弈熊、狼、狐狸分猎物

对于张三而言,无论李四采取什么策略,坦白都是最优策略。同理,李四的最优策略也是坦白。因此,在此博弈中的纳什均衡是(坦白,坦白),对应的结果是两个囚徒都获刑两年。与此同时,张三、李四还有另外一种策略,即(不坦白,不坦白),而此策略对应的效益是各获刑一年。两人从各获刑两年变为各获刑一年,这个结果无论对于张三还是李四都是更好的选择。张三、李四如果都是理性人,则必然会选择(坦白,坦白),也就是囚徒博弈中的纳什均衡。相比于猎鹿博弈中,两位猎人可能会达成同时猎鹿的决策;在囚徒博弈中,两位囚徒往往出于个人理性,而选择同时坦白。

如果囚徒两人之间存在一个约定,即达成群体理性,双方都不坦白,则会在个体理性的基础上获得收益的提升。由于这个约定的存在,所以(不坦白,不坦白)也会构成一个在非合作时不能达成的均衡,而两位囚徒的效益也都得到了增加。同时,约定的存在也会促使囚徒两人在违反约定的时候得到更多的惩罚。这也正是个体理性与群体理性的不同之处。

上述的例子展示了几个可能的合作博弈。在第一个博弈中,假定两位猎人之前平均分配猎物,而这在实际生活中是很难达成的。这也是第二个例子中,熊、狼、狐狸分配猎物问题的产生原因。如何分配合作博弈后的收益是一个值得研究的问题。在第三个例子中,参与人通过一个合作的约定,达成原本不可能实现的策略。而生活中的博弈行为,主体仍是非合作博弈,约定与联盟的达成是困难的,也往往是非永恒的,联盟也是一个合作博弈中的重要概念。

本章 7.2 节重点介绍了讨价还价博弈的模型和应用;7.3 节主要介绍了联盟博弈的相关知识,从联盟博弈的模型开始,依次讲解了价值分配、核与稳定集、沙普利值;7.4 节结合联盟博弈的相关概念,给出了一些案例分析,以及联盟博弈与网络的结合。

7.2 讨价还价博弈

从囚徒困境的角度分析国际军备竞赛

阿尔伯特·爱因斯坦说过"所有科学不过就是日常思考的提炼而已"。博弈论是从一系列的生活事件中提炼出来的行为准则,它可以教人们学会获取双赢的策略思维。人们的工作和生活就是一个不断决策的博弈过程,人们每天都必须做出决策。在我们的身边充满了同样的决策者,他们的选择与我们的选择相互作用,选择的结果也相互影响。

自 20 世纪 80 年代以来,博弈论几乎应用于经济学的所有领域,其成功地更新了原有的研究方法。博弈论正在成为经济学、政治学、军事科学、法学、社会学等领域极其有用的分析工具。博弈论的发展与应用具有非常广阔的空间和强大的生命力。

了解博弈论的思想方法,能够让我们更客观地审视自己的得与失,在正确的时间里作出正确的决策。如果不懂博弈论,我们将会面临一些风险。1970 年诺贝尔经济学奖获得者保罗·萨缪尔森(Paul A. Samuelson)说:"要想在现代社会做一个有文化的人,你必须对博弈论有一个大致了解。"

下面我们就一起走进讨价还价博弈的世界,从表象看透本质,揭开它古老而神秘的面纱。

在 7.2.1 节中,我们给出了讨价还价博弈的定义,并结合生活中的实际例子简单地分析了讨价还价的基本过程和博弈方心理,接着从合作博弈和非合作博弈的概念出发,描述了讨价还价这种简单非零和博弈的特点和分类;在 7.2.2 节中,我们介绍了鲁宾斯坦模型,并深入分析了二人讨价还价的博弈过程和决策行为,重点介绍了多种情况下的完全信息有限期博弈和无限期博弈,解释了若干重要性质,并在无限期博弈模型之后引入了重要的鲁宾斯坦定理;在 7.2.3 节中,我们探讨了讨价还价纳什解导出的 4 个公理和相关推导,并在对称讨价还价博弈和非对称讨价还价博弈的具体问题中进行说明和验证。

7.2.1 讨价还价博弈简介

战争的讨价还价模型

从最直观的理解上来看,讨价还价是指交易双方在购买商品和服务等交易中发生的行为谈判,直到双方能共同商定一个公平的价格。讨价还价的过程包括两方依次出价和出价反建议,直到价格达成一致为止。购买商品和服务的个人试图支付尽可能少的金额,而卖方的主要目标是最大限度地提高销售价格。讨价还价也被称为非正式谈判[1],主要是指参与人(也称为局中人)双方通过协商方式解决利益的分配问题,称讨价还价时主要强调其动作或过程,称谈判时则强调其状态或结果[2]。

讨价还价理论是博弈论经济学中的重要理论,在经济学研究的诸多场合皆有应用。而许多现实的交易和协调问题也可通过讨价还价理论来模拟。作为博弈论的一个分支,讨价还价理论是随着博弈论的不断完善而发展起来的。

生活中到处都有讨价还价的影子,举个简单的例子:

顾客:"老板,这个多少钱?"

老板:"68元!"

顾客:"68元?这么贵,10元卖不卖?"

老板:"你给50元吧!"

顾客:"还是太贵了,20元!"

老板:"最低40元,这基本是成本价了。"

顾客:"最高30元,不卖算了,我到别处看看。"

老板:"35元卖你,哎!小本生意,我都不赚钱了。"

顾客:"35元就35元吧,以后还常来。"

这是最常见、最典型的二人轮流出价的讨价还价现象之一。老板首先出价,顾客接着跟价,二人轮流出价并最终达成一致。这个价格在两人的心理预期之内,是双方博弈的结果,涉及利益的取舍和敲定。对于顾客来讲,同一件商品的价格越低越好;而对于商家来说,利润的最大化十分重要。然而,过高和过低的价格都会让这场交易不欢而散——顾客和商家的收益均为0。在现实经济中充满了类似"讨价还价"的情形,大到国与国之间的贸易协定,小到个体消费者与零售商的价格商定,还有厂商与员工之间的工资协议,房产商与买者之间关于房价的确定以及各种类型的谈判等。这实际上是两个行为主体之间的博弈问题,也可以把讨价还价看作一个策略选择问题,即如何分配两个博弈者之间相互关联收益的问题。讨价还价既是市场经济中最常见、最普通的事情,也是博弈论中最经典的动态博弈问题。

特别地,讨价还价是合作博弈理论的基本问题,也是博弈论最早研究的问题,二人讨价还价实质上就是两个经济主体之间对特定利益的分配。其实,不仅是买卖双方就价格的议论问题,还有很多讨价还价的典型案例:交易双方的价格谈判、劳资双方的工资争端、合作者的利润或奖金分配、竞争企业间的利益纷争……

讨价还价的特点主要表现在以下两点:参与双方因有共同的兴趣点可以通过合作获得收益;同时,参与双方的利益是相互冲突的。简单来说,参与博弈的双方存在共同利益,但利益又不完全一致;如果双方的利益完全一致或完全对立,就不存在协调的余地。

讨价还价根据并购双方掌握的信息,可以分为完全信息下的讨价还价和不完全信息下的讨价还价。前者指的是并购双方对于对方的报价底价以及议价能力等信息均了解,并据此选择最优策略;而后者指的是并购双方中至少有一方不了解对方报价底价或者议价能力,只知道对方对该类信息的分布情况[3]。

7.2.2 二人讨价还价博弈模型

为了由浅入深地介绍讨价还价博弈,也方便读者从简单的案例分析入手,本节将以完全信息下的讨价还价为例,重点介绍二人轮流出价的讨价还价博弈模型。

1982年,马克·鲁宾斯坦(Mark Rubinstein)用完全信息动态博弈的方法,对基本的、无限期的完全信息讨价还价过程进行了模拟,并据此建立了完全信息轮流出价讨价还价模型,也称为鲁宾斯坦模型。

在鲁宾斯坦模型中,他以两个参与人分割一块蛋糕为例,使这一过程模型化。在这个模型里,两个参与人分割一块蛋糕,参与人1先出价,参与人2可以选择接受或拒绝。如果参与人2接受,则博弈结束,蛋糕按参与人1的方案分配;如果参与人2拒绝,他将还价,参与人1可以接受或拒绝,如果参与人1接受,博弈结束,蛋糕按参与人2的方案分配,如果参与人1拒绝,参与人1再出价。如此一直下去,直到一个参与人的出价被另一个参与人接受为止。因此,这属于一个无限期完美信息博弈,参与人1在时期1,3,5,…出价,参与人2在时期2,4,6,…出价[4]。

读者可以设身处地和同伴一起模拟这个游戏,看看如何获取最大收益。这是一个简化的模型,现实博弈中我们仍需要考虑很多影响因素。在大多数情况下,无限期的博弈是不存在的,因为人们常常追求短期内的获益,时间过长的谈判博弈往往无法达成一致,反而会让双方利益受损。

从上述博弈的内容来看,这是一个双人无限期完全信息动态博弈,我们不难发现这样几个性质。

① 有效性。子博弈完美纳什均衡是帕累托有效的。

② 稳定性。在子博弈完美纳什均衡中,博弈方的策略是稳定的。也就是说,当轮到某一方做选择时,他总是使用同样的规则(但决策结果不一定相同)来应对另一方的行为。

③ 先动优势。可以发现,这个博弈中唯一不对称的就是参与人1先采取行动,即参与人1有着先动的优势。

④ 无耐心的比较静态(comparative statics of impatience)。这是指在均衡中,一个行为人越是没有耐心,则均衡就越对其不利。从行为人的偏好特征来看,这一点具有相当的合理性。

更具体地,我们对鲁宾斯坦模型还有如下讨论。

(1) 均衡结果与贴现因子的关系

耐心优势:有绝对耐心的人总可以通过拖延时间(从不接受对方出价而是持续出价)来独吞蛋糕。

(2) 无贴现,有固定讨价成本

假设讨价还价博弈中每期支付固定的成本 c。

延期成本相等,$c_1=c_2=c$,任何使两方收益不少于 c 的分配都可以被某个完美均衡所支持。

延期成本不等,$c_1<c_2$,延期对参与人2不利,参与人1将得到整个蛋糕。

延期成本不等,$c_1>c_2$,延期对参与人1不利,参与人1将得到 c_2,参与人2将得到 $1-c_2$。

为了更清楚、更直观地研究合作博弈的讨价还价,现在我们考虑这样一种情况:

> **项目合作谈判(两人利益分配)**:假设讨价还价主体为两个人:小陈和小丁。二人将共同努力完成一个项目并拟获得收益10 000元,现在二人将针对每个人获得多少而展开讨价还价博弈。

在具体分析之前,我们做几点说明[5]。

说明1:贴现因子。贴现因子在数值上可以理解为贴现率,就是1个份额经过一段时间后所等同的现在份额。这个贴现因子不同于金融学的贴现率之处在于,它是由参与人的"耐心"程度所决定的。"耐心"实质上是指参与人的心理和经济承受能力,不同的参与人在谈判中的心理承受能力可能不相同,心理承受能力强的可能最终会占得更多的便宜;同样,如果有比其他参与人更强的经济承受能力,也会占得更多的便宜。在本节中贴现因子(又叫折扣率)用 σ 表示。

说明 2:先动优势与后动优势。在讨价还价的谈判中,先出价的一方和后出价的一方有着各自的优势,即所谓的先动优势和后动优势,这两种优势的发挥取决于前面提到的耐心优势。先动优势通过模型可清楚地看出来,为方便起见,假定 $\sigma_1=\sigma_2<1$,则参与人 1 的份额总是大于参与人 2 的份额(参与人 1 先出价),始终处于有利的位置。也就是说,在双方都没有足够耐心的情况下,先出价的总是处于有利位置。然而,在双方都有足够耐心的情况下,即当 $\sigma_1=\sigma_2=1$ 时,后出价的一方占据了有利位置。这是因为,参与人最后出价时,他将拒绝任何自己不能得到整个份额的出价,一直等到博弈的最后阶段得到整个份额为止。这种后动优势只是在理论上有意义,因为现实中的参与人都不可能永远有足够的耐心。

说明 3:尽快接受原则。由于贴现因子的作用,所以参与人在本期所得的份额 X 和下期所得同样份额 X 在价值上是不相等的,下回合的 X 经过贴现作用只能等于本期的 $\sigma X(0<\sigma\leqslant 1)$,即小于等于本期的 X(没有贴现因子作用时取等于)。因此,参与人应尽快接受对方合理的报价,否则,即使在下一轮博弈中获得相同甚至更多的份额也只能小于本期的份额。

回到前面的两人利益分配问题,可以细分为这样两种情况:有限次博弈和无限次博弈。

1. 有限次博弈

我们假设两人轮流出价的回合数有限,为方便说明,令回合数 T 为 3。注意:第三回合小丁(先出价方)的方案有强制力,即进行到该回合小丁提出的分配方案小陈必须接受,并且这一点两博弈方都是清楚的。

(1)无贴现因子作用,$\sigma_1=\sigma_2=1$

小丁先出价。由于回合数为奇数,对于小陈来说,接受或拒绝没有差异,因此所有的均衡都是弱的。这些均衡结果只决定小陈最后决定接受的时间。因为在奇数回合中,小丁享有最后一期的出价权利,当他要求得到全部收益时,即使小陈拒绝,小陈仍然一无所获,小丁则获得全部收益。若此博弈只有一轮,那么小陈根本没有机会提出反驳意见。假设小丁仍然先出价,但是回合数为偶数,博弈的结果就是小陈将得到全部收益。在后例中,很明显看到一个最终行动者优势的存在,这就是后动的博弈优势:参与者拒绝所有自己不能得到全部的出价,直到自己出价得到整个蛋糕。

(2)有贴现,且贴现对等,$0<\sigma_1=\sigma_2=\sigma<1$

有贴现的情况就是讨价还价每多进行一个回合,受谈判费用、时间成本、利息损失等因素的影响,双方的利益都要打一个折扣,在上一轮相同的份额 X 不再有相同的价值,而是打了一个折扣,"贬值"为 σX。假设条件双方的折扣率均为 $\sigma(0<\sigma<1)$,回合数 $T=3$。对于此种三回合情况可用下面的方式加以描述。

- 第一回合:小丁的方案是自己得 X_1,小陈得 $10\,000-X_1$。小陈若接受,二人的收益分别为 X_1 和 $10\,000-X_1$,谈判结束。如果小陈拒绝,则开始第二回合谈判。
- 第二回合:小陈的方案是小丁得 X_2,自己得 $10\,000-X_2$。小丁若接受,二人的收益分别为 σX_2 和 $\sigma(10\,000-X_2)$,谈判结束。如果小丁拒绝,则开始第三回合谈判。
- 第三回合:小丁自己得 X,小陈得 $10\,000-X$,由于回合数的限制,所以此时小陈必须接受,最后二人的实际收益分别为 $\sigma^2 X$ 和 $\sigma^2(10\,000-X)$。

(3)有贴现,但不等,$0<\sigma_1\neq\sigma_2<1$

假设小丁的折扣率为 σ_1,小陈的折扣率为 σ_2,$0<\sigma_1\neq\sigma_2<1$ 并且假设两人知道对方的折扣

率,回合数 T 仍为 3。

这种情况下的博弈和贴现相等情况类似,可以用逆推归纳法来分析这个博弈。

第三回合:已知双方的收益分别为 $\sigma_1^2 X$ 和 $\sigma_2^2(10\,000-X)$。

第二回合:小陈在第二回合会出能让小丁接受的,也是可能使自己得益最大的 X_2,应满足使小丁得益 $\sigma_1^2 X=\sigma_1 X_2$,即 $X_2=\sigma_1 X$,则小陈的得益为 $\sigma_2(10\,000-X_2)=\sigma_2(10\,000-\sigma_1 X)$。

第一回合:小丁只要令 $10\,000-X_1=\sigma_2(10\,000-\sigma_1 X)$,即 $X_1=10\,000-\sigma_2(10\,000-\sigma_1 X)$ 即可。这样第一回合与第二回合小陈的得益相同,而小丁的得益比第二、三回合的得益更多。

因此对于这个博弈,小丁会在第一回合出价 $X_1=10\,000-\sigma_2(10\,000-\sigma_1 X)$,小陈一定会接受(尽快接受原则),最终二人的得益分别为 $10\,000-\sigma_2(10\,000-\sigma_1 X)$ 和 $\sigma_2(10\,000-\sigma_1 X)$。这就是 $T=3$ 时讨价还价有贴现情况的均衡解。

通过以上分析,我们很容易得到以下结论。

① 当 $\sigma_1=\sigma_2=0$ 时,两人均无耐心,均衡收敛于 $[10\,000,0]$,先出价者获得全部收益。

② 当 $\sigma_2=0$ 时,参与人 2 必定一无所获。无论 σ_1 如何,均衡结果总为 $[10\,000,0]$。

③ 当 $\sigma_1=0$ 时,参与人 1 如果在第一回合没有收益,其最终收益必定为 0。因此,参与人 1 将给出参与人 2 可能得到的最高收益,使其在第一轮就接受出价,即均衡结果为 $[10\,000(1-\sigma_2), 10\,000\sigma_2]$。

④ 当 $\sigma_1=\sigma_2=1$ 时,双方均有无限耐心:

- 当 $t=1,3,5,\cdots$ 时,均衡收敛于 $[10\,000,0]$。
- 当 $t=2,4,6,\cdots$ 时,均衡收敛于 $[0,10\,000]$,即后发优势,参与者 2 拒绝所有自己不能得到全部的出价,直到自己出价得到所有收益。

⑤ 当 $0<\sigma_i<1$ 时,均衡结果与折扣因子之比 σ_1/σ_2、博弈回合数 t 以及最后出价方有关,并且对 t 的依赖在 t 很大时变小。t 趋于无穷大时,若 $0<\sigma_1=\sigma_2=\sigma<1$ 则得到唯一均衡解,即 $\left[\dfrac{10\,000}{1+\sigma}, 10\,000-\dfrac{10\,000}{1+\sigma}\right]$。

2. 无限次博弈

无限期的谈判博弈是指,只要双方不接受对方的出价方案,谈判就会不断地进行下去,没有结束期限的限制。由于无限期讨价还价博弈会持续很久,所以折扣必然存在,这里我们直接讨论有贴现的情况。

(1) 对等贴现

先假设整个博弈有一个逆推归纳解,小丁和小陈分别得益 X 和 $10\,000-X$,即小丁在第一回合出价 X,小陈接受。如上所述,夏克德(Shaked)和萨顿(Sutton)曾提出在无限期讨价还价博弈中,从第三回合开始还是从第一回合开始结果都是一样的,本例直接引用这一结论来解决问题(后续将详细说明)。根据这个理论,上述逆推归纳的解也应该是从第三回合开始的博弈结果,即第三回合也是小丁出价 X,小陈接受,而且这个结果是最终的结果。

(2) 不等贴现

假设小丁的折扣率为 σ_1,小陈的折扣率为 σ_2,$0<\sigma_1,\sigma_2<1$。小丁想分得 X_1 份额,并想使自己的这份 X_1 最大化,但小丁必须考虑小陈的收益和决策。若 X_1 过大而遭到对方拒绝,则谈判一定会继续进行,小丁的愿望成为泡影。在第一回合讨价还价中,小丁要保证给小陈的 $10\,000-X_1$ 不小于对方还价后的 $10\,000-X_2$ 贴现到所在轮数的价值。

之后第二轮讨价还价开始,小陈出价 X_2,同理也要考虑小丁会还价,所以小陈要保证小丁下一轮再出价贴现的价值不小于自己当前给出的分配,又要尽量使自己的收益最大化。小丁第三回合再出价时,又会重复上述过程。小丁和小陈都会在每轮出价时考虑自己利益的最大化和对方接受的可能性。

事实上,经过多轮的分析,我们可以发现:小陈获得的收益与自己的折扣率呈增函数关系,而与对方的折扣率呈减函数关系(下面我们还会以图表的形式以及推导的结果进一步说明),这就是 Rubinstein 针对此问题曾提出的解。

当讨价还价博弈是无限次进行时,逆向归纳法不能直接使用,但可以运用逆向归纳法的思想以及博弈树在自身结构上的自相似性(每一个子博弈在结构上都相似于原博弈),解出其唯一的子博弈完美纳什均衡,这就是著名的鲁宾斯坦定理。

鲁宾斯坦定理:若 $t=\infty$,则轮流出价的讨价还价博弈有唯一的子博弈完美纳什均衡,其均衡结果为 $X^* = \dfrac{1-\sigma_2}{1-\sigma_1\sigma_2}$。特别地,当 $\sigma_1 = \sigma_2 = \sigma$ 时,$X^* = \dfrac{1}{1+\sigma}$。

我们已经反复说明,对于 T 期无限次博弈而言,我们无法使用逆向归纳法进行论证解答。但根据 Shaked-Sutton 定理(1984 年)我们可以知道,从参与人 1(小丁)开始的每一个子博弈都等价于 $t=1$ 开始的整个博弈。假定在某一 t 期博弈结束时,小丁可以得到的最大份额是 M(从这里开始,我们将份额视为百分比,总和为 1),我们可以得到表 7-1。

表 7-1 二人讨价还价无限次博弈举例

回合数	小丁份额/(%)	小陈份额/(%)	出价方
t	M	$1-M$	小丁
$t-1$	$\sigma_1 M$	$1-\sigma_1 M$	小陈
$t-2$	$1-\sigma_2(1-\sigma_1 M)$	$\sigma_2(1-\sigma_1 M)$	小丁
$t-3$	$\sigma_1[1-\sigma_2(1-\sigma_1 M)]$	$1-\sigma_1[1-\sigma_2(1-\sigma_1 M)]$	小陈
$t-4$	$1-\sigma_2+\sigma_1\sigma_2[1-\sigma_2(1-\sigma_1 M)]$	$\sigma_2-\sigma_1\sigma_2[1-\sigma_2(1-\sigma_1 M)]$	小丁
...	...	...	...

在 $t-2$ 时刻,我们可以看到小丁得到的最大份额是

$$M = \frac{1-\sigma_2}{1-\sigma_1\sigma_2}$$

在 $t-4$ 时刻观察也可以得到相同的结果,说明这个数值是稳健的,而且不难看出 $\dfrac{\mathrm{d}M}{\mathrm{d}\sigma_1} > 0$,$\dfrac{\mathrm{d}M}{\mathrm{d}\sigma_2} < 0$,表明了最大份额和两人折扣因子存在的关系——小丁获得的收益与自己的折扣因子呈增函数关系,而与对方的折扣因子呈减函数关系。如之前所述,由于贴现因子表示耐心程度、谈判成本或外部选择权,所以假定一人耐心不变,对方越是有耐心(贴现因子越大,贴现率越小),就越是能从谈判中得到更多份额,则自己所得份额越少。

当 $\sigma_1 = \sigma_2 = \sigma$ 时,均衡结果简化为 $\left[\dfrac{1}{1+\sigma}, \dfrac{\sigma}{1+\sigma}\right]$,不难发现 $\dfrac{1}{1+\sigma} \geq \dfrac{\sigma}{1+\sigma}$。

当 $\sigma \to 1$ 时,结果趋近于 $[0.5, 0.5]$。

当 $\sigma \to 0$ 时,结果趋近于 $[1, 0]$。

下面介绍不完全信息讨价还价。

事实上,我们上面讨论的都是完全信息讨价还价博弈的基本模型,但是在现实生活中,由

于博弈方的身份不对等、知识掌握不对称等约束条件,所以许多问题是完全信息模型无法解释的。例如 HR 和面试者之间的工资协商、地区冲突中的谈判等,甚至包括我们讨论的简单的日常讨价还价过程。因而,同非完全信息非合作博弈理论的发展原因一样,讨价还价理论也引入了信息的非完全性。比如,W. Samuelson 讨论了一方比另一方更了解蛋糕大小的非对称情况,鲁宾斯坦主要分析了两类买方和一类卖方的无限期模型以及偏离均衡的一些假设条件,等等。这些模型更多地关注博弈双方中,只有一方掌握非对称信息的情况。但是在实际中,更多的情景满足讨价还价双方都存在着双向非对称信息。

阿布鲁和格尔研究了双边不完全信息、双边要约和具有多种类型的以声誉模型为基础的讨价还价模型[6]。在该模型中,两边都有多个不同的类型(而鲁宾斯坦研究了两类卖方和一类买方的非对称情况)。和之前讨论的完全理性博弈方不同,博弈者以一定的概率采取一些看起来非理性的策略,从而在和对手的博弈中得到策略上的优势。虽然博弈双方的耐心程度仍然重要,但是最关键的因素变成了双方可能拥有的规则、知识、协定的不确定性,也就是对手采取策略的倾向不确定性。

关于不完全信息的讨价还价博弈有大量的文献和综述,读者可以自行查阅了解,并试分析其与完全信息讨价还价博弈模型的关联和不同。

7.2.3 二人讨价还价纳什解

本小节我们将在上一小节的模型基础上进一步提出二人讨价还价纳什解(基于合作博弈理论)。首先,我们阐明以下几点概念。

鲁宾斯坦讨价还价模型

- **分配与可行分配**

二人讨价还价博弈的分配一般用 $s=(s_1,s_2)$ 表示,其中 s_1 和 s_2 分别代表两个博弈方的分配。分配受问题条件和基本理性要求的约束,例如,在两个人分 100 元的问题中,首先分配必须满足双方利益之和不超过 100,其次双方的利益分配必须都在 0~100 之间。满足上述两个要求的分配称为本博弈的"可行分配"。

- **可行分配集**

可行分配集:满足问题条件和基本理性要求约束的分配构成的集合。

二人讨价还价的可行分配可以用集合 $S=\{(s_1,s_2)|0 \leqslant s_i \leqslant m, s_1+s_2 \leqslant m\}$ 表示,其中 $i=1,2,\cdots,m$ 是最大可分配利益,集合 S 称为"可行分配集"。

- **效用函数与效用配置集**

由于分配中各博弈方的性格偏好不同、策略选择不同,因而需要考虑博弈方的风险态度,而且讨价还价的对象常常不是现金利益,而是实物、资源或项目等,因此还需要考虑博弈方的主观效用评价问题。所以二人讨价还价问题不仅需要考虑分配 $s=(s_1,s_2)$,也需要考虑效用 $u=(u_1,u_2)$,u_i 是博弈方 i 的期望效用,是可行分配集到实数集($S \rightarrow \mathbf{R}$)的实值映射函数,一般是博弈方自身利益的函数。

效用配置集:所有可能的效用配置构成"效用配置集",它是可行分配集 S 在效用函数下的像 U。S 与 U 一般都是凸紧集。当利益分配的是现金且博弈方是风险中性的时候,期望效用等于利益,即 $u_i=u_i(s)=u_i(s_i)=s_i$。

- **谈判破裂点**

谈判破裂时博弈双方的利益称为"谈判破裂点"或"破裂点",通常用 $d=(d_1,d_2)$ 表示,其

中 d_i 是博弈方 i 在谈判破裂时可以得到的收益。谈判破裂点也是讨价还价双方的可行选择之一。

我们还以 7.2.2 节中的项目合作谈判为例,若小丁不接这个项目还有另外一个能获利 5 000 元的项目,而小陈则没有其他的获利机会,那么如果小丁和小陈之间的谈判破裂,小丁可获得 5 000 元,小陈则一无所有,用谈判破裂点表示就是 $d=(d_1,d_2)=(5\,000,0)$。

要让一个具体的讨价还价模型有实际的讨论意义,应至少存在一个可行分配 $s \in S$,其对博弈双方的效用大于谈判破裂点的效用,即满足对于任意博弈方 i,都有 $u_i(s) \geqslant u_i(d)$。

了解以上概念之后,我们重新给出二人讨价还价问题的定义,一般我们用 B 来表示该抽象模型,记作:

$$B=(S,d;u_1,u_2)$$

其中 S 是可行分配集,d 为破裂点,u_1,u_2 是两个博弈方各自的效用函数。二人讨价还价问题可以是对称的,也可以是不对称的,对称是指博弈双方在立场地位、效用函数、破裂点等方面无差异,可以用效用配置集的对称性表示,即若 $(u_1,u_2) \in U$,则 $(u_2,u_1) \in U$。

要得到最终的纳什解,分配需满足公平和有效率两个基本要求。公平即要求最终结果与谈判本身之外的因素无关(当然,双方的信息可以是不对称的,但这不属于不公平的范围)。如果谈判者最终没有达成一致,则一般情况下他们的分配和所得必须是相同的,这就是公平。有效率要求可以包含帕累托效率和总体利益最大化两个层次的要求,而总体利益最大化经常与个体理性(人们总是想要站在天平倾向的一侧)相矛盾,因而有效率性要求我们采用与个体理性没有矛盾的帕累托效率。简单来说,对于谈判既定的分配结果,一方不变,另一方的收益没有增加的空间。

事实上,除了帕累托效率和公平性,纳什解的导出还有另外两个基本条件,我们将在后面给出。在此之前,我们先详细介绍上面提出的公平性和有效率性。

- **公平性**

在自愿交易、合作活动中,人们比较容易接受公平的交易或合作方案,如果人们认为一个方案不公平,即使其能够带来更多的利益,人们也常常会拒绝接受。如果双方的情况是对称的,则双方就可以得到相同的待遇——显然是一个普遍接受的公平原则。不难看出,交换两个人的位置不影响最终的合作解,因此,公平性还被称作对称性或匿名性。当然,这还要求谈判的解法与谈判之外的其他因素无关。假设两个参与者没有就谈判结果达成一致,若他们的后果是一样的,那么他们的分配也必须是一样的。

但这里的问题是威胁的支付,也就是双方谈崩了,不合作了,谈判方的最好替代方案(best alternatives to a negotiated agreement)的收益就会产生决定性作用。简单的情况是 0,但也可能是将用于分配的合作资源产生其他收益——这代表着一方谈判的底气。比如,两人合作演戏赚钱,如果两人不合作,就都只能跑龙套,挣一样的辛苦钱,这时威胁的支付相等,那分配就该是平均的。如果其中一人还能在别的地方扮个角色,则他的底气就不一样,谈判的结果也会不一样。这也给绝对平均的可行性一个注脚:在现实生活中,对称性里的相同条件在博弈的角度来看是威胁的后果相同。平均不是公平,而不公平有时也是"合理"的。

- **有效率性**

谈判的结果必须有帕累托效率性,即谈判结束的分配结果,其中一方的收益不变,则另一方的收益没有增加的空间。如果是可转移的收益,比如说合作的利润,那么两者分配到收益的和要等于合作的总收益。这是有效率性。

帕累托效率公理：若(s_1,s_2)和(s_1',s_2')均是二人讨价还价问题的可行分配解，且$u_1(s_1)\geqslant u_1(s_1'),u_2(s_2)\geqslant u_2(s_2')$，那么$(s_1',s_2')$必定不是讨价还价博弈的纳什解。

如图7-3所示，灰色部分表示二人讨价还价的效用配置集合，满足帕累托效率要求的效用配置就是效用配置集边界上的解集组成的线条，也称为"帕累托效率边界"。关于帕累托边界上的点(u_1^*,u_2^*)，效用配置集上的其他任何一点(u_1,u_2)都不会同时满足$u_1\geqslant u_1^*,u_2\geqslant u_2^*$。

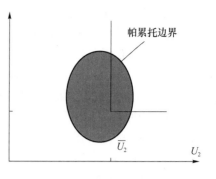

图7-3 纳什谈判解

帕累托效率公理也可以表达为"讨价还价问题的解落在帕累托边界上"。帕累托效率公理表明：虽然讨价还价的结果可能与双方的谈判技巧相关，但两个博弈方讨价还价的结果必须落在该边界上，双方谈判的内容只是究竟取到该边界上的哪一点而已。需要注意的是，帕累托效率（又称作帕累托最优）并不是集体利益的最大化，而是除此之外，不存在一种策略能够改善某一方的境况，而不使任何其他人受损。

事实上，除了公平性和帕累托有效率性，纳什解的导出还要注意以下两点。

① 若有一个单调递增的线性变化函数作用于效用配置，不影响最后的谈判结果。通俗地讲，即使收益的计算方法或者收益的计量单位变了，谈判的结果也不变。这个叫作线性变换无关（independence of linear transformation）。好比在谈判瓜分合作利益时，是用美元还是用人民币结算，或者每人是不是先发一笔固定的金额再行分配，这些可选项会改变分配公式，但分配结果经过折算和变换后最终都是一回事。

② 在可能的谈判解集合中增添或删去纯粹凑数的、不可能成为谈判结果的那些方案，最终的合作解不变。比如说谈判中有人建议：嗨，干脆咱哥们一起把这钱拿去吃喝玩乐花掉得了。无论有没有这样不靠谱的提案，谈判的结果都将不变。

至此，我们对于纳什谈判解推导所需的4个公理进行简单的概括和总结。

(1) 不变性（invariance）

对于任何单调递增的线性变化F，合作解独立于衡量效用的单位，即$U^*[F(U),F(X)]=F[U^*(U,X)]$。

(2) 有效性（efficiency）

合作解满足帕累托最优，即若$(U_1,U_2)>U^*$，则(U_1,U_2)不属于可行配置集。

(3) 独立于无关选择（independent of irrelevant alternatives）

如果我们从可行集合X中去掉一部分，得到一个较小的集合Y，只要U^*不是去掉的一部分，那么最终的U^*不变。

(4) 对称性（symmetry）

对称性又叫公平性、匿名性。交换两个人的位置不影响合作解。

这4个基本公理在解决对称和非对称的二人讨价还价博弈问题中都发挥着重要的作用。因此，为了更好地理解上文提出的定义和概念，我们分成两种情况来讨论：对称讨价还价博弈和非对称讨价还价博弈。

1. 对称讨价还价博弈问题

以简单的瓜分100元现金讨价还价问题为例。

① 两人分100元的讨价还价问题是对称的，即理论上两人的出价范围均在[0,100]之间。

② 以横、纵轴分别表示两个博弈方得到的效用(此处等于利益),见图 7-4。
③ 同时满足对称性和有效性两个公理的分配。

显然,(50,50)同时满足了公平性与帕累托效率两方面要求,是该种情况下的唯一分配,是双方最能够接受的"合理"分配解。

事实上,所有两人对称的讨价还价问题,都可以用对称性和帕累托效率两个公理进行求解。即使博弈方的效用不等于利益,而是利益的函数 $u_i=u_i(s_i)$,只要双方的效用函数是相同的(当 $s_i=s_j$ 时 $u_i=u_j$)边际效用下降的增函数,都可以用这两个公理进行求解。

然而,在现实生活中的许多种因素都会造成讨价还价双方的处境不对称。对于非对称的讨价还价问题,对称性公理无法直接运用。引起二人讨价还价博弈不对称的原因就是:双方谈判破裂点 d 的差异,如图 7-5 所示。我们在第一次介绍公平性、对称性的时候,也提出了可能存在的双方不对等的情况。为此,我们引入第二种情况:非对称讨价还价博弈。

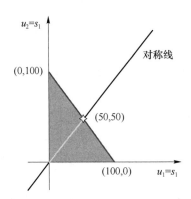

图 7-4　双方讨价还价合作博弈解

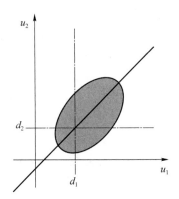

图 7-5　两人谈判破裂点示意图

2. 非对称讨价还价博弈问题

> 甲、乙两人关于一个合作项目的谈判:项目预期利润是 10 000 元,甲单独有 2 000 元的其他获利机会。该博弈双方的效用函数为 $(u_1,u_2)=(s_1+2\,000,s_2)$,其中 u_1 是甲的效用,u_2 是乙的效用,$0\leqslant s_1\leqslant 10\,000$,$0\leqslant s_2\leqslant 10\,000$ 分别是甲、乙在 10 000 元中分到的份额,故有 $0\leqslant s_1+s_2\leqslant 10\,000$。

(1) 解决思路

将不对称讨价还价问题转化为对称问题,然后间接利用对称性公理加以解决。考虑相对于破裂点的净效用增加 $u_i(s)-u_i(d)$,从而该问题转化成对称二人讨价还价问题。

(2) 转化根据

人们在讨论讨价还价问题时关注的一般是效用净增加,谈判破裂点效用通常会被当成已经得到的利益。这样的非对称二人讨价还价博弈问题通过效用净增加 $u_i(s)-u_i(d)$ 的引入可以看作对称的讨价还价博弈,这样就可以用第一种情况中提到的对称性公理和帕累托效率公理加以解决。这样解决非对称讨价还价博弈问题可以用图 7-6 表示。

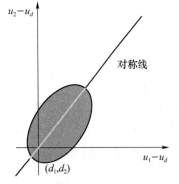

图 7-6　谈判破裂点非对称讨价还价博弈问题的解决

(3) 问题分析

回到甲、乙二人合作谈判的问题,由于谈判破裂点 $d=(2\,000,0)$,所以双方谈判破裂可得的收益不同导致问题不对称。例如,$(12\,000,0)$ 属于效用配置集,而 $(0,12\,000)$ 不属于效用配置集。

(4) 解决方法

考虑双方的净效用增加 $(u_1-u_{1d}, u_2-u_{2d})=(s_1,s_2)$,那么在净效用增加意义上的讨价还价问题显然是对称的。用对称性公理和效用公理可以得到解为 $(s_1^*, s_2^*)=(5\,000, 5\,000)$,转换为效用结果的解就是 $(u_1^*, u_2^*)=(7\,000, 5\,000)$。

还记得导出纳什解4个基本条件中的不变性定理吗?其实,在非对称的讨价还价场景中,这一定理也有相当的体现。在现实生活中,除了谈判破裂点外,还有许多因素会引起讨价还价问题的不对称性,如博弈方来自物价差异较大的不同地方,同样的收入有不同的购买力,等等。这些因素的影响一般可以用效用函数的仿射变换来表示:

$$u_1'=b_1u_1+a_1$$
$$u_2'=b_2u_2+a_2$$

其中,$b_1>0$ 且 $b_2>0$。

因为这些不对称性是由与讨价还价无关的博弈方自身因素引起的,因此不应该影响讨价还价的分配结果,从而上述变换实际上不会影响到偏好结构。利用线性变换不变性公理,可以把许多非线性讨价还价问题通过线性变化转化为对称问题,根据对称性公理和帕累托效率公理求解以后,再得到原讨价还价问题的解。比如我们即将讨论的这样一种情况:

瓜农和粮农要分100亩(1亩$\approx$666.67 m^2)土地,分别种植水果和粮食。种植水果和粮食的利润分别为每亩地800元和500元。

(1) 具体问题分析

这个讨价还价问题的效用配置集为 $(u_1,u_2)=(800s_1, 500s_2)$,其中 $0 \leq s_i \leq 100$ 且 $s_1+s_2 \leq 100$。显然,这个讨价还价问题是不对称的。

(2) 问题解决

对效用配置集进行变换:

$$u_1'=\frac{u_1}{800}=s_1$$

博弈——平均不是公平

$$u_2'=\frac{u_2}{500}=s_2$$

变换后讨价还价问题的效用配置集为 $(u_1', u_2')=(s_1,s_2)$,其中 $0 \leq s_i \leq 100$ 且 $s_1+s_2 \leq 100$。显然这个问题是对称的,可以利用对称性公理和帕累托效率公理解得结果 $(s_1^*, s_2^*)=(50,50)$,如图7-7所示。

根据线性变换不变性公理,代入原讨价还价问题的效用函数,得到效用配置解为 $(u_1^*, u_2^*)=(800\times 50, 500\times 50)=(40\,000, 25\,000)$。

这样根据线性变换不变性公理,类似上述不影响偏好结构的博弈方本身因素引起的非对称问题都可以得到解决。

但是,如果存在由博弈方风险态度和效用偏好引起的偏好结构差异,理论上讨价还价的效用配置集可以很不规则。这时,无法用线性变换将效用配置转变成对称集合,进而无法用线性变换不变性公理解决问题,而是需要用另外一种对称化的方法进行求解,即对称扩展化:增加实际上不会被选择的"无关"分配方案,把非对称的效用配置集扩展成对称的效用配置集,从而用对称性公理和帕累托效率公理进行求解,如图 7-8 所示。

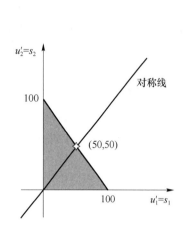

图 7-7 瓜农讨价还价博弈解

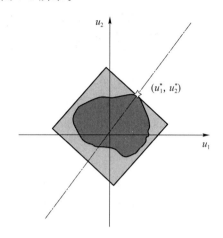

图 7-8 对称扩展问题和原问题的解

上述对称扩展问题和原问题的求解实际上用到了一个普遍意义的结论,那就是:如果一个具有更大选择范围问题的最优解在其中的一个小范围内,那么这个小范围内的最优解就是大范围内的最优解。是不是觉得似曾相识?在二人讨价还价问题中这个结论可以看作独立于无关选择公理的体现。

利用独立于无关选择公理解决非对称讨价还价问题的关键是,要让扩展问题的解在原问题的效用配置集中。由于扩展问题是对称的,其解一定在对称线与帕累托交点处,因此只有当原问题的效用配置集与扩展问题的效用配置集边界在该点相切才符合要求。但在实际问题中,相切的要求不一定能被满足。对于这种情况,需要结合利用线性变换方法和线性变换不变性公理加以解决。

① 先通过线性变换使得原问题变换过的效用配置集,与对称扩展问题的帕累托边界正好在解处相切,从而得到线性变换过的问题的效用配置解(u'^*_1, u'^*_2)。

② 利用逆线性变换得到原来效用的解,从而进一步得到分配集合的解。

有了上述一系列处理方法,不管问题是对称的还是非对称的,也无论非对称的原因和情况如何,理论上所有讨价还价的问题都可以得到解决。实际上,基于 4 个基本公理的二人讨价还价解,早已被纳什总结在其著名的纳什解法中了,因此并不需要根据上述公理去分类讨论、逐步求解。下面介绍纳什讨价还价解法。

3. 纳什讨价还价解法

我们在之前已经提到,谈判博弈(bargaining games)由非合作博弈的奠基人纳什在 1950 年提出,其将非合作博弈的方法用在合作博弈上,得到的结果称为纳什谈判解法。纳什证明,同时满足不变性、有效性、对称性、独立于无关选择 4 个公理的二人讨价还价解是唯一的:

$$U^* = \underset{U \in X, U \geqslant U'}{\operatorname{argmax}} (U_1 - U'_1)(U_2 - U'_2)$$

这个最优化问题的解被称为讨价还价问题的"纳什解",或者"纳什讨价还价解",是非线性优化问题的最优化点,其目标函数 U^* 也称为"纳什积"。

因为该纳什积一般是凹函数,效用配置集合一般是凸紧集,因此该最优化问题通常有唯一的解。下面我们给出简单的证明。

证明:

$$\max_{U \in X, U \geqslant U'} (U_1 - U_1')(U_2 - U_2')$$
$$= (U_1 - U_1')(U - U_1 - U_2')$$
$$= U_1^2 + (U + U_1' - U_2')U_1 - U_1'U_1 + U_1'U_2'$$

对 U_1 求导,进一步得到

$$U_1^* = U_1' + \frac{1}{2}(U - U')$$

其中,U_1' 为保留效用,即博弈的参与者参与博弈的机会成本,也就是不参与该博弈(在该博弈之外)时能够得到的最大期望效用。

注意,利用上面这个式子,在本章最开始提出的二人合作博弈的情境下同样可以得到 $(0.5, 0.5)$ 的均衡结果。

从上述求解结果可以看出,讨价还价双方风险偏好的差异对讨价还价的结果有明显影响。双方所得分配的差异取决于反映风险偏好的系数 b,b 越小风险规避程度越严重,所得的分配就越少,所得效用更少。如 $b = 0.5$,博弈方 2 所得只为博弈方 1 的一半。纳什解法的重点在于:

① 满足对称性、不变性、有效性和独立于无关选择 4 个公理,满足公平与效率两方面的要求;

② 纳什解优化分析目标函数中的联动效用函数,也就是纳什积,显示了纳什解对双方的利益分配都很重视,不鼓励一味追求自身利益而忽略对方利益等。

说明:虽然早期讨价还价问题的纳什解与后来人们以非合作博弈理论建立的轮流讨价还价博弈解——子博弈完美纳什均衡——在研究范式上有较大区别,但是它们之间也有不可分割的联系。一般来说,非合作博弈理论更具有现实、经济上的特点,而合作博弈理论是公理性的,常常可以用帕累托最优来解释,强调公平和公正,但是同经济理论中的效用最大化思想相差较大。鲁宾斯坦和沃林斯基对纳什的讨价还价博弈模型进行了一些修正:在讨价还价的每个时期结束时,假设存在一个以概率 $p(p \in (0,1))$ 结束博弈的机会,并且参与人不关心协议达成的时间,而且他们就讨价还价达成一致,所受到的压力不是源于各自的耐心程度,而是来自讨价还价将破裂的风险。当 p 趋于 0 时,这个修正后的讨价还价问题的非合作博弈解——子博弈完美纳什均衡,收敛于同样是这个讨价还价问题的合作博弈解——纳什讨价还价解(Nash bargaining solution)。也就是说,设 $x^*(a)$ 和 $y^*(a)$ 是子博弈完美纳什均衡的结果,x^* 和 y^* 是纳什讨价还价解,那么当 $p \to 0$ 时,则 $x^*(a) \to x^*$,$y^*(a) \to y^*$。这就是纳什讨价还价解与子博弈精炼均衡纳什之间的关系[7]。

7.3 联盟博弈

7.3.1 联盟博弈模型

合作博弈可以按效益是否可以转移分为两类。其中,可转移效益是指联盟中允许参与者对得到的效益重新分配,一个参与者可以分享另一个参与者的效益,即效益可转移。可转移效益合作博弈的基本形式就是联盟型合作博弈,也称为特征函数型博弈。在效益可转移的联盟博弈中,最重要的两个概念是联盟和分配[8]。下面就给出有关联盟的概念。

定义 7-1（联盟）

设 n 个参与者集合 $N=\{1,2,\cdots,n\}$，N 的任意子集 $S\subseteq N$ 被称为一个联盟。其中，空集 $\varnothing$、单个参与者的联盟 $\{i\}$ 都是特殊的联盟，全集 N 称为总联盟。

定义 7-2（联盟效益函数）

对于任意联盟 S，令 $v(S)$ 表示联盟中成员通过合作所能够获得的最大效益，即 S 与 $N-S=\{i|i\in N, i\notin S\}$ 博弈时，S 的最大效益。$v(S)$ 称为效益函数。

其中，$v(\varnothing)=0$，$v(\{i\})$ 也可简记为 $v(i)$，表示参与者 i 与其他所有参与者博弈时的最大效益，同理 $v(\{1,2,3\})$ 也可以简记为 $v(1,2,3)$。

定义 7-3（联盟可加性）

对于任意联盟 S,T，且 $S\cap T=\varnothing$，有 $v(S\cup T)\geqslant v(S)+v(T)$，则称该效益函数满足超可加性，该联盟博弈是超可加的；对于任意联盟 S,T，且 $S\cap T=\varnothing$，有 $v(S\cup T)\leqslant v(S)+v(T)$，则称该效益函数满足次可加性，该联盟博弈是次可加的；对于任意联盟 S,T，且 $S\cap T=\varnothing$，有 $v(S\cup T)=v(S)+v(T)$，则称该效益函数满足可加性，该联盟博弈是可加的。

一方面，只有当效益函数满足超可加性时，两个联盟才有形成新联盟的必要，并会产生超出原先的效益，以供分配。另一方面，如果一个联盟不满足效益函数超可加性，则联盟中的参与者便没有动机形成联盟，现有的联盟也将面临瓦解的风险。而效益函数是研究联盟博弈的基础，确定效益函数的过程实际上也正是建立合作博弈模型的过程。

根据效益函数的性质，合作博弈中有以下几种特殊的类型。

- 对称合作博弈：$v(S)$ 仅与 S 的个数有关。
- 常和合作博弈：$v(S)+v(N-S)=v(N)$。
- 简单合作博弈：$v(S)=\begin{cases}0, S=\{i\}\\1, S=N\end{cases}$。
- 凸博弈：$v(S)+v(T)\leqslant v(S\cup T)+v(S\cap T)$。在凸博弈中，参与者对于联盟的边际贡献随着联盟的扩大而增加，即合作是规模报酬递增的。

> **3 人博弈 v1**：考虑一个简单的 3 人合作博弈，其中参与者 1 打算卖掉一件物品，参与者 2 和 3 分别出价 9 元和 10 元。试分析该博弈中存在的联盟。

如果参与者 1 将物品卖给参与者 2，并出价 x 元，则参与者 2 赢利 $9-x$ 元，同时联盟 $\{1,2\}$ 的总效益为 9 元。同理可知联盟 $\{1,3\}$ 的总效益为 10 元，可以记为 $v=(1,2)=9$，$v(1,3)=10$。对于其他联盟，单个局中人或两个买方在一起时都不可能存在赢利，即 $v(i)=v(2,3)=0, i=1,2,3$。当 3 位参与者一起交易时，参与者 1 会把物品卖给参与者 3，$v(1,2,3)=10$。在此博弈中 $v(S)$ 显然满足超可加性，因此可以建立联盟博弈，记为 $\langle N,v\rangle$。

7.3.2 价值分配

除了联盟之外，合作博弈中另一重要的概念即分配。在联盟博弈 $\langle N,v\rangle$ 中，参与者通过合作的方式，获得了一定的联盟效益 $v(N)$，联盟还要将这笔效益转归于每个参与者。由于联盟的存在，所以联盟的总效益 $v(N)$ 应大于非合作中每个参与者所能获得的效益总和 $\sum_{i=1}^{n}v(i)$。如何将联盟的效益合理地分配给联盟中的参与者，是联盟博弈中的核心问题，下面给出有关价值分配的概念。

定义 7-4(分配)

对于一个联盟博弈 $\langle N, v \rangle$，向量 $\boldsymbol{X} = (x_1, x_2, \cdots, x_n)$ 是该联盟博弈的一个分配或转归，满足

$$\begin{cases} \sum_{i=1}^{n} x_i = v(N) \\ \forall i \in N, x_i \geqslant v(i) \end{cases}$$

上述定义的一个直观解释是，条件 1 表示联盟的总效益完全转归为每个参与者的效益；而条件 2 表示每一个参与者在联盟博弈中的效益应不小于非合作时的个人效益，即满足个人理性。只有同时满足以上两个条件，该分配才成立。

> **3 人博弈 v2**：在一个 3 人的合作博弈中，总效益为 4，3 个参与人在不采取合作策略时的个人效益分别为 $1, \frac{1}{4}, -1$，求该博弈中的分配。

在上述 3 人博弈中，可以用公式记为求分配 $\boldsymbol{X} = (x_1, x_2, x_3)$，其中 x_1, x_2, x_3 满足

$$\begin{cases} x_1 \geqslant v(1) = 1 \\ x_2 \geqslant v(2) = \frac{1}{4} \\ x_3 \geqslant v(3) = -1 \\ x_1 + x_2 + x_3 = 4 \end{cases}$$

显然，以上公式的解并不唯一，也就意味着该联盟博弈的分配不止一个，而是无限个，从而存在一个分配集合。$E(v)$ 表示联盟博弈中所有分配方案的集合。

对于上述分配不唯一的情况，在现实生活中的存在较为广泛。具体来说，对于一个联盟博弈 $\langle N, v \rangle$，由于 $\Delta \alpha = v(N) - \sum_{i=1}^{n} v(i) > 0$，则存在无限个正向量，由于 $\boldsymbol{\alpha} = (\alpha_1, \alpha_2, \cdots, \alpha_n)$ 满足 $\Delta \alpha = \sum_{i=1}^{n} \alpha_i$，对于任意分配 $\boldsymbol{X} = (x_1, x_2, \cdots, x_n), x_i = v(i) + \alpha_i$（其中 $i \in N$）。如何比较不同方案之间的优劣便是价值分配的另一个问题。

定义 7-5(分配优劣)

在一个合作博弈 $\langle N, v \rangle$ 的两个分配 $\boldsymbol{X} = (x_1, x_2, \cdots, x_n)$ 与 $\boldsymbol{Y} = (y_1, y_2, \cdots, y_n)$ 中，对于一个联盟 $S \subset N$，若满足 $\begin{cases} x_i > y_i (\forall i \in S) \\ \sum_{i \in S} x_i \leqslant v(S) \end{cases}$，则称联盟 S 中分配 $\boldsymbol{X}$ 优超于分配 $\boldsymbol{Y}$，或称分配方案 $\boldsymbol{Y}$ 在联盟 S 上劣于 $\boldsymbol{X}$，记为 $\boldsymbol{X} \succ_S \boldsymbol{Y}$。

上述定义 7-5 是很直观的：对于 $\forall i \in S, x_i > y_i$，即对于联盟中的每一个参与者而言，分配 $\boldsymbol{X}$ 都可以比分配 $\boldsymbol{Y}$ 带来更多效益；同时 $\sum_{i \in S} x_i \leqslant v(S)$ 保证了效益的分配方案可以由联盟提供。因此，对于上述分配 $\boldsymbol{X}$ 与分配 $\boldsymbol{Y}$，联盟 S 会拒绝 $\boldsymbol{Y}$ 方案。

单个参与者的联盟与总联盟不存在优超关系，因此对于 n 位参与者的博弈 $\langle N, v \rangle$，联盟 S 的人数只有在区间 $[2, n-1]$ 时，才会存在优超关系。同时，对于同一联盟 S，分配的优超关系具有传递性，即如果存在 $\boldsymbol{X} \succ_S \boldsymbol{Y}, \boldsymbol{Y} \succ_S \boldsymbol{Z}$，则有 $\boldsymbol{X} \succ_S \boldsymbol{Z}$。此外，对于不同的联盟 S_1, S_2，博弈分配的优超关系则不具有传递性。

7.3.3 核与稳定集

在联盟博弈中,所有的分配集合 $E(v)$ 中都存在无限个分配,其中分配之间可能存在优超关系。对于联盟 S 而言,如果存在 $X >_S Y$,则该联盟会选择放弃分配 Y 而选择 X。

定义 7-6(稳定集)

对于一个 n 人联盟博弈 $<N,v>$,集合 $S(v) \subset E(v)$ 称为该联盟博弈中的稳定集,如果以下条件成立:①$S(v)$ 中的任意分配 X 都不优于 $S(v)$ 中的其余分配;②不属于 $S(v)$ 中的任意分配 Y,总可以在 $S(v)$ 中找到分配 X,使得 $X >_S Y$。

在上述定义 7-6 中:①保证了稳定集的内稳定性,即稳定集内部的任意两个分配之间不存在优超关系,这保证了联盟内部成员不会因利益冲突而导致联盟解体;②保证了稳定集的外稳定性,即稳定集外的任意分配至少被稳定集内的某个分配优超。

> **商店经营**:甲、乙、丙 3 人拟合伙开商店,每个月可以赢利 3 000 元,商店正常营业至少需要两个人。求解如何经营该商店,以及怎样分配利润。

在此案例中,可以用如下效益函数表示该联盟博弈问题:

$$\begin{cases} v(i)=0, i=1,2,3 \\ v(1,2)=v(1,3)=v(2,3)=v(1,2,3)=3\,000 \end{cases}$$

假设 3 个人的分配为 $X=(x_1,x_2,x_3)$,其中 $x_1+x_2+x_3=v(1,2,3)=3\,000$。若联盟 $\{1,2\}$ 形成,则分配 $X=(1\,500,1\,500,0)$ 是合理的。而如果甲要求采取分配 $(1\,500+\varepsilon,1\,500-\varepsilon,0)$,则乙将会考虑与丙合作经营。同理,如果丙也提出类似的要求,则乙不会与任何人联盟,而甲、丙也不会构成联盟。类似地,$Y=(1\,500,0,1\,500)$,$Z=(0,1\,500,1\,500)$ 也是合理的分配。而 $S=\{X,Y,Z\}$ 则构成一个稳定集。其中,对于稳定集 S 内部,X,Y,Z 之间没有优超关系;对于稳定集 S 外部的其他分配,必被 S 中的某个分配优超。

定义 7-7(核)

对于一个 n 人联盟博弈 $\langle N,v \rangle$,所有不被优超的分配集合都称为该博弈的核,记为 $C(v)$。

对于核中的分配 X,参与者不能通过重组联盟来增加效益。同时,对于联盟博弈的核还存在如下结论:

① $C(v) \subseteq E(v)$,即核 $C(v)$ 是分配集合 $E(v)$ 的一个闭凸集。

② 若 $C(v) \neq \varnothing$,则 $C(v)$ 中的向量 X 作为分配,既满足个体理性,也满足群体理性。

③ 用核作为联盟博弈的解,但 $C(v)$ 可能是空集。

定理 7-1 对于一个 n 人的联盟博弈 $\langle N,v \rangle$,分配 $X=(x_1,x_2,\cdots,x_n)$ 是该博弈中的核的充分必要条件为

$$\begin{cases} \sum_{i=1}^{n} x_i = v(N) \\ \sum_{i \in S} x_i \geq v(S), \forall S \in N \end{cases}$$

读者可以思考一下定理 7-1 的证明过程,可以使用反证法辅助证明。

> **3 人博弈 v3**:对于一个 3 人联盟博弈,其效益函数如下,求该联盟中的核。
>
> $$\begin{cases} v(1)=v(2)=v(3)=0 \\ v(1,2)=4, v(2,3)=1, v(1,3)=3 \\ v(1,2,3)=5 \end{cases}$$

根据定理 7-1,可列出如下不等式：

$$\begin{cases} x_1 + x_2 \geqslant 4 \\ x_1 + x_3 \geqslant 3 \\ x_2 + x_3 \geqslant 1 \\ x_1 + x_2 + x_3 = 5 \\ x_1, x_2, x_3 \geqslant 0 \end{cases}$$

进而求解出

$$\begin{cases} 2 \leqslant x_1 \leqslant 4 \\ 0 \leqslant x_2 \leqslant 2 \\ 0 \leqslant x_3 \leqslant 1 \end{cases}$$

即该联盟博弈中的核 $C(v) = \{(2,2,1),(3,2,0),(3,1,1),(4,1,0),(4,0,1)\}$,如图 7-9 所示,阴影区域即该 3 人联盟博弈中的核。

值得注意的是,一方面,并不是在所有联盟博弈中都存在一个核,即核 $C(v)$ 可能是空集,而这也是用核 $C(v)$ 代替分配 $E(v)$ 的一个问题；另一方面,用核 $C(v)$ 代替分配 $E(v)$ 也是合理的。由于核的稳定性,核中的每一个分配都不存在优超关系,因此不会存在更好的分配,每一个分配都可以执行。那么如何确定联盟博弈中,核一定是非空的呢？

核仁的概念便应运而生,下面首先定义剩余这一概念。

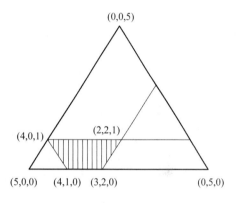

图 7-9　3 人联盟博弈中的核

定义 7-8(剩余)

对于一个 n 人的联盟博弈 $\langle N, v \rangle$,S 为一个联盟,$\boldsymbol{X} = (x_1, x_2, \cdots, x_n)$ 为一个效益向量(不一定是一个分配),记 $x(S) = \sum\limits_{x \in S} x_i$,则称 $v(S) - x(S) = v(S) - \sum\limits_{i \in S} x_i$ 为联盟 S 关于 $\boldsymbol{X}$ 的剩余,记为 $e(S, \boldsymbol{X})$。

在剩余 $e(S, \boldsymbol{X})$ 中,如果 $\boldsymbol{X}$ 是一个分配,则其反映了联盟对于分配的不满意程度。在理想的情况下,联盟的剩余应尽可能小。对于一个分配 $\boldsymbol{X}$,存在 2^n 个联盟,记为 $S_j(j = 1, 2, \cdots, 2^n)$,故存在 2^n 个剩余 $e(S_j, \boldsymbol{X})(j = 1, 2, \cdots, 2^n)$。对其按从大到小的顺序进行排列,形成 2^n 维向量 $\theta(\boldsymbol{X}) = (\theta_1(\boldsymbol{X}), \theta_2(\boldsymbol{X}), \cdots, \theta_{2^n}(\boldsymbol{X}))$,其中 $\theta_j(\boldsymbol{X}) = e(S_j, \boldsymbol{X})$。$\theta(\boldsymbol{X})$ 越小,则表示联盟对分配 $\boldsymbol{X}$ 越满意。因此对于两个不同的分配 $\boldsymbol{X}, \boldsymbol{Y}$,可以比较其对应的 $\theta(\boldsymbol{X})$ 与 $\theta(\boldsymbol{Y})$,不同于普通的数字之间的比较,这里可以采用字典序比较的方式。

定理 7-2
对于向量 $\theta(\boldsymbol{X}) = (\theta_1(\boldsymbol{X}), \theta_2(\boldsymbol{X}), \cdots, \theta_{2^n}(\boldsymbol{X}))$ 与向量 $\theta(\boldsymbol{Y}) = (\theta_1(\boldsymbol{Y}), \theta_2(\boldsymbol{Y}), \cdots, \theta_{2^n}(\boldsymbol{Y}))$,如果存在一个下标 k,使得 $\theta_j(\boldsymbol{X}) = \theta_j(\boldsymbol{Y})(1 \leqslant j \leqslant k-1)$,同时 $\theta_k(\boldsymbol{X}) < \theta_k(\boldsymbol{Y})$,则 $\theta(\boldsymbol{X})$ 的字典序小于 $\theta(\boldsymbol{Y})$,记为 $\theta(\boldsymbol{X}) < \theta(\boldsymbol{Y})$。

有以上定义与定理为基础,下面给出有关核仁的定义与性质。

定义 7-9(核仁)

对于一个 n 人的联盟博弈 $\langle N, v \rangle$,该博弈的核仁 $N(v)$ 为 $N(v) = \{\boldsymbol{X} | \boldsymbol{X} \in E(v)\}$。对于 $\forall \boldsymbol{Y} \in E(v), \boldsymbol{Y} \neq \boldsymbol{X}$,有 $\theta(\boldsymbol{X}) < \theta(\boldsymbol{Y})$,即任意取一个 $\boldsymbol{X} \in N(v)$,$\theta(\boldsymbol{X})$ 都是字典序最小的。

定理 7-3 对于一个 n 人的联盟博弈 $\langle N,v \rangle$，核仁具有如下性质：
① 核仁 $N(v)$ 非空，并且只包含一个元素；
② 若核 $C(v) \neq \varnothing$，则它必定包含核仁，即 $N(v) \subset C(v)$。

其中，第一条性质表示对于每个联盟博弈，有且仅有一个核仁，即核仁存在且唯一，但是从核仁的定义就可以看出，直接求解核仁的过程较为复杂，有兴趣的读者可以尝试求解；第二条性质有助于求解核仁，若要求解，可以先从核的求解出发。

7.3.4 沙普利值

沙普利值

在一个联盟博弈中，往往会存在无限个分配，其中一些分配之间会存在优超关系，进而可以筛选出一部分分配，这便是核。但是核中可能存在多个分配，也可能出现空集的情况，因此剩余与核仁的概念被提出了，核仁的定义为联盟博弈中的分配选择提供了一条道路。核仁总存在而且唯一，但核仁的求解过于复杂。那么有没有其他方式可以得到联盟博弈的唯一解呢？下面先从一个案例入手。

> **合理分钱**：小明和小方去外面郊游，小明带了 5 片面包，小方带了 3 片面包，正当二人准备享用午餐的时候，小王饥肠辘辘地走了过来，想要加入他们一起吃午饭，并拿出了 8 块钱作为对二人的感谢。午饭后，小王满足地离开了，但小明和小方却在为如何分摊这 8 块钱而争执，小方说自己带了 3 片面包，理应分得 3 块钱，而小明却不同意……

定义 7-10（沙普利值）
对于每个联盟博弈 $\langle N,v \rangle$，都存在唯一的沙普利值（Shapley value）：
$$\varphi(v) = (\varphi_1(v), \varphi_2(v), \cdots, \varphi_n(v))$$
$$\varphi_i(v) = \sum_{S \subset N \setminus \{i\}} \frac{|S|!(n-|S|-1)!}{n!}(v(S \cup \{i\}) - v(S))$$

其中，$v(S \cup \{i\}) - v(S)$ 被称为参与者 i 对于联盟 S 的边际贡献，参与者 i 的沙普利值即其对于所有联盟 $S \subset N \setminus \{i\}$ 的边际贡献平均值。假设将联盟博弈中的 N 位参与者随机排序，将出现 $n!$ 种排序，每种排序出现的概率相同，均为 $\frac{1}{n!}$。而上述定义中，边际贡献的权重即排在参与者 i 前面的参与者恰好为联盟 S 的成员，而排在参与者 i 后面的 $n-|S|-1$ 个成员均不是联盟 S 的成员，即边际贡献的权重为 $\frac{|S|!(n-|S|-1)!}{n!}$。

在上述合理分钱的案例中，如果使用沙普利值的思想，假设小明、小方、小王 3 人吃得一样多，即都为 $\frac{8}{3}$ 片面包。对于小方来说，除去自己吃的面包，对于小王贡献了 $3 - \frac{8}{3} = \frac{1}{3}$ 片面包；而对于小明来说，除去自己吃的面包，对于小王贡献了 $5 - \frac{8}{3} = \frac{7}{3}$ 片面包。这样算来，对于小王而言，小明的边际贡献是小方的 7 倍，所以小明主张自己分 7 元钱，而小方分 1 元钱。

> **分摊车费**：甲、乙、丙 3 人聚会之后打算一同拼车返回，总价为 30 元，如图 7-10 所示。如果不拼车回家，甲打车回家需要 10 元，乙需要 18 元，丙需要 25 元。试问甲、乙、丙 3 人应如何合理地分摊打车费用[9]。

在这个案例中,丙说:"不如咱们每人出 10 元拼车吧!"甲则表示不满,自己单独打车也只需要 10 元,拼车还需要 10 元。甲补充说:"不如第一段咱们平分,第二段你们平分,第三段丙自己支付。"但乙、丙表示拼车已经为甲绕路,多出来的路程甲却没有付钱。这时候乙说:"咱们这样考虑问题,现在是假设打车的路线是甲到乙到丙,但是还有其他的可能性,不如我们把所有的路线都列出来,按照谁先上车谁付车费,后上车的人补差价的原则,计算出每个人的平均支出,当做最后的费用。"大家都表示同意。

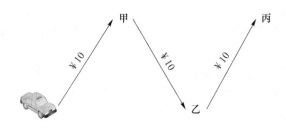

图 7-10　甲、乙、丙拼车路线

根据以上思路,可以简单地列出 6 种情况,如表 7-2 所示。

表 7-2　甲、乙、丙 3 人的路线情况与对应的效益

路　线	甲的效益	乙的效益	丙的效益
甲→乙→丙	10	10	10
甲→丙→乙	10	2	18
乙→甲→丙	2	18	10
乙→丙→甲	2	18	10
丙→乙→甲	2	3	25
丙→甲→乙	3	2	25

表 7-2 中,给定从甲到丙家的打车费用为 18 元。假设每种情况出现的概率相等,可以计算出每个人的平均费用,即甲需要效益 4.83 元,乙需要效益 8.83 元,丙需要效益 15 元。

上述案例很生动地使用了沙普利值的思想,解决了 3 人打车分担费用的问题。

定义 7-11(虚拟参与者)

对于一个联盟博弈 $\langle N,v \rangle$,其参与者如果满足对于 $\forall S \subset N \setminus \{i\}$,有 $v(S \cup \{i\}) = v(S)$,则称该参与者为虚拟参与者。

在上述定义中,如果一个参与者为虚拟参与者,那么其是否加入联盟,对于联盟的得益没有任何影响。

定义 7-12(虚拟性)

解函数 f 如果对于博弈 $\langle N,v \rangle$ 中的虚拟参与者 i,$f_i(v) = 0$,则称其满足虚拟参与人性质,简称虚拟性。

在上述定义中,虚拟参与者由于没有对联盟做出贡献,所以联盟也不会分配给他任何得益。

定义 7-13(有效性)

解函数 f 如果对于任意博弈 $\langle N,v \rangle$,$f(v)$ 都是有效的,则称其满足有效性。

上述定义要求联盟的分配符合群体理性。

定义 7-14(匿名性)

解函数 f 如果对于任意博弈 $\langle N,v \rangle$,$\forall i \in N$,以及 $\forall \pi \in \prod_N$,都有 $f_\pi(\pi v)=f_i(v)$,则称其满足匿名性。其中,博弈 πv 定义为,对于 $\forall S \in 2^N$,$\pi v(\pi(S)) \equiv v(S)$。

在上述定义中,如果两位参与者对于联盟的贡献是相同的,那么他们的得益也应该相同,即联盟分配给参与者的效益完全取决于参与者对于联盟的贡献,而不考虑他是谁。

定义 7-15(可加性)

解函数 f 如果对于所有的合作博弈 u 和 v,都有 $f(u+v)=f(u)+f(v)$,则称其满足可加性。上述定义要求两个独立的联盟博弈联合组成的新博弈的值,等于原来两个博弈的值之和。

定理 7-4 沙普利值是满足虚拟性、有效性、匿名性与可加性这 4 个性质的唯一解。

这里给出一个证明思路,读者可以自行探究。首先证明沙普利值满足虚拟性、有效性、匿名性与可加性,再证明如果一个解函数 f 满足上述 4 个性质,则 $f=\varphi$ 即可。

> **投票博弈**:考虑一个投票博弈的场景,其中效益函数如下,试求出该博弈中的沙普利值。
>
> $$\begin{cases} v(S\,|\,|S|\leqslant 2)=0 \\ v(1,2,3)=v(1,2,4)=v(1,2,5)=1 \\ v(1,2,3,4)=v(1,2,3,5)=1 \\ v(1,2,4,5)=v(1,2,3,4,5)=1 \end{cases}$$

在上述例题中,首先考虑参与者 1 的沙普利值 $\varphi_1(v)$。该博弈中存在一些联盟,如 $\{1,2\}$,$\{1,3\}$,$\{1,4\}$,$\{1,5\}$,$\{1,3,4\}$,$\{1,4,5\}$,$\{1,3,4,5\}$,在这些联盟中,无论参与者 1 是否存在,联盟的效益函数都不会变化。换句话说,参与者 1 对于这些联盟来说是一位虚拟参与者,所以在计算沙普利值时,不需要考虑这些联盟。$v(S\cup\{1\})$ 与 $v(S)$ 存在差异的联盟有 $\{1,2,3\}$,$\{1,2,4\}$,$\{1,2,5\}$,$\{1,2,3,4\}$,$\{1,2,3,5\}$,$\{1,2,4,5\}$,$\{1,2,3,4,5\}$。由此可以得到

$$\varphi_1(v)=\frac{2!\times 2!}{5!}\times(1-0)\times\binom{3}{1}+\frac{3!\times 1!}{5!}\times(1-0)\times\binom{3}{1}+\frac{4!\times 0!}{5!}\times(1-0)\times\binom{1}{1}=\frac{9}{20}$$

同理,可以得到

$$\varphi_2(v)=\varphi_1(v)=\frac{9}{20}$$

$$\varphi_3(v)=\varphi_4(v)=\varphi_5(v)=\frac{2!\times 2!}{5!}\times(1-0)=\frac{1}{30}$$

综上所述,在这个投票的联盟博弈中,沙普利值为 $\left(\frac{9}{20},\frac{9}{20},\frac{1}{30},\frac{1}{30},\frac{1}{30}\right)$,这意味着参与者 1 和参与者 2 在投票中的"话语权"比参与者 3,4,5 的更加重要。

沙普利值虽然必然存在且唯一,但是不一定是个分配,即理性约束可能不满足 $\varphi_i(v) \geqslant v(i)$。在这种情况下,相应的联盟就不具有稳固性,参与者便会有重组联盟的激励。

定理 7-5 对于一个联盟博弈 $\langle N,v \rangle$,如果其满足超可加性,即 $v(S_1 \cup S_2) \geqslant v(S_1)+v(S_2)$,同时满足 $S_1 \cap S_2 = \varnothing$,则沙普利值 $\varphi(v)$ 就是一个分配,$\varphi(v)=\{\varphi_1(v),\varphi_2(v),\cdots,\varphi_n(v)\}\in E(v)$。

为了使沙普利值称为一个分配,需要效益函数满足凸博弈的条件,即对于任何联盟 S,T,效益函数都满足 $v(S)+v(T)\leqslant v(S\cup T)+v(S\cap T)$。下面给出凸博弈的几个特征。

定理 7-6 一个联盟博弈 $\langle N,v \rangle$ 是凸博弈，则存在以下两个定理：

① 对于所有的 $X,Y,Z \in 2^N$，其中 $X \subset Y \subset N \setminus Z$，存在
$$v(X \cup Z) - v(X) \leqslant v(Y \cup Z) - v(Y)$$

② 对于所有的 $X,Y \in 2^N, i \in N$，满足 $X \subset Y \subset N \setminus \{i\}$，存在
$$v(X \cup \{i\}) - v(X) \leqslant v(Y \cup \{i\}) - v(Y)$$

证明：首先证明定理①成立。根据凸博弈的定义，对于任意联盟 S,T，都有 $v(S) + v(T) \leqslant v(S \cup T) + v(S \cap T)$。这里使用 $X \cup Z$ 来代替 S，使用 Y 来代替 T，可以得到
$$v(X \cup Z) + v(Y) \leqslant v(X \cup Z \cup Y) + v((X \cup Z) \cap Y)$$

显然，上述公式中由于 $X \subset Y$，所以 $X \cup Z \cup Y = Y \cup Z$。同时，根据交并运算的分配率，存在 $(X \cup Z) \cap Y = (X \cap Y) \cup (Z \cap Y) = X$。整理后可以得到，$v(X \cup Z) + v(Y) \leqslant v(Y \cup Z) + v(X)$，即 $v(X \cup Z) - v(X) \leqslant v(Y \cup Z) - v(Y)$。

其次由定理①可知，当 $Z = \{i\}$ 时，定理②显然成立。

同时，如果一个联盟博弈是凸博弈，其具有如下两条性质：

① 凸博弈的核一定存在，即 $C(v) \neq \emptyset$；

② 凸博弈的沙普利值一定是一个核，即 $\varphi(v) \in C(v)$。

> **3人博弈 v4**：某研究所甲研究出一种新技术，但是自己不能投入生产。他可以选择与企业乙或者企业丙合作，这样可以得到效益 1。如果甲、乙、丙 3 家联手合作，可以得到效益 3。试问如果甲、乙、丙 3 家合作，应该如何分配合作所得效益？

在这个例子中，可以写出该联盟博弈的效益函数：
$$\begin{cases} v(1) = v(2) = v(3) = 0 \\ v(1,2) = v(1,3) = 1 \\ v(1,2,3) = 3 \end{cases}$$

该联盟博弈中的核可以写为
$$C(v) = \{(x_1, x_2, x_3) \mid x_1 + x_2 + x_3 = 3, x_1 \geqslant 0, 0 \leqslant x_2 \leqslant 2, 0 \leqslant x_3 \leqslant 2\}$$

由沙普利值的公式，可以计算出联盟博弈中的沙普利值为
$$\varphi(v) = \left(\frac{4}{3}, \frac{5}{6}, \frac{5}{6}\right)$$

上述例子中的联盟博弈是凸博弈，其核非空，同时沙普利值是一个核。

7.4 实例分析

7.4.1 3个小镇供水问题

现在有 3 个小镇共用一个供水系统，成本函数 $c(S)$ 是为联盟 S 提供服务的最少成本，如下：
$$\begin{cases} c(A) = 120, c(B) = 140, c(C) = 120 \\ c(A,B) = 170, c(B,C) = 190 \\ c(A,C) = 160, c(A,B,C) = 255 \end{cases}$$

A 如果与 B 联盟，可以节省成本 $c(A)+c(B)-c(A,B)=90$，如果 A 与 B 平均分配所节省的成本，则 $c_A=120-\frac{1}{2}\times 90=75, c_B=140-\frac{1}{2}\times 90=95$。

A 如果与 C 联盟，可以节省成本 $c(A)+c(C)-c(A,C)=80$，如果 A 与 C 平均分配所节省的成本，则 $c_A=120-\frac{1}{2}\times 80=80, c_C=120-\frac{1}{2}\times 80=80$。

B 如果与 C 联盟，可以节省成本 $c(B)+c(C)-c(B,C)=70$，如果 B 与 C 平均分配所节省的成本，则 $c_B=140-\frac{1}{2}\times 70=105, c_B=120-\frac{1}{2}\times 70=85$。

如果 A,B,C 联盟，可以节省成本 $c(A)+c(B)+c(C)-c(A,B,C)=125$，如果 A,B,C 平均分配所节省的成本，则 $c_A=120-\frac{1}{3}\times 125\approx 78.33, c_B=140-\frac{1}{3}\times 125\approx 98.33, c_C=120-\frac{1}{3}\times 125\approx 78.33$。

在这个例子中，A 与 C 联盟、B 与 C 联盟所带给联盟中的每一位参与者的成本都高于 A,B,C 联盟。值得注意的是，A 与 B 联盟时，每个人的成本都小于 3 人联盟，即 $c_A+c_B=176.66>170=c(A,B)$。因此，A 与 B 将离开 3 人的联盟，又或者两人留在 3 人联盟中，A 和 B 会要求不公平地与 C 分摊 3 人联盟的成本。

7.4.2 联合国安全理事会决议

联合国安全理事会决议由 15 个安理会会员国投票产生。一个决议在其中 9 个以上的会员国决议通过并且 5 个常任理事国全部没有使用否决权的情况下将视为通过。5 个常任理事国中华人民共和国（中国）、俄罗斯联邦（俄罗斯）、大不列颠及北爱尔兰联合王国（英国）、法兰西第五共和国（法国）和美利坚合众国（美国）有着对于决议的一票否决权。在这个背景下，要考虑每个成员国在否决提案的时候所具有的实力。

不妨假设参与人集合 $N=\{1,2,\cdots,15\}$，其中 1,2,3,4,5 为常任理事国。如果联盟 $S\subset N$ 能否决提案，则 $v(S)=1$，反之，则 $v(S)=0$。而该联盟博弈中的效益函数如下：

$$\begin{cases}v(S|\ \exists i\in S, i\in[1,5])=1\\ v(S|\ |S|\geq 7)=1\\ v(S|\ |S|<7)=0\end{cases}$$

$v(S)$ 作为联盟博弈中的效益函数，表示联盟 S 否决提案的实力。下面计算该博弈中的沙普利值 $\varphi_i(v)$，其中 $\{\varphi_i(v)\}$ 可以理解为成员国 i 所具有的实力。显然存在，$\varphi_1(v)=v_2(v)=\varphi_3(v)=\varphi_4(v)=\varphi_5(v)$，以 $\varphi_1(v)$ 为例：

$$\varphi_1(v)=\frac{14!\times 0!}{15!}\times(v(1)-v(\varnothing))+\frac{13!\times 1!}{15!}\times(v(1,6)-v(6))\binom{10}{1}+$$

$$\frac{12!\times 2!}{15!}(v(1,6,7)-v(6,7))\binom{10}{2}+$$

$$\frac{11!\times 3!}{15!}(v(1,6,7,8)-v(6,7,8))\binom{10}{3}+$$

$$\frac{10!\times 4!}{15!}(v(1,6,7,8,9)-v(6,7,8,9))\binom{10}{4}+$$

$$\frac{9!\times 5!}{15!}(v(1,6,7,8,9,10)-v(6,7,8,9,10))\binom{10}{5}+$$
$$\frac{8!\times 6!}{15!}(v(1,6,7,8,9,10,11)-v(6,7,8,9,10,11))\binom{10}{6}$$

进而代入数据,可以求解出

$$\varphi_1(v)=\frac{1}{15}+\frac{10}{15\times 14}+\frac{19\times 9}{15\times 14\times 13}+\frac{19\times 9\times 8}{15\times 14\times 13\times 12}+\frac{19\times 9\times 8\times 7}{15\times 14\times 13\times 12\times 11}+$$
$$\frac{19\times 9\times 8\times 7\times 6}{15\times 14\times 13\times 12\times 11\times 10}+\frac{19\times 9\times 8\times 7\times 6\times 5}{15\times 14\times 13\times 12\times 11\times 10\times 9}$$
$$\approx 0.196\,27$$

类似地,可以计算出其他 10 个成员国对应的沙普价值 $\varphi_i(v)(6\leqslant i\leqslant 15)$,从而得到该博弈中所有参与者的沙普利值:

$$\varphi_i(v)=\begin{cases}0.196\,27, & 1\leqslant i\leqslant 5\\ 0.001\,86, & 6\leqslant i\leqslant 15\end{cases}$$

这也意味着,包括中国在内的 5 个常任理事国在投票表决的时候掌握着约 98% 的否决权。

7.4.3 连续问答问题

有 3 位参与者,他们分别是小甲、小乙和小丙,他们需要回答一个有 5 个选项的选择题。从小甲开始,后面依次是小乙和小丙,每个人都可以选择答题或者等待。如果选手尝试答题并回答正确,则该选手获得奖金 10 元。如果回答不正确,则该选手需要效益惩罚 4 元。除了答题,选手也可以选择等待,这时候主持人会排除一个错误答案,并轮到下一位选手答题或等待。在这个 3 人游戏中,如果小甲与小丙是相熟的好友,他们无论结果如何都会平分奖金,而小乙也知道小甲与小丙的联盟关系。这样的假设可以避免进入不完全信息博弈这个棘手的领域。

在这个问题中,可以首先列出所有可能的决策过程,如图 7-11 所示,其中括号中第一项为小甲与小丙联盟的效益,而第二项为小乙的效益[10]。

读者可以使用反向归纳分析的方法推算出图 7-11 中每个参与者的每个策略对应的不同效益。如在小甲等待、小乙等待、小丙等待时,小甲答题对应的效益为 $\left(\frac{10-4}{2},\frac{0+10}{2}\right)=(3,5)$,对于小甲与小丙的联盟而言 $3>0$,因此小甲会选择答题。值得注意的是,在小甲等待的情况下,小乙会选择等待,因为这样可以将效益从 $-\frac{1}{2}$ 提高到 5。

上述对于连续回答问题的分析建立在小甲与小丙合作的基础上,读者不妨思考一下如果是小甲与小乙联盟,结果会有什么不同吗?如果是小乙和小丙合作,又会导致什么结果呢?

具体的分析就留给读者自行考虑,这里直接给出结果。在小甲与小乙联盟的情况下,小甲会等待,同时小乙也会等待,小丙会选择答题,而如果小丙没有答对,小甲继续等待,而小乙便会直接选择正确答案。在这种情况下,小甲与小乙的联盟预期效益是 $\frac{20}{3}$,而小丙的预期效益是 $\frac{2}{3}$。

在第二种联盟中,小乙与小丙合作答题。小甲和小乙会选择等待,而小丙知道下一轮小甲肯定会选择答题,但仍有 $\frac{1}{2}$ 的概率答错,最终联盟会获得奖励,小丙也会选择等待。因此,小乙

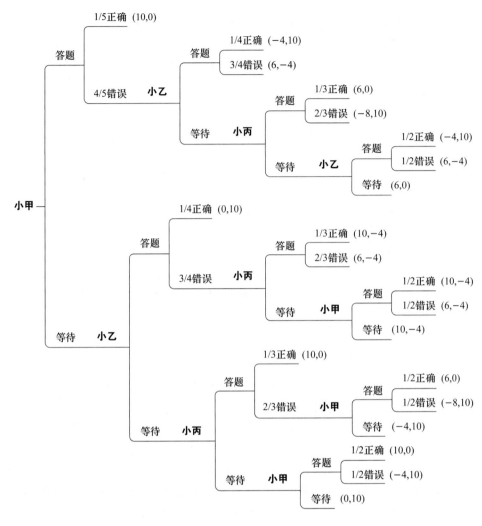

图 7-11 连续回答问题中的决策情况

和小丙的联盟预期效益会达到 5,这比不合作的情况下二人效益总和还要高。而小甲虽然改变了第二轮的策略,但预期效益也达到了 3,仍大于原始不合作时策略的收益。

总体来说,在结盟后平分效益的前提下,小甲、小乙、小丙在结盟时的预期效益如表 7-3 所示。

表 7-3 小甲、小乙、小丙的预期效益矩阵一

	不联盟	小甲和小丙联盟	小甲和小乙联盟	小乙和小丙联盟
小甲	2	$\frac{3}{2}$	$\frac{10}{3}$	3
小乙	$\frac{10}{3}$	5	$\frac{10}{3}$	$\frac{5}{2}$
小丙	$\frac{2}{3}$	$\frac{3}{2}$	$\frac{2}{3}$	$\frac{5}{2}$

显然,如果联盟平均分配效益,则小甲不会与小丙结盟,小乙不会与小丙结盟。可能的结盟是小甲与小乙,尽管小乙可能并不在意是否结盟。

上面分析了在总奖金设置为 10 时,不同的几种联盟情况下,每位参与者的效益。当连续回答问题的总奖金提升至 12 元,而答错题目的惩罚仍为 4 元时,不同联盟情况的效益是否会有变化呢?下面直接给出小甲、小乙、小丙的预期效益矩阵,如表 7-4 所示。由表 7-4 中数据不难看出以下几点信息:如果联盟平均分配效益的话,小甲仍然不会选择与小丙合作,而小乙也不会选择与小丙合作。这样的结果与原本 10 元奖金的例子类似。

表 7-4 小甲、小乙、小丙的预期效益矩阵二

	不联盟	小甲和小丙联盟	小甲和小乙联盟	小乙和小丙联盟
小甲	$\frac{8}{3}$	2	4	4
小乙	4	$\frac{17}{5}$	4	3
小丙	$\frac{2}{3}$	2	$\frac{4}{3}$	3

7.4.4 联盟博弈在网络中的应用——边缘缓存

边缘缓存就是将网络内容部署在边缘,这样能够缩短用户到内容提供者之间的距离,从而实现内容的快速就近获取,同时降低核心网负载压力,其工作原理如图 7-12 所示。

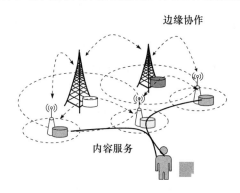

图 7-12 边缘缓存示意图

边缘缓存作为提升网络服务性能的关键技术,其主要有 3 点特征:
① 可以使边缘节点缓存空间得到扩容;
② 可以充分利用空闲资源;
③ 可以有效提升全局效益。

具体来说,区域内的用户倾向往往具有差异性,在复杂的互联网内容中,只有小部分内容会被频繁请求,而大部分内容被请求的频率较低。因此,一个区域内的用户群体倾向可以被表示为一个向量:$\boldsymbol{P}=[p_1,p_2,\cdots,p_M]$。边缘网络中的一些基站之间可能会存在一些合作行为,传输这些内容虽然可能会需要额外的开销,但往往会带来整体效益的提高。

| 思考题及参考答案 |

7.1 假设小丁和小陈各自工作每个月可以赚 10 000 元,两人合作共同经营公司每个月

可以赚 30 000 元。假设贴现因子均为 0.8,小丁先出价。请计算两人的鲁宾斯坦轮流出价解的结果。

答案: 利用 7.2.2 节中的二人讨价还价博弈模型(有贴现情况)即可求解。注意,虽然题干中没有显式说明,但是此时的讨价还价是有限期的,因为两人期望的最低收益就是非合作情况下的收益(10 000 元)。因此,当讨价还价进行到某人的可得收益不大于 10 000 元时,可认为谈判失败,博弈终止,双方不达成合作。

7.2 小陈在 A 公司的月工资为 8 000 元。现在他跳槽到了 B 公司,每月可以为 B 公司创造价值 10 000 元。请问根据纳什谈判解,B 公司每月应给小陈多少钱?

答案: 利用上面证明中推导的结果,$w=8\,000+\frac{1}{2}\times(10\,000-8\,000)=9\,000$ 元。

7.3 考虑这样一种情况:仍然是小丁和小陈开公司合作,收益为 10 000 元,但在分配的博弈中,双方的思维性格和风险偏好不同。小丁是风险中性的,而小陈倾向于风险规避型。试用纳什讨价还价解法来计算最后的分配结果。(注:风险中性是指在无风险条件下持有一笔货币财富的效用等于在风险条件下持有一笔货币财富的效用[11];风险规避型的人们在相同的成本下更倾向于作出低风险的选择,更喜欢结果比较确定的投机,而不喜欢结果不那么确定的投机[12]。)

答案:

问题分析:

① 由于小丁是风险中性的,所以 $u_1=u_1(s_1)=s_1$;而小陈是风险规避型的,$u_2=u_2(s_2)=s_2^b$,其中 $b<1$。

② 假设该讨价还价问题的谈判破裂点为 $(0,0)$。

③ 问题需满足的约束为 $s_1+s_2\leqslant 100$,即 $u_1+u_2^{1/b}\leqslant 100$。

因此,效用配置集如图 7-13 所示,其边界的具体位置和形状与 b 的大小是有关的。

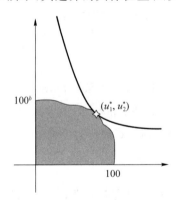

图 7-13 存在风险偏好差异的二人讨价还价配置集和纳什解

问题解决:

实际上,用纳什解法求解该讨价还价问题,就是求下列纳什积的约束优化问题:

$$\max_{u_1,u_2} u_1 \cdot u_2$$
$$\text{s.t.} \quad u_1+u_2^{1/b}=100$$

根据约束条件可得 $u_2=(100-u_1)^b$,代入纳什积转化为单变量最优化问题:

$$\max_{u_1} u_1 \cdot (100-u_1)^b$$

其一阶条件为
$$(100-u_1^*)^b + u_1^* \cdot b(100-u_1^*)^{b-1} \times (-1) = 0$$
两边乘以$(100-u_1^*)^{1-b}$可得到
$$100 - u_1^* - u_1^* b = 0$$
解得
$$u_1^* = s_1^* = \frac{100}{1+b}$$
进一步可得到
$$s_2^* = 100 - s_1^* = 100 - \frac{100}{1+b}, \quad u_2^* = s_2^{*b} = \left(100 - \frac{100}{1+b}\right)^b$$
(u_1^*, u_2^*)即图 7-13 中的切点。

至此,我们得到了最终的合作博弈解。

7.4 甲、乙、丙 3 人合伙做生意,如果 3 人一起合作,则收益为 10;若 3 人单干,则收益分别为 1,3,2;甲乙、甲丙、乙丙合作的收益分别为 6,4,5,试用沙普利值的思想求解 3 人如何分配收益。

答案:显然,可以写出上述问题中的效益函数:
$$\begin{cases} v(\varnothing) = 0 \\ v(1) = 1, v(2) = 3, v(3) = 2 \\ v(1,2) = 6, v(1,3) = 4, v(2,3) = 5 \\ v(1,2,3) = 10 \end{cases}$$
由沙普利值公式
$$\varphi_i(v) = \sum_{S \in N \setminus \{i\}} \frac{|S|!(n-|S|-1)!}{n!}(v(S \cup \{i\}) - v(S))$$
可得甲、乙、丙 3 人对于联盟的边际贡献:
$$\varphi_1(v) = \frac{0! \times 2!}{3!} \times (1-0) + \frac{1! \times 1!}{3!} \times (6-3) + \frac{1! \times 1!}{3!} \times (4-2) + \frac{2! \times 0!}{3!} \times (10-5)$$
$$= \frac{17}{6}$$
$$\varphi_2(v) = \frac{0! \times 2!}{3!} \times (3-0) + \frac{1! \times 1!}{3!} \times (6-1) + \frac{1! \times 1!}{3!} \times (5-2) + \frac{2! \times 0!}{3!} \times (10-4)$$
$$= \frac{13}{3}$$
$$\varphi_3(v) = \frac{0! \times 2!}{3!} \times (2-0) + \frac{1! \times 1!}{3!} \times (4-1) + \frac{1! \times 1!}{3!} \times (5-3) + \frac{2! \times 0!}{3!} \times (10-6)$$
$$= \frac{17}{6}$$
所以$\left(\frac{17}{6}, \frac{13}{3}, \frac{17}{6}\right)$即一个分配。

7.5 针对 7.4.3 节中连续回答问题的情景,试分析以下几种情况。

① 在小甲与小乙合作的情况下,画出连续回答问题中的决策树,并使用反向归纳分析的方法计算小甲、小乙、小丙 3 人的预期效益。

② 在小乙与小丙合作的情况下,画出连续回答问题中的决策树,并使用反向归纳分析的

方法计算小甲、小乙、小丙3人的预期效益。

③ 在小乙与小丙合作的情况下,如果比赛的总奖金增加到12元,同时惩罚仍为4元,画出连续回答问题中的决策树,并使用反向归纳分析的方法计算小甲、小乙、小丙3人的预期效益。

④ 如果联盟不再采取平分效益的策略,那不同的联盟内部应该如何合理地分配联盟效益?

答案:

① 小甲与小乙合作时,利用反向归纳分析的方法推算出每个参与者的每个策略对应的不同效益,如图7-14所示,其中括号中前一项为小甲与小乙联盟的收益,第二项为小丙的收益。由图7-14可以算出小甲、小乙、小丙的预期效益分别为$\frac{10}{3},\frac{10}{3},\frac{2}{3}$。

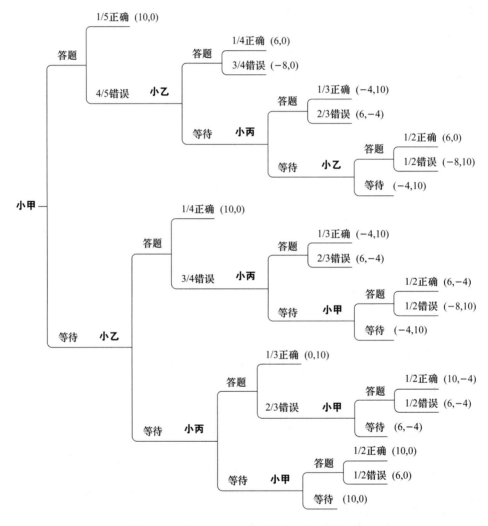

图7-14 小甲与小乙合作时的反向归纳分析图

② 小乙与小丙合作时,利用反向归纳分析的方法推算出每个参与者的每个策略对应的不同效益,如图7-15所示,其中括号中前一项为小甲的收益,第二项为小乙与小丙联盟的收益。

由图 7-15 可以算出小甲、小乙、小丙的预期效益分别为 $3, \frac{5}{2}, \frac{5}{2}$。

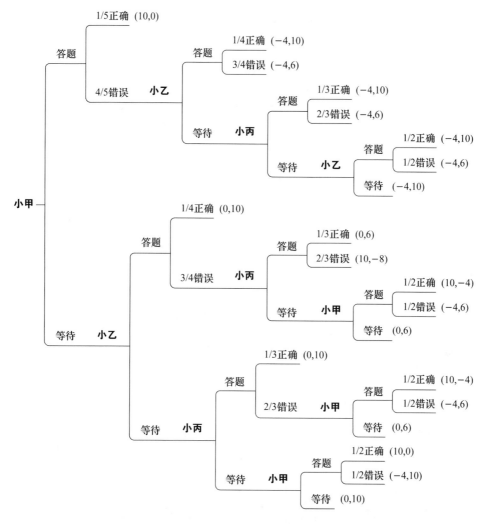

图 7-15 小乙与小丙合作时的反向归纳分析图

③ 小乙与小丙合作,且奖金增加至 12 元时,利用反向归纳分析的方法推算出每个参与者的每个策略对应的不同效益,如图 7-16 所示,其中括号中前一项为小甲的收益,第二项为小乙与小丙联盟的收益。由图 7-16 可以算出小甲、小乙、小丙的预期效益分别为 $4, 3, 3$。

④ 以奖金为 10 元的情况为例,可以写出该问题中的预期效益矩阵,如表 7-5 所示。

表 7-5 预期效益矩阵

	不联盟	小甲和小丙联盟	小甲和小乙联盟	小乙和小丙联盟
小甲	2	$\frac{3}{2}$	$\frac{10}{3}$	3
小乙	$\frac{10}{3}$	5	$\frac{10}{3}$	$\frac{5}{2}$
小丙	$\frac{2}{3}$	$\frac{3}{2}$	$\frac{2}{3}$	$\frac{5}{2}$

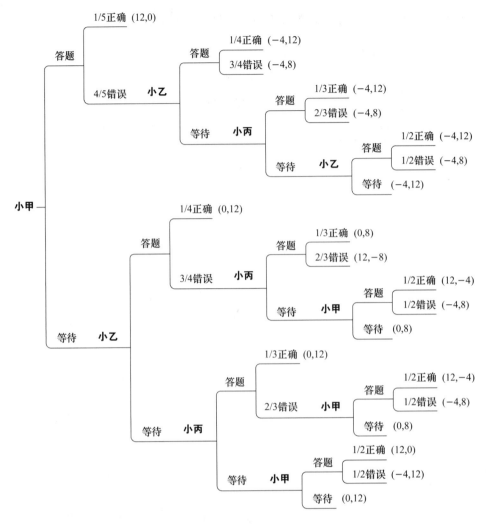

图 7-16 小甲与小丙合作时的反向归纳分析图

读者可以根据沙普利值的求解公式自行求解不同联盟情况中的效益分配。

本章参考文献

[1] 百度百科. 讨价还价理论[EB/OL]. (2021-03-21)[2022-01-27]. https://baike.baidu.com/item/%E8%AE%A8%E4%BB%B7%E8%BF%98%E4%BB%B7%E7%90%86%E8%AE%BA/8104624.

[2] Abcexchange. 讨价还价[EB/OL]. (2019-07-30)[2022-01-27]. http://abcexchange.io/terms/h/haggle.asp.

[3] 智库百科. 讨价还价[EB/OL]. (2019-05-30)[2022-01-27]. https://wiki.mbalib.com/wiki/%E8%AE%A8%E4%BB%B7%E8%BF%98%E4%BB%B7.

[4] 李军林, 李天有. 讨价还价理论及其最近的发展[J]. 经济理论与经济管理, 2005(3): 63-67.

［5］ 智库百科. 讨价还价模型[EB/OL]. (2017-12-22)[2022-01-27]. https://wiki.mbalib.com/wiki/%E8%AE%A8%E4%BB%B7%E8%BF%98%E4%BB%B7%E6%A8%A1%E5%9E%8B.

［6］ 张树义. 对博弈论中 Shaked & Sutton 结论的一个证明[J]. 运筹与管理,2002,11(2): 47-49.

［7］ Binmore K,Rubinstein A,Wolinsky A. The Nash bargaining solution in economic modelling[J]. The RAND Journal of Economics,1986,17(2):176-188.

［8］ 马忠贵. 博弈论及其在无线通信网络中的应用[M]. 北京:国防工业出版社,2015.

［9］ 知乎. 沙普利值[EB/OL]. (2017-03-18)[2022-01-27]. http://www.zhihu.com/question/23180647.

［10］ Prisner E. Game Theory through examples[M]. Washington:The Mathematical Association of America,2014.

［11］ 智库百科. 风险中性[EB/OL]. (2015-12-15)[2022-01-27]. https://wiki.mbalib.com/wiki/Risk_neutral.

第 8 章 演化博弈

随着博弈论在经济学应用中地位的日益提高,博弈论的体系架构也日益完善,在传统博弈论的基础上,相继出现了很多精妙的博弈方法,演化博弈论就是其中的代表。为了拓展经典博弈论,发展经济学,国内外学者在该领域开展了大量的研究。为此,本章将以演化博弈为例,在传统博弈论的基础上,为读者介绍传统博弈的局限性、演化博弈的发展历程、基本理论以及具体实例(以鹰鸽博弈为例)。

8.1 演化博弈论

本节旨在直观地向读者展现经典博弈的局限性以及演化博弈的基本相关概念,下面将从演化博弈的简介、发展历程、基础理论3个方面进行具体介绍。

思考:

经济学为什么不是一门演化的学问?

——1898年托尔斯坦·凡伯伦提出了这个问题,后来发展出演化经济学。

博弈论为什么不是一门演化的学问?

——20世纪90年代以来国际上兴起演化博弈论(evolutionary game):社会制度不是少数人理性设计的结果,而是不断适应环境和外部变化的适应性进化过程。

8.1.1 演化博弈简介

1. 经典博弈论的局限性

经典博弈论存在如下 3 个假设。

① 假设博弈的参与者完全理性,所有参与者都有无穷的信息处理和计算能力,而且都知道如何使自己的利益最大化。

② 传统博弈在博弈发生之前均给定了博弈环境以及博弈结构。

③ 所有博弈方均了解参与人是理性的(共同认识性),人们在完全理性的假设下行为,其行为类比于按照既定程序运行的计算机(即在完全理性假设下,人们的行为严格执行几种可行的策略选择方案),没有非理性的冲动、情绪因素,不会犯错误[1]。

如图 8-1 所示,柯洁与 AlphaGo 的围棋大战便是理性与非理性的一次碰撞交锋。

图 8-1　柯洁对战 AlphaGo

传统博弈论的目的就是在上述假设之下根据所有参与人的理性行为来进行探讨,分析并找出博弈的纳什均衡。从上述假设来看,其概念和条件均存在一些缺陷,对完全理性这一概念人们并未给出严格的定义,而仅给出了理性方不选择何种策略,未明确该选择什么策略,除此之外,传统经典博弈中纳什均衡的求解是一个非常困难的问题。纳什均衡指博弈双方互相的最优反应,对于相对比较复杂的博弈结构,现有分析方法很难找到其纳什均衡。因此,经典博弈论能够解决的问题是十分有限的。

2. 演化博弈

与传统博弈不同,演化博弈(evolutionary game)不再假定人是完全理性的,而是认为人模型是通过不断试错的方法达到博弈均衡的,这一观点同生物进化论的思想十分相像,博弈中多重均衡的选择受到历史、制度等因素以及均衡过程中某些细节的影响。由于演化博弈十分符合现实意义,因此该理论对于生物学、金融学、经济学以及证券学等学科的发展均具有十分深远的影响[2-4]。

John Maynard Smith(1920—2004 年,图 8-2)被公认为"演化博弈之父",1973 年他同好友 George Price 于《自然》(*Nature*)杂志上发表了题为《动物冲突的逻辑》("The Logic of Animal Conflict")的文章,这篇文章从博弈论的角度解释了为什么本质上是自私的个体能够和平共处,甚至能够相互合作,并提出了"演化稳定策略(Evolutionarily Stable Strategy,ESS)"均衡概念[5],其成为演化博弈论的一个基本概念。1982 年,John Maynard Smith 系统地整理并论述了他在博弈论中的研究成果,出版了《演化与博弈论》(*Evolution and the Theory of Games*)这一著作,将博弈论者的注意力从日益精细的理性定义上引开,奠定了演化博弈论的理论基础[6]。此外,他还发起并设立了许多奖项,包括欧洲演化生物学会(European Society for Evolutionary Biology)建立的 John Maynard Smith Prize,该奖项面向演化生物学界杰出的年轻学者。

演化过程分析和传统博弈论相结合形成了演化博弈论。演化博弈论将重心放在动态均衡上,而不像将研究重点放在静态均衡和比较静态均衡的传统博弈论。早在 19 世纪,科学家们在生物进化论中得到启示,从而孕育了演化博弈论,所以演化博弈论最早用于解释生物进化过程中的一些现象。20 世纪之后,经济学家开始用演化博弈论剖析社会制度、体系、规范、格局等的形成原因及其形成过程。如今,演化博弈在经济学中的应用越发广泛,许多著名经济学家都表示演化博弈是演化经济学中最有发展前景的分支之一。

图 8-2　John Maynard Smith

著名的哥德尔不完备定理讲道：任何一个理论体系都必定是不完全的，任何理论都包含了既不能证明为真也不能证明为假的命题。博弈论也是如此。比如博弈论的基本假设之一就是：人是理性的。所谓理性的人是指行动者具有推理能力，在具体策略选择时的目的是使自己的利益最大化。而现实生活中，人们在做决策时往往是有限理性（bounded rationality）的。H. A. Simon 在研究决策问题时首次提出了"有限理性"的概念，比如，一个人试图采用其他人能够理解的方式（文字、图表、数字等）来向他们表达自己的知识或者情感的过程是有限制的，这是因为每个人的情况均有所不同，可能有些人还没有掌握这些词汇。

传统博弈下的理性假设具有局限性，这种局限性主要体现在博弈论的研究对象、分析思路以及分析过程 3 个方面：首先，博弈论的研究对象是参与者互动过程中冲突与合作的问题；其次，在分析思路上，大量情绪、直觉、性格、感觉等非理性的主观心理行为，以及知识的未知状态、不可预测性和多样性等造成不同层次的有限理性，都造成实际行为方式的无序化。为了对人们的互动行为加以模型化分析，必须进行合理的理论抽象，这才产生了博弈论"完全理性"的概念，但是这种"完全理性"的概念本身是具有局限性的；传统博弈下的分析过程往往假设参与者"完全理性"，通过推理演绎达到均衡化的过程。由于理性主义分析思路存在很多问题，因此强理性假设受到 Binmore、Simon 等众多学者的批评，Simon 曾说："全知全能的荒谬理性无异于奥林匹斯山上无知不晓的神。"

我们来思考这样一个问题，各个植物种群分别占据不同的空间，使群落具有稳定的结构。各个动物种群也分别位于食物链的不同位置，形成稳定的金字塔形生态结构（见图 8-3）。自然演化形成的生物种群处于稳定状态，其互动的机理是什么？再譬如，20 世纪上半叶人类经历两次大战后〔图 8-4（a）〕，吸取教训，建立磋商、合作、谈判机制，维护了世界整体的和平与稳定；核武器的出现使得人类第一次具有毁灭自己的能力，反而维持了恐怖的核平衡〔图 8-4（b）〕。现实中大量的人类行为表现出来与完全理性假设不符的非理性和有限理性特征，人类社会会因此永远处于不可预知的无序冲突中吗？这些问题都需要演化博弈论来为我们解答。

8.1.2　演化博弈的发展历程

一般来说，业内将演化博弈论的形成与发展划分为 3 个阶段：博弈论在生物学中的应用阶段（Lewontin；Darwinian）、演化博弈的正式形成阶段（Smith & Price；Taylor & Jonker）、借助演化博弈对传统博弈进行拓展的阶段（Foster & Young；Weibull；Friedman；Schmidt）。

图 8-3 食物链金字塔的稳定结构

(a)

(b)

图 8-4 第二次世界大战日本递交投降书与核武器

伟大的生物学家、进化论的创立者查尔斯·罗伯特·达尔文(图 8-5),生于 1809 年,英国人。达尔文在剑桥大学获得学位后,年仅 22 岁便乘"贝格尔"号随船考察。1859 年,达尔文出版了《物种起源》。演化博弈的核心思想最早可以追溯到他所创立的进化论,这种思想被称为达尔文博弈(Darwinian game),达尔文指出生存环境压力下的生物种群特征产生适应性进化的"自然选择"基本思想,这种思想扬弃了完全理性,从系统论的视角出发,将群体行为的变化视为动态的系统,突出单独个体行为与其集体的关系刻画,成为理论滥觞。因此,演化博弈的兴起和发展同时受到博弈论和生物进化论的推动和影响,它同时属于博弈论和演化理论的研究范畴。

演化经济学(evolutionary economics)是 21 世纪经济学的主旋律,同时也是现代西方经济学的新生力量,它比新古典经济学的静态均衡分析更加注重对于"变化"的研究,19 世纪后半叶,德国历史学派的一些思想成为演化经济学的思想渊源,克尼斯[7]就是其中的代表之一,他认为,原有经济学中的"绝对主义"仅适合当时的特定历史阶段,经济学要从历史的生活中探求真理。

演化博弈的发展和现代演化经济学的复兴几乎处于相同时期(例如,Smith,1982;Nelson & Winter,1982),一些学者将演化博弈视为新古典经济学和演化经济学的交流和结合,认为演化

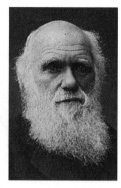

图 8-5　达尔文

博弈能够调和均衡理论和演化理论的范式冲突,也体现了主流经济学对演化经济学的吸收和接纳(Schmidt,2004)。有些学者甚至认为,演化博弈的发展可能促使演化经济学成为主流(Friedman,1999)。Witt(2007)在一个有关演化经济学现状和未来的问卷调查中发现,许多经济学家都认为,演化博弈是演化经济学未来最有发展前景的理论之一。

马克思提出的历史唯物主义和他对其经济学研究对象的界定奠定了其演化经济学先驱的位置,此后演化经济学逐渐被划分为广义的演化经济学〔以凡伯伦(图 8-6)为代表〕和狭义的现代演化经济学〔以约瑟夫·熊彼特、赫尔伯特·西蒙(图 8-6)为代表〕两个主流学派。

图 8-6　凡伯伦、熊彼特和西蒙

1898 年,凡伯伦就向经济学家们提出了"经济学为什么不是一门进化的科学?"[8]。凡伯伦是"普遍达尔文主义(universal Darwinism)"的忠实代表。以凡伯伦为首的演化经济学者们认为,达尔文主义的演化原则具有普适性,达尔文的演化博弈不仅可以用在生物进化论领域,它还能够为一切开放系统的演化提供一种抽象和一般化的解释框架,这种思想被人们称为广义的演化经济学[9-10]。

狭义的现代演化经济学学派的代表是熊彼特和西蒙(图 8-6)。熊彼特作为经济学界"最后一位博学多才的大师"(Viner,1954)提出了"创造性毁灭"这一著名论断,他用微观的方法,将理论工作同历史分析相结合[11-12],而且吸收了马克思的演化思想,他的"创新"思想为如今的演化经济学研究提供了很多启发。在上文中我们提到过,西蒙对于演化经济学的主要贡献在于他提出了"有限理性"这一概念,"有限理性"指人的行为只能是"意欲合理,但只能有限达到","有限理性"这一概念的提出对今后众多领域的发展均有着极为深远的影响。

20 世纪初阿尔弗雷德·马歇尔宣称,经济学家的麦加在于经济生物学。"经济学的分析目标应当在于经济生物学,而不是经济力学。但是,生物学概念比力学概念更复杂。"这种思想实际上是将有限理性视为构建未来经济学的前提条件,他还指出演化的概念比静态的概念更复杂。阿尔钦(Alchian,1950)在其《不确定性、进化与经济理论》一文中将"利润最大化"的概念扬弃,在经济学分析中引入了不完全信息和不确定预知的客观存在,认为各种制度均存在动态选择机制,以社会为例,社会中的每个个体均受到来自各方演化压力的影响,形成优胜劣汰,从而使得整个社会达到的演化均衡为纳什均衡[13]。

凡伯伦以后,数理经济学的巨大进展使经济演化理论难以对经济学产生影响。演化经济学作为一门独立学科出现,则是 20 世纪 80 年代。1982 年,美国经济学家理查德·R.纳尔逊和悉尼·G.温特出版了《经济变迁的演化理论》一书,分析了企业惯例发生演化的过程,被公认为该领域的里程碑。他们认为企业的成长是通过多样性、遗传性和自然选择性来完成的,除此之外,他们还认为企业惯例并非一成不变的,企业进化论要同时考虑当前所处环境时代以及其他随机因素的影响[14]。

8.1.3 演化博弈的基础理论

在前面的章节我们介绍了零和与非零和博弈、策略性博弈、一次性和重复博弈以及集体博弈等,这些博弈中的参与者都被认为是"理性"的,被假定追求收益最大化,并且可以无误地选择最优反应策略。他们一般具有一致的价值体系,并且能够计算出其策略选择的后果,进而以此为依据做出最符合其利益的选择。

在经典博弈论中,假设参与人具有使自己支付最大化的主观意识与对于对手策略的最优反应能力,在实际中,这种假设可能是不现实的。譬如在"象棋"中,棋手不可能在每一步都采取最优的反应行动。因而有必要把参与人的完全理性行为假设推广为不完全理性行为假设。

显然,经典博弈中的完全理性与现实相差太远。众多人类行为表现出人的理性是有限的,由于受认知能力的限制,有限理性的人类通常根据习惯、常规以及经验法则决策,人类不可能如博弈论所描述的那样,通过复杂的计算获得最佳反应策略。但是,人类懂得学习,通过学习来比较,纠正错误,所以说,人类又是理性动物。从某种意义上来说,人类的学习和生物的进化没有本质区别,将进化论思想引入博弈论,就形成了演化博弈论。

定义 8-1(演化博弈)

演化博弈从生物学的进化和进化动力学中找到了对理性的可能替代方法,在这里,更好的策略会获得更多的奖励;参与者能够通过观察或模仿其他成功的参与者来试验新的策略;并且随着博弈过程的推进,参与者能够获得更多的经验,从而提高好策略的利用频率,减弱坏策略的利用频率。因此演化博弈将具有主观选择行为的参与人扩展为包括动物、植物在内的有机体,动植物参与者的奖励可被认为是某种适应程度[15]。我们将这种起源于生物进化理论的博弈方法称为演化博弈。

1. 演化博弈的分析对象

社会经济系统中有限理性的群体参与者通过各种具体的动态学习模仿过程,学习如何达到稳定的均衡状态。

演化博弈研究具有普遍意义的有限理性的参与人,研究参与人的惰性、近视、遗传、突变、变异等。

2. 演化博弈群体参与者的"有限理性"表现

有限理性的概念最初是由肯尼斯·约瑟夫·阿罗提出的,他认为有限理性就是人的行为

"既是有意识地理性的,但这种理性又是有限的"。

① 惯例行为:由于参与者变更策略存在着成本,因此大多数人按惯例采取行动,被锁定在已有的策略中。

② 决策上的"近视眼":当少部分参与者变更策略时,总是以现有策略状态作为已知条件进行分析,而不具有预测能力(由于群体人数较多,因此无法预测,也无法影响其他个体的决策)。

③ 探索尝试行为:少部分具有冒险精神的参与者并不拘泥于最优策略,而是尝试采取其他各种策略(例如产生生物学上的遗传变异机制,出现社会新生代等)。

3. 演化博弈中的有限理性及其对博弈的影响

① 有限理性博弈方:不满足完全理性假设的博弈方。

② 理性意味着一般至少有部分博弈方不会采用完全理性博弈的均衡策略。

③ 有限理性意味着均衡是不断调整和改进,而不是一次性选择的结果,而且即使到达了均衡也可能再次偏离。

④ 有限理性博弈方会在博弈过程中学习博弈,并通过试错寻找较好的策略。

4. 演化博弈主要解决的问题

① 构建体现不同理性要求的动态学习模型。

② 运用稳定性理论,分析学习调整过程中均衡的稳定性,判断动态模型是否收敛到纳什均衡〔或者演化稳定均衡(ESS)、演化均衡(EE)等概念〕。

5. 演化博弈的进化稳定构成

① 单态:单独一种表现型,被证明比其他表现型更适应,种群变为仅由它构成。在这种情况下,存在唯一的主导策略,被称为进化稳定策略。

② 多态:两个或更多表现型同样适应(并比其他没有出现的更适应),因此它们可能以某种比例共存。

6. 演化博弈的基本分析过程

一般演化博弈模型的建立主要基于两个方面:选择和突变。选择是指能够获得较多奖励的策略在以后将被更多的参与者采用;突变是指部分个体以随机的方式选择不同于群体的策略(可能是能够获得较多奖励的策略,也可能是能够获得较少奖励的策略)。突变其实也是一种选择,但只有好的策略才能生存下来。突变是一种不断试错的过程,也是一种学习与模仿的过程,这个过程是适应性的且是不断改进的。

因此,不具备选择和突变这两个特征的模型不能称为演化模型。

7. 演化博弈的基本构成要素

① 种群(populations):生物系统或社会经济系统中存在着许多参与者,可以分为同类群体和不同类群体。每个群体都有自己的行动集合。

② 支付函数(payoff function):某种行动对应的收益。策略式博弈表示的要素博弈又称为适应度函数(fitness function),与参与者选择的策略及其当前不同策略的比例分布有关。

③ 动态进化规则(dynamic evolutionary rule):反映群体参与者的学习、模仿过程,常见于模仿者动态模型。

④ 均衡(equilibrium):反映演化的收敛稳定状态,包括静态的 ESS、动态的 EE 等概念。

8. 演化稳定策略

20 世纪 70 年代,J. Maynard Smith 在研究生态现象时,最早提出了演化稳定策略的概念。

ESS 的基本思想是:如果突变小群体在混合群体中博弈所得支付大于原群体中个体支付所得,小群体就将有能力入侵大群体;反之,就不能侵入大群体,而是在演化过程中趋于消失。演化稳定策略是演化博弈论的核心,演化博弈强调经济变迁过程中以个体多样性变异机制和偏好选择机制为代表的种群研究,它认为种群选择的策略能够获得最佳的收益并消除任何小突变群体的扰动。

(1) ESS 的定义

对于非常小的正数 ε,所有的 $\sigma \neq \sigma^*$,满足

$$u(\sigma^*,(1-\varepsilon)\sigma^*+\varepsilon\sigma) > u(\sigma,(1-\varepsilon)\sigma^*+\varepsilon\sigma)$$

即对于群体中很小比例 ε 的突变行为 σ,采取 σ^* 策略将获得更高收益,σ^* 策略即演化稳定策略。

(2) ESS 的含义

一个群体处于纳什均衡状态(σ^*,σ^*)下,当少数变异者持有变异策略 σ 入侵时,侵略将被击退,原均衡保持不变。

(3) 演化稳定策略的重要性质

- 由演化稳定策略组成的策略组合是严格的、对称的、完美的均衡。
- 演化稳定策略是静态的概念,并不探讨均衡是如何获得的,在某些情况下可以从博弈的得益矩阵中直接判断出演化稳定策略。
- 演化稳定策略必须是纳什均衡,而纳什均衡不一定是演化稳定策略,严格纳什均衡一定是演化稳定策略,演化稳定策略是纳什均衡的一种精炼。
- 如果一对称的策略组合是均衡策略,那么它是演化稳定策略,但逆命题不成立。
- 演化稳定策略是离散型的纯策略,群体是无限大的,而且博弈中的支付直接等同于策略的适应度。

8.2 演化博弈论

8.2.1 囚徒困境与演化博弈论

前面我们已经学习了囚徒困境的相关内容,在本节中,我们将以囚徒困境为基础,给出演化博弈论在囚徒困境中的应用实例。

囚徒困境中的演化博弈:假定种群由两种表现型组成:合作者和背叛者。种群中的每一个体(合作者或者背叛者)被随机地选择与另一个随机选择的对手竞争,双方的收益表见表 8-1。

表 8-1 囚徒困境策略收益表

	背叛者	合作者
背叛者	288 288	360 216
合作者	216 360	324 324

用 x 表示种群中合作者的比例,则一个典型合作者的预期收益为

$$\text{Reward1} = 324x + 216(1-x)$$

一个典型背叛者的预期收益为

$$\text{Reward2} = 360x + 288(1-x)$$

显然有 Reward2＞Reward1。

背叛者有更高的预期收益,比合作者更适应,这会导致背叛者比例的逐"代"上升(x 下降),直到整个种群都由背叛者组成。

那么问题来了,如果整个种群都由背叛者组成,在这种情况下不会有变异(试验性)的合作者可以生存和繁殖以改变种群,换句话说,背叛者的种群不能被变异的合作者成功侵入。

我们的分析表明背叛者比合作者有更强的适应性,一个完全由背叛者组成的种群不能被变异的合作者侵入,因而种群的进化稳定构成是单态的,由单一的策略或表现型"背叛"组成。我们就把"背叛"称为这一进行困境博弈种群的进化稳定策略,如果博弈有一个严格的优势策略,那么该策略也将是 ESS。

8.2.2 基本模型——鹰鸽博弈

定义 8-2(鹰鸽博弈)

鹰鸽博弈(hawk-dove game)又称为胆小鬼博弈或雪堆博弈(snowdrift game),是博弈论中两个玩家对抗的模型,一个玩家让步对于双方都有好处,而玩家的最佳选择取决于其对手会做什么:如果对手让步,则本方就不应该让步;但如果对手不让步,本方就应该让步。简而言之就是"不要命的最大"。

"胆小鬼博弈"这一名称来源于一种危险的游戏,游戏中两名车手相对驱车而行。如果两人拒绝转弯,任由两车相撞,最终两人都会死于车祸;但如果有一方转弯,而另一方没有,那么转弯的一方会被耻笑为"胆小鬼"(chicken),另一方胜出,因此这个博弈模型在英文中称为"the game of chicken"(懦夫游戏),该术语在政治学和经济学中普遍使用。

"鹰鸽"(hawk-dove)指的是面对同一资源的争夺,竞争者可以选择调和或者对抗的情况,该术语常见于生物学和进化博弈理论。在博弈论中,两种叫法并无实质区别,不同的名称源于不同研究领域基本原则的平行发展〔这种博弈也被用于描述核战争中的相互保证毁灭,特别是古巴导弹危机(图 8-7)中的边缘政策〕。

鸽派和鹰派的博弈论模拟

图 8-7 古巴导弹危机

模型假设:假设在一个群体中存在两种动物,他们互相争夺价值为 V 的资源,并采取了以下两种不同策略中的一种。

1. 鹰鸽策略

- 鹰(H)策略:选择搏斗,全力以赴,孤注一掷,为了赢得胜利不惜身负重伤,仅当自己受伤或者对手撤退时才停止战斗。
- 鸽(D)策略:热爱和平,从不战斗,当对手开始战斗时立刻撤退。

假设资源可以是食物、领地、配偶或其他任何有价值的东西,价值为 V。基于此,若鹰与鸽相遇,结局必定是鹰抢走了鸽的资源。如果两只鸽相遇,它们会平分资源。而如果两只鹰相遇,它们会大打一番,各自受伤,也平分资源。假设资源为 V,损失为 C,则双方的收益与损失如表 8-2 所示。

表 8-2 鹰鸽博弈策略收益表

	鹰(H)策略	鸽(D)策略
鹰(H)策略	$(V-C)/2,(V-C)/2$	$V,0$
鸽(D)策略	$0,V$	$V/2,V/2$

2. 假设条件

- 假想有一个无限的种群,每一个成员都采取 H 策略或 D 策略,且策略的选择是随机的,在开始竞争之前,所有的个体都有同样的适应值 W_0。
- 设 p 为整个种群中选择 H 策略的频率。
- $W(H)$ 和 $W(D)$ 分别表示 H 策略和 D 策略所带来的适应度。
- $E(H,D)$ 表示个体选择 H 策略而对手选择 D 策略所带来的回报。

若每一个个体都只参与一个竞争,则有

$$W(H)=W_0+pE(H,H)+(1-p)E(H,D)$$
$$W(D)=W_0+pE(D,H)+(1-p)E(D,D)$$

鹰鸽博弈,如何选择立场

模型样例:为了更好地说明鹰鸽博弈,我们假设 $V=6,C=18$,那么新的收益表见表 8-3。

表 8-3 新鹰鸽博弈策略收益表

	鹰(H)策略	鸽(D)策略
鹰(H)策略	$-6,-6$	$6,0$
鸽(D)策略	$0,6$	$3,3$

我们可以简单地想象一下,在这个博弈中,如果一个群体中都是鹰的话,它们会彼此互相残杀,数量迅速减少;如果一个群体中全部都是鸽的话,它们能够和平相处,永远享受 3 的收益,稳定地存在下去。而如果一个群体中同时存在鹰和鸽的话,最终会发生什么事情呢?我们猜测,最终的解决方法应该是鹰和鸽各占一定的比例共存。

从数学的角度考虑,也就是鹰的期望收益和鸽是相同的,鹰(H)的比例为 p,鸽(D)的比例为 $1-p$,则有

$$W(H)=W(D)$$

即

$$W_0+pE(H,H)+(1-p)E(H,D)=W_0+pE(D,H)+(1-p)E(D,D)$$

代入数据可得

$$\begin{cases} p = \dfrac{V}{C} = 1/3 \\ 1 - p = 2/3 \end{cases}$$

也就是在鹰鸽策略的比例为 1∶3 时,无论是选择鹰策略还是鸽策略都具有同样的期望收益。

我们假设 I 是一个稳定的策略,那么该策略应当具有以下的性质:如果种群中几乎所有的个体都采取了 I 策略,那么这些典型个体的适应度必将高于任何可能出现的突变异种的适应度。

设想存在一个种群,主要由采取了 I 策略的个体组成,并且伴随着存在极小比例 p 的采取策略 J 的异种,那么有

$$W(I) = W_0 + (1-p)E(I,I) + pE(I,J)$$
$$W(J) = W_0 + (1-p)E(J,I) + pE(J,J)$$

由于 I 是稳定的策略,那么 $W(I) > W(J)$,又因为 $p \ll 1$,对所有的 J 策略 $\neq$ I 策略有

$$E(I,I) > E(J,I)$$

或者

$$E(I,I) = E(J,I) \text{ 且 } E(I,J) > E(J,J)$$

现在再来看鹰鸽博弈,当 $\dfrac{1}{2}(V-C) > 0$,即 $V > C$ 时,H 是一个 ESS,此时不存在 $W(H) = W(D)$,因此选择鹰策略始终拥有更大的收益期望。

然而当 $V < C$ 时,出现两种情况,第一种情况是个体时而采取 H 策略时而采取 D 策略,第二种情况是由鹰(H)和鸽(D)构成种群。

贝叶斯博弈之鹰鸽博弈:除了上述的经典鹰鸽博弈模型外,鹰鸽博弈还有基于贝叶斯博弈的版本。假设存在两只鸟,在两只鸟同时看到食物后,它们都拥有争夺和逃跑两个动作选项。但是在选择争夺还是逃跑时,它们并不知道对方的身份是鹰还是鸽子。

以上情况就是一种贝叶斯博弈,可以通过海萨尼转换的方法,计算鹰和鸽在面对一只不知道种类的鸟时,选择争夺策略还是逃跑策略的概率。

假设鸟群中鹰和鸽彼此相遇后双方的收益矩阵如表 8-4、表 8-5、表 8-6 所示。

表 8-4 鹰鹰相遇收益表

	夺食	逃走
夺食	−2,−2	2,−1
逃走	−1,2	−1,−1

表 8-5 鸽鸽相遇收益表

	夺食	逃走
夺食	1,1	2,0
逃走	0,2	0,0

表 8-6 鹰鸽相遇收益表

	夺食	逃走
夺食	2,−2	2,0
逃走	−1,2	−1,0

在这里我们假设鹰与鸽相比具有更大的体能消耗,因此哪怕选择逃跑仍然会损耗1个单位的收益。通过上述的收益矩阵,我们可以看出,鸽与鸽相遇时最好争夺以平分食物,鸽与鹰相遇的话最好逃走避免损耗,鹰与鹰相遇也未必要争夺,只不过逃走的一方会遭受更大的代价。

假设鹰进行争夺的概率为u,鸽子参与争夺的概率为v,鹰和鸽在种群中的数目比为$p:1-p$。这时候,我们可以将上述问题看作一个不完全信息静态博弈问题,利用海萨尼转换对问题进行求解可得,种群中鹰和鸽的平衡数目比为$p=0.5$,鹰进行夺食的概率为$u=3/4$,鸽进行夺食的概率为$v=1/2$。具体求解步骤如下。

假设在这个种群中鹰取得最大收益的期望为
$$E_1 = \arg_q \max\{u\{p[(-2u)+2(1-u)]+2(1-p)\}+(1-a)(-1)\}$$
鸽子取得最大收益的期望为
$$E_2 = \arg_q \max\{vp[(-2u)+2(1-u)]+[v+2(1-v)](1-p)\}$$
种群的平衡应当是在E_1和E_2取最大值时,存在一个p使得$E_1=E_2$。

鹰鸽博弈的游戏理论

对上式进行化简可得
$$E_1 = -4pu^2 + 3u - 1$$
$$E_2 = (p-1)v^2 + (2-4up)v$$

当且仅当$u=3/(8p)$和$v=(1-2up)/(1-p)$时,E_1和E_2取得最大值。

将u和v的值代入上式,并令$E_1=E_2$,求得贝叶斯纳什均衡为$p=0.5,u=3/4,v=1/2$(事实上,这也是唯一的均衡)。

综上所述,平衡时种群中鹰鸽数量比为1:1,鹰的夺食概率为3/4,鸽的夺食概率为1/2。在这里鹰的夺食概率要比鸽子大,其原因主要有两个,一是鹰在与鸽竞争的过程中占据绝对优势,能够独享全部收获,二是鹰与鸽相比需要消耗更大的体力,因此不能轻易放弃竞争。

思考题及参考答案

8.1 "边缘政策"(brinkmanship)通常被当作"鹰鸽博弈"的同义词,请查询有关"边缘政策"的知识,并简要讲出两者之间的异同。

答案:略

8.2 你能举出更多在真实世界中关于鹰鸽博弈的例子吗?

答案:略

本章参考文献

[1] 王先甲,全吉,刘伟兵.有限理性下的演化博弈与合作机制研究[J].系统工程理论与实践,2011,31(S1):82-93.

[2] Osborne M J,Rubinstein A. A course in game theory[M]. London:MIT Press,1994.

[3] Myerson R B. Game theory:analysis of conflict[M]. London:Harvard University Press,1997.

[4] Kelly A. Decision making using game theory:an introduction for managers[M]. New

York:Cambridge University Press,2003.

[5] Smith J M,Price G R. The logic of animal conflict[J]. Nature,1973,246(5427):15-18.

[6] Smith J M. Evolution and the Theory of Games[M]. Cambridge:Cambridge University Press,1982.

[7] 克尼斯.历史方法观的政治经济学[M].1853.

[8] Veblen T. Why is economics not an evolutionary science? [J]. The Quarterly Journal of Economics,1898,12(4):373-397.

[9] Hodgson G M,Knudsen T. Why We Need a Generalized Darwinism:And Why Generalized Darwinism is Not Enough [J].Journal of Economic Behavior & Organization,2006,61(1):1-19.

[10] Hodgson G M,Knudsen T. In search of general evolutionary principles:why Darwinism is too important to be left to the biologists[J]. Journal of Bioeconomics,2008,10(1):51-69.

[11] 熊彼特.经济发展理论[M].何畏,易家详,译.北京:商务印书馆,1990.

[12] 熊彼特.资本主义、社会主义与民主[M].吴良健,译.北京:商务印书馆,2021.

[13] Alchian A A. Uncertainty,evolution,and economic theory[J]. Journal of Political Economy,1950,58(3):211-221.

[14] 纳尔逊,温特.经济变迁的演化理论[M].胡世凯,译.北京:商务印书馆,1997.

[15] 史密斯.演化与博弈论[M].潘春阳,译.上海:复旦大学出版社,2008.